宁夏景观文化丛书

宁夏景观文化古今

蔡国英 ◆ 主编

黄河出版传媒集团
宁夏人民出版社

图书在版编目（CIP）数据

宁夏景观文化古今 / 蔡国英主编 . —银川：宁夏
人民出版社，2016.1
（宁夏景观文化丛书）
ISBN 978-7-227-06283-7

Ⅰ.①宁… Ⅱ.①蔡… Ⅲ.①诗词—作品集—中国
②赋—作品集—中国③文化史—宁夏—文集 Ⅳ.① I22
② K294.3-53

中国版本图书馆 CIP 数据核字（2016）第 025173 号

宁夏景观文化丛书
宁夏景观文化古今
　　　　　　　　　　　　　　　　　　　　　　蔡国英　主编

责任编辑　管世献
封面设计　陈冰融
责任印制　肖　艳

黄河出版传媒集团
宁夏人民出版社　出版发行

出 版 人　王杨宝
地　　址　宁夏银川市北京东路 139 号出版大厦（750001）
网　　址　http://www.nxpph.com　　　　　http://www.yrpubm.com
网上书店　http://shop126547358.taobao.com　http://www.hh-book.com
电子信箱　nxrmcbs@126.com　　　　　　renminshe@yrpubm.com
邮购电话　0951-5052104　5019391
经　　销　全国新华书店
印刷装订　宁夏银报印务有限公司
印刷委托书号　（宁）0000339

开本　720 mm×980 mm　1/16
印张　22.25　字数　220 千字
版次　2016 年 1 月第 1 版
印次　2016 年 1 月第 1 次印刷
书号　ISBN 978-7-227-06283-7/I・1622
定价　42.00 元

序 言

蔡国英

　　自古以来，文化与景观就相生相伴。景观作为文化的一种表达方式，不仅具有自然地理上的资源价值，更蕴含着深厚的审美价值和人文底蕴。习近平总书记曾指出，要"体现尊重自然、顺应自然、天人合一的理念"，"让居民望得见山、看得见水、记得住乡愁"。中国古人历来崇尚"读万卷书，行万里路"：汉代有张骞使臣西域之行，唐代有玄奘宗教文化之旅，明代有徐霞客人文地理之游，清代有乾隆帝山河之览。并把中国山水画"可行可望不如可居可游之为得"的意境标准投射到对景观文化的品评当中。中国人以"小中见大、须弥芥子、湖中天地"的美学写意精神，构成了独具特色的中国景观文化评判机理。星罗棋布的八景或十景在中华大地上震古烁今，生而不息。

　　宁夏是中华文明的发祥地之一，巍峨险峻的贺兰山阻隔了漠北沙漠的侵蚀，为河套平原提供了天然屏障；黄河横贯河套平原，流经宁夏近400公里，巨大的落差形成了自流灌溉的优越条件，使河套平原成为沃野千里的塞上江南。独特的地理位置、优越的农业条件，使宁夏成为中华民族的摇篮之一，塑造出宁夏特有的自然地理和人文景观，黄河文化、回族文化、红色文化和西夏文化源远流长。早在明清时期，就盛传着"宁夏八景"和"西夏八景"等文化景观，"沙坡鸣钟""黄沙古渡"至今仍可找到历史遗迹。这些景观不仅代表着宁夏得天独厚的自然禀赋，更凝聚了宁夏厚重的历史文化底蕴。

为充分展示宁夏瑰丽多彩的自然风貌、人文风貌和优美的生态环境，深入挖掘宁夏景观文化内涵，让人们更多地了解宁夏之美，感受宁夏之美，讲好宁夏故事，传播好宁夏声音，推动文化旅游深度融合发展，服务宁夏全面建成小康社会大局，经过一年多的思考、调研，反复酝酿，我们以历史的站位和创新的思维，提出了开展"宁夏新十景"征集评选活动，得到了自治区党委主要领导的肯定和支持，被自治区党委十一届五次全会列入宁夏文化建设的重要工作。

从2014年8月到2015年7月整整一年时间里，自治区党委宣传部先后召开23次会议，广泛听取各方面意见建议，通过向全社会发布公告、征集景观作品、公众投稿等方式，紧锣密鼓，层层推进，有20多个省（区、市）热心群众参与，征集归类有2000多件作品，并最终评选出艾依春晓、古堡新影、贺兰晴雪、黄河金岸、回乡风情、六盘烟雨、沙湖苇舟、沙坡鸣钟、神秘西夏、水洞兵沟10个具有传世价值和时代精神的"宁夏新十景"。

这"新十景"当中，既有固态的物质资源，也有变化莫测的自然景象和丰富多样的大地景观，更有历史的、现代的人文景观，是对宁夏典型自然人文景观的集大成。从某种意义上来讲，"宁夏新十景"征集评选重绘了宁夏社会生活的历史自然画面，分析并提出了我们对待历史文化和现代自然人文面貌所要秉持的观念、表达的方式和创新的路径，是对宁夏文化积淀的一次深刻反思，也是对宁夏文化意义的一次极大丰富。

"宁夏新十景"征集评选实现了对宁夏自然景观的一次文化探源。将宁夏具有万余年文化积淀的景区进行了一次较为彻底的重新追根溯源，使宁夏文史、名人、传说、民俗方面的亮点得以充分挖掘出来，活态了景观文化内容，让人们对宁夏丰饶的自然文化资源有了重新认识，切身感受到镶嵌在这片广袤地理空间上的人情物理之美。

征集评选实现了对宁夏景观的一次文化萃取。将宁夏自然和人文景观的本底特质进行了一次重新分类，六盘烟雨从美感度，神秘西夏从历史性，水洞兵沟从科考性，回乡风情从宗教民俗性等方面，展示了宁夏景观核心文化元素，突出了宁夏景观优势价值。

征集评选实现了对宁夏景观的一次文化组合。在空间分布上，形成了由沙湖苇舟向六盘烟雨自北而南的线型排列；

在历史分布上，形成了从旧石器时代水洞兵沟，到今日黄河金岸由古至今的纵向整合，凸显了宁夏典型文化资源要素，规整了宁夏景观规模价值。

征集评选实现了对宁夏景观的一次文化拓展。"宁夏新十景"不仅折射出中国人的景观感知和审美心理，还从多维的角度提炼了宁夏景观旅游资源所蕴含的文化内涵、意象和象征意义，以远古与现代、原态与新生的聚合映衬，达到古相与新韵的相契交融，廓清了宁夏景观文化形态，明晰了宁夏景观文化符号。

作为写在宁夏大地上的书卷，"宁夏新十景"呈现的不仅仅是一幅幅壮阔恢宏的山河图，更是一幅幅宁夏从古至今文化角色博弈盛衰沉浮的百态图，还有经过历史浪涛冲涤，沉积在天地之间，与历史进程执手同行不断续写的憧憬图。与"宁夏新十景"征集评选活动相呼应推出的大型史诗纪录片《神秘的西夏》、史诗话剧《丝路天歌》及《走咧走咧去宁夏》等11首歌曲等系列文化精品，更是丰富而多元地擦亮了宁夏景观文化的精神底色，在区内外和国际上引起广泛关注。特别是"宁夏新十景"的征集评选，也推动了"银川最美景""石嘴山美景""吴忠美景""固原新景观""中卫新十景"，以及"沙湖十景"等重要旅游景点开展"十景""八景"的征集评选，使得宁夏大地上的颗颗明珠汇串成璀璨的珍珠项链。"宁夏新十景"征集评选以"誓游四方，以问所感"的魄力，推动了宁夏文化与旅游在更大范围、更广领域、更高层次上的深度融合；以秉承历史、活化传统的方式，凝聚了宁夏文化力量，文化与旅游呈现出相互促进、相得益彰的可喜局面。

本套书包括《宁夏景观文化古今》《宁夏景观推介作品精选》《宁夏景观文化征集作品选辑》《"宁夏新十景"诗词集》4部书稿。该套书紧紧围绕宁夏古今景观文化，多角度、多侧面、多形式挖掘、展示和探讨了宁夏景观文化，是对"宁夏新十景"征集评选过程的演绎、内涵的诠释、精华的萃取、成果的展示和经验的提炼。

"宁夏新十景"就像镌刻在宁夏大地上的文化印记，虽然只有十个词、四十个字，却浓缩了宁夏上万年的历史变迁、文化嬗递、自然形态和现代成就。言有万语，书有万卷，地有万里，均"读"之不尽也。读懂了"宁夏新十景"，也就读懂了宁夏。相信本套书作为"宁夏新十景"征集评选活动的系列内容之一，一定会成为打造宁夏文化旅游品牌、讲好宁夏故事、传播好宁夏声音的有效介质，对提升宁夏在国内外的知名度产生积极而深远的影响。

原天地之美方能达万物之理。宁夏文化旅游正进入战略规划和结构转型的提升期。深入挖掘文化内涵，提升文化品位，是宁夏文化与旅游加快转型升级步伐，实现品牌化、差异化、可持续发展的必然选择。作为这片土地的守望者和建设者，我们有责任有义务发掘、保存、丰富和拓展历史与自然赋予这片土地的文化优势与文化意义，进一步丰富宁夏文化新业态、培育文化新品牌、拓展文化新模式，以文化的独特性和多样性丰富中国、影响中国，并对话于世界、交流于世界，为推动文化繁荣发展做出新的更大的贡献。

是为序。

2015年12月12日

（作者系宁夏回族自治区党委常委、宣传部部长）

目 录

景观文化

十景评介

宁夏新十景

经典景观

十景诗赋

附 录

景观文化

宁夏新十景：景观文化的传承与创新

薛正昌

地方名胜以"八景"来命名，由来已久。天下最早传世的"八景"，是"潇湘八景"。据说，它缘起于宋代著名画家宋迪所画的潇湘风物八幅图，再经大书法家米芾欣然赋诗，书画相配，"潇湘八景"始得以传世，米芾的题诗便成了"潇湘八景"的定名诗。有了前面的文化积淀，后人便大加推崇，如法效仿。于是，浓缩各地风物名胜的人文"八景"也就应运而生，沿袭不绝。每有八景成立，必先有定名诗，而后设点勒石，邀请文人唱和，墨客挥毫，代表地方八景的冠名也就传世了。作为一种文化时尚，宁夏"八景"文化的生成始于明代，兴盛于清代。历史上的宁夏，虽然地处边地，且多有战乱，但文化时尚的时代潮流同样浸润着这块山川相济的厚土，而且留下了内涵丰富的"八景"文化。从地方志书记载看，宁夏景观文化的命名最早始于明代。无论自然景观还是人文景观，在它们身上都依附着很多故事和文化现象，再加上地方官员的垂青与文化人诗赋之咏，就传承下来，聚焦成为地方文化遗产最精华的象征。时至今日，明清时期宁夏各地的"景观文化"，其中有一些我们现在仍是认同的，这就是文化传承的魅力。随着时间的推移，已经失去生命力的"景观"，只能停留在历史与文献记载之中，新文化景观的出现会取代失去生命力的"景观"，这就意味着创新。"宁夏新十景"的征集与评选活动，是对文化遗产又一次新的筛选，也是对景观文化新的认同、提升和彰显，对于后人自然是一种文化的传承和积淀。文化讲传承，景观文化同样看重它的根脉。追溯明清宁夏地方志书里的"八景"文化，在梳理其演进过程的同时，也会看到地域文化的创新是伴随着历史进程的推进而发展的。

一、明代宁夏"八景"

明代初年，庆王朱栴就藩宁夏后，形成了一个文人集团。他们描绘和抒写宁夏平原黄河灌区的塞北江南的风光，追慕和抒写宁夏历史文化和遗存古迹，留下了大量的文化遗产。以庆王府为中枢形成的这个文人集团，大约是宁夏历史上有记载的第一个文人集团，这是当时独有的文化现象。明代之所以能生成"八景"，写成"八景诗"，是与地域性的文人集团有密切关系的。

（一）明代文人笔下的"旧八景"

1.陈宗大笔下的宁夏"八景"

明代庆王朱栴撰成的《宁夏志》，里面已收录有当时就籍于宁夏的江苏镇江人陈德武写的《宁夏旧八景诗序》。这个序文里记载了与宁夏八景诗生成有关的一段故事：有个叫陈宗大的南方人，属"好事而嗜诗者"，也算得一个舞文弄墨的人。他在宁夏戍边期间，早已在留意和关注着宁夏的文化变迁。等到他南返时，便请画家绘成"宁夏八景"图，写八景的诗皆分类书于每幅图画景观之后。陈德武所写的《宁夏旧八景诗序》，正是指这样一幅幅汇聚着宁夏八景文化的长卷。其实，他们都应该是这个文人圈子里的"文人"。

宁夏"八景"生成于何时，笔者还没有接触到相对具体的史料。陈宗大绘的"八景"图，附有"八景"诗，但陈德武的"诗序"标明是"宁夏旧八景诗"。这一个"旧"字，就很难界定它相对具体的时代了。依文意看，似乎在明代以前已有"八景"之说。陈宗大是个精通历史的文化人，他笔下的宁夏"八景"分别是：黑水故城、夏台秋草、黄沙古渡、长塔钟声、官桥柳色、贺兰晴雪、良田晚照、汉渠春水（朱栴《宁夏志》卷下，第357～358页）。这是在沿袭旧说，这是从西夏时的地域空间上来说的，已经远远超出了明代宁夏镇所辖的范围。如果是生成于明代，黑水故城、夏台秋草就不大可能进入宁夏"八景"之例，清代宁夏"八景"的取舍已说明这一点。在陈宗大眼里，他是从感悟历史兴衰的过程中审视这"八景"的，他对每一景观还做过历史性地评价："黑水故城"，说的是西夏时期重镇黑水故城。"夏台秋草"，说的是赫连勃勃修筑的统万城。到了明代，已时过境迁，"一时之铁骑健儿，歌楼舞榭，今皆变为寒烟，鞠为衰草而已。""黄沙古渡"，是昔日出入宁夏的黄河上的要津，但当时作者看到的黄河古渡已移于高桥、杨家渡，"昔之车尘马迹，皆为狐兔之区"，是一派萧瑟的景象。"长塔钟声"，唯见倒影在地，从前的金碧庄严，已幻化为瓦砾之地。"官桥柳色"，他向往的是春烟靡靡、夏柔如染的景色，更牵念的是"黄叶谁惜"的深秋景色。"贺兰晴雪"，这是宁夏平原西北苍苍茫茫的藩屏，山河险固的疆围。"良田晚照"和"汉渠春水"，描写的就是膏腴万顷的黄河灌溉区。就明代人锁定的"八景"内容看，陈宗大提出的"八景"，是以后宁夏"八景"演绎的滥觞和范本。有了"八景"，"八景"诗亦随之生成。

2.庆王朱栴笔下的"八景"

庆王朱栴的《宁夏志》里，也有一篇他自己撰述的《西夏八景图诗序》，同样列出了"八景"。但这里的"八景"图与陈宗大的"八景"图，在内容上并不完全相同。一是"八景"在先后次序排列上不同；二是"夏台秋草"与"良田晚照"两景没有了，被"月湖夕照"与"灵武秋风"取代；三是"长塔钟声"改为"梵刹钟声"，"汉渠春水"改为"汉渠春涨"。庆王对"八景"的增删，无论从哪个层面看，都是比较科学的，他是从地域的角度归属的。

由庆王《西夏八景图诗序》与陈德武的《宁夏旧八景诗

序》相比照看，《宁夏旧八景诗序》在前，《西夏八景图诗序》在后。《西夏八景图诗序》是庆王朱栴在明代视野下增删选定的。这里虽然以"西夏八景"冠名，但已不是西夏故国意义上的"西夏"，仅是借用地理意义上的"西夏"。用"灵武秋风"取代"夏台秋草"，就是从地域上说的。庆王朱栴在序文里也写到这层意思："因故有八景咏题，又重而删之，曰贺兰晴雪、汉渠春涨、月湖夕照、黄沙古渡、灵武秋风、黑水故城、官桥柳色、梵刹钟声，随题而赋诗，以见风景之佳，形胜之势，游观之美，无异于中土也。"每一景之后都附有作者的七言绝句。

3.陈德武笔下的"八景"

陈德武虽为陈宗大写有《宁夏旧八景诗序》，但不代表他对"八景"的看法。庆王朱栴的《西夏八景图诗序》出来后，他是认可的，写有《宁夏八景诗》，内容与所选取的景观是一致的，而且题目直接就是《宁夏八景诗》，是为"八景"相配的诗，也写得漂亮。如写《贺兰雪晴》："满眼但知银世界，举头都是玉江山。"写《月湖夕照》："百顷平湖月样圆，光涵倒影欲黄昏。"这是明代人第一次冠名锁定的《宁夏八景诗》。

4.韦州八景

庆王朱栴初来宁夏，就藩于韦州。因了这段历史，韦州在明代也曾有过"韦州八景"及其八景诗的生成。它们是：蠡山叠翠、西岭秋容、白塔晨烟、东湖春涨、石关积雪（朱栴《宁夏志》卷下题咏，第399～400页）。说是"韦州八景"，志书里记载只有五景，可能有过遗失。每景后都附有当时人的诗文，作者之一刘昉是庆王府的官吏，也是王府文人圈子里的人。此外，写韦州的诗也不少，如苏州人朱复吉写的《韦州春晓》，河北人张彝写的《西岭秋容》等，都极赞韦州景致的撩人之处。

（二）《嘉靖宁夏新志》里的"八景"

《嘉靖宁夏新志》里的内容，有一部分是源自于朱栴的《宁夏志》的，"八景"这一部分也不例外。只是明代人胡汝砺、管律二人，或编或重修《嘉靖宁夏新志》时，将已大致约定俗成的宁夏"八景"以"景致"来取代，没有以"八景"的名字相称。《嘉靖宁夏新志·景致》条下载"贺兰晴雪、汉渠春涨、月湖夕照、黄沙古渡、黑水故城、官桥柳色、灵武秋风、梵刹钟声"，内容仍是朱栴笔下的宁夏"八景"。每景之后，同样附有与景致相关联的诗，而且所附诗基本都是庆王朱栴及其王府文人圈子里的作品。由此可见志书修纂者的心态，说明他们对庆王府及其文人集团还是非常推崇的。

《嘉靖宁夏新志·韦州景致》条下，列出的有蠡山叠翠、东湖春涨、西岭秋容、石关积雪四景，也以"景致"冠作题头。大致与《宁夏志》的内容相近，只是去掉了白塔晨烟，实际上是四景，每景后同样附有配诗。

《嘉靖宁夏新志·中卫景致》条下，已列出著名景观十处，即暖泉春涨、羚羊夕照、黄河晓渡、鸣沙过雁、芦沟烟雨、石空夜灯、黑山晴雪、石渠流水、红崖秋风、槽湖春波，每景后附有配诗。这些景观，是清代中卫"八景"的雏形。

二、清代宁夏"八景"

清代，是地方志书修撰的鼎盛期，也是代表各地景观文化精华——"八景"文化形成的成熟期。宁夏"八景"文化的积淀和发展，到了乾隆时期已趋于定型。但在这个过程中，大致经历过三个阶段：一是明代的源起与整合；二是清代黄中丞提出的宁夏"八景"；三是乾隆年间改定后的宁夏"八景"。

（一）黄中丞提出的"八景"

清代初年，黄中丞巡抚宁夏时新增过"八景"。它们是：藩府名园、承天塔影、南楼秋色、泮池巍阁、霜台清露、南塘雨齐、黑宝浮屠、土塔名刹（《乾隆宁夏府志》卷三，第73页）。藩府名园，即丽景园、小春园，是当时宁夏府的名园。承天塔影，即承天塔的倒影。南楼秋色，南薰门楼傍山面湖的景色。泮池巍阁，郡学泮池流水，巍阁高峙映带的建筑风光。霜台清露，指城北旧都御史行台的建筑景观，尤其是更楼上铜壶滴漏在午夜发出的声音。南塘雨齐，即南塘水榭画舫与雨后云气初收时的湖上景观。黑宝浮屠，为十三级海宝塔。土塔名刹，即西门外的龙兴寺，可登台远眺贺兰，与海宝塔遥遥相映。

黄中丞所锁定的"八景"，是宁夏府城建筑文物遗存意义上的纯文化指向，与明代选定的"八景"，清乾隆年间改定的"八景"出入较大。介入的角度不一样，选取的景观也不同。

（二）《乾隆宁夏府志》改定的"八景"

张金城编撰《乾隆宁夏府志》卷三"八景"文化时说："河山风物固自不殊，而名胜古迹亦复时有兴废参酌其间。略为更定，要在举目凭眺，足供吟赏，非必求异前人也！若夫曩制佳篇，并仍旧题存录焉。"

这是张金城重新选定清代乾隆年间宁夏"八景"的指导思想。对前已有的"八景"有扬弃，也有继承。清代人笔下的"八景"是：山屏晚翠、河带晴光、古塔凌霄、长渠流润、西桥柳色、南麓果园、连湖渔歌、高台梵刹。应该说，张金城筛选的"八景"，符合宁夏府的历史文化的实际，它涵盖了最能代表宁夏平原的历史与文化景观。

山屏晚翠，说的是环抱宁夏平原的贺兰山。每当斜阳返照时，苍翠欲滴、万壑千岩的贺兰山便在烟岚霭气的涌动中呈现出一种壮阔渺远的气象。

河带晴光，是写舒缓地穿越宁夏平原而过的黄河。说"带"，是一种非常形象的概括。黄河自西南出峡口进入卫宁平原，就被两岸无尽的绿色拥抱着，黄河犹如一条黄色的绸带，轻盈地蠕动在其间。阳光下，更是披金戴银一般。贺兰山与黄河，是宁夏平原永久性的象征。

古塔凌霄，说的是城北海宝塔。它是宁夏历史的见证，也是宁夏宗教文化演进的重要驿站。

长渠流润，说的是宁夏平原农业灌溉水域网络的塞上胜景，它是"天下黄河富宁夏"的赞誉在意象上的一种视角审美的叙述。

西桥柳色，是宁夏府城的一大盛景，自明至清不败，得到了明清两代文化人的认同，如同长安灞桥枫柳一样。水是城市的灵气，唐徕渠穿宁夏府城西而过，为府城增添了活力和灵秀，便成了人为的一大景观。这里有庙宇，有建筑物风廊水槛，尤其是穿桥而过的络绎不绝的人流和车马。但在清代，当营建于宁夏府城西边的满城成为满洲八旗的城堡后，这唐徕桥就成了连接府城与满城的通道，过往行人中又多了满城里的贵族。

南麓果园，是指在汉渠东官桥以南的大片大片的园林。果实成熟的季节，枝头累累，一望无尽。唐代诗人韦蟾的诗中"贺兰山下果园成"句所描述的园林景观，在这里再次得到了展现。在清代人的眼里，这种景观就是昔时风物的再现。

连湖渔歌，是指唐徕渠以东自然生成的多个相互连在一起、水域相通的湖泊。清代时，在邵岗与李俊之间有连湖中最大的湖，周围数十里，湖中不生菹草，水深多鱼。远远望过去，碧泓一片，山光倒影，树木环裹，有轻舟荡漾其间，如同烟波浩渺的江南一般。

高台梵刹，即高台寺。明代曾以高台寺为中枢，修建小春园，一时为胜境。到了清代，园废寺存，僧房佛阁，闲静崇敞。游人登上天桥，凭栏远眺，黄河景象尽在眼中，平原上阡陌纵横，绿树成荫，是绝佳之地。

（三）《乾隆宁夏府志》里的灵州"八景"

《嘉靖宁夏新志》在选取宁夏"八景"时，从宁夏镇的隶属关系及其角度考虑，"灵武秋风"便成为宁夏"八景"之一。《乾隆宁夏府志》在选取"八景"时，只着眼于宁夏府城，没有将灵武景观纳入，因而便有灵州"八景"生成。灵州历史悠久，唐以前尤其为各朝代所关注。

《乾隆宁夏府志》所载灵州"八景"是：宁河览胜、晏湖远眺、牛首飞霞、龙泉喷玉、高桥春柳、滴水秋梧、青峡晓映、黄沙夕照。唐代以后，灵州的政治地位逐渐淡化，仅是县制的格局。自唐至清，远去的千年历史，同样带走了曾经积淀过的文化。清代灵州"八景"，人文的内涵少了，基本都是以自然景观为背景来取舍"八景"的内容。

（四）《乾隆宁夏府志》里的中卫景致

《乾隆宁夏府志》里所载的中卫景观，不称为"八景"，而是"十景"。这里的十景，是将《嘉靖宁夏新志》里选定的内容全部搬过来了，即暖泉春涨、羚羊夕照、黄河晓渡、鸣沙过雁、芦沟烟雨、石空夜灯、石渠流水、红崖秋风、黑山积雪、槽湖春波。

《乾隆中卫县志》的编纂者、中卫知县黄恩锡，又将原十景改定为十二景，即青铜禹迹、河津雁字、香岩登览、星桥翠柳、羚羊松风、官桥新水、牛首慈云、黄河泛舟、石空夜灯、暖泉春涨、黑山晴雪、炭山夜照。

黄恩锡改定的十二景，大多是他本人实地察看感悟之后，试图增加人文内涵的结果。比如新增加的"青铜禹迹"

就很有代表性，即使用现在的眼光来审视都是合理的。黄河自西而来进入中卫境，至青铜峡是一个转折。这里支流汇合，两山紧束，如龙门般奇险。及水势稍平缓，山与水相映衬时，河水作青铜色。这是黄恩锡考察的"青铜"之名的由来。由此演绎了大禹至积石经青铜峡，以神斧凿削石壁，黄河乃畅流的故事。因了这故事，青铜峡北岸便有了禹王庙。这一景，是耐人寻味的。

再如羚羊松风一景，在前明的志书里称"羚羊夕照"，黄恩锡改为"羚羊松风"。旧志载"羚羊夕照"，是源于羚羊寺的。黄恩锡考察过羚羊寺，原寺早已湮灭，他看到的是雍正年间重建的寺庙。同时，地名意义上的羚羊角、羚羊殿、羚羊夹还在沿袭。羚羊山，是因羚羊而得名；而羚羊寺与羚羊渠，亦因羚羊山而得名。黄恩锡实地考察羚羊寺时，还在这里小憩过。这里梨、枣、杏园林相望，寺阶前有松树，当风起处，园林的各色树木与仅存的松树相伴发出一种柔和的声音时，黄恩锡在特定的环境中动心了，"有潇然出尘之想"。羚羊松风，大约就是这样来的。但从历史的角度审视羚羊寺，这"羚羊"可能与中卫岩画里的一种"羊"有关。

总之，黄恩锡改定的中卫十二景，没有考虑已约定俗成的"八景"，而是在尽可能地体现他实地考察之后的人文理念。

（五）《平罗记略》里的平罗"八景"

《平罗记略》成书于道光年间，已有平罗"八景"入志书。在形式上，也是以景附诗，沿用当时通用的格式。平罗"八景"是：西园翰墨、北寺清泉、杰阁层阴、边墙晚照、马营远树、虎洞归云、磴口春帆、贺兰夏雪。平罗"八景"文字较为简略，只列出景观并附诗，没有对景观的背景文字的介绍。

《续增平罗记略》也成书于道光年间，但随着时间的推移，平罗"八景"也有了些许变化。它们是：官桥烟柳（西园翰墨已废）、佛寺香泉、杰阁层阴、边墙晚照、马营远树、虎洞归云、磴口春帆、贺兰夏雪。西园翰墨被官桥烟柳取代，北寺清泉改为佛寺香泉。有影响的应该是边墙晚照，它是明代长城在宁夏北面的遗存，其残垣断壁还在吸引着人们。磴口春帆，是黄河上的重要津渡，清末及民国初年，西北的皮毛贩运多由此沿黄河运往天津口岸。磴口春帆，显示的是一种向上的生命力。贺兰夏雪，是与平罗相连的著名景观。无论是宁夏"八景"里的贺兰晴雪，还是平罗"八景"里的贺兰夏雪，它们都是以"雪"来突现贺兰山的高峻与韵味的。

（六）清代固原八景

明代嘉靖、万历《固原州志》里还没有"八景"的文字记载，清代《宣统固原州志》里不但有了"八景"的文字，而且依着每一景的文化内涵配有一幅白描画，文字与图画相辅相生，将最能代表固原地方名胜文化的"八景"点缀得呼之欲出。

1.六盘鸟道

六盘山，是华山以西的名山，也是秦汉以来帝王们登临或祭祀的山脉。六盘鸟道，是古人对六盘山山体盘旋蜿蜒、陡峭艰辛的自然造型形象的描述。汉代，以络盘道、洛畔道相称，后因谐音相转，便有了六盘道。六盘鸟道作为固原"八景"之一，大约也是清代的事。由于六盘山所处的地理位置，古人曾以"绝巘排空扼秦陇"、"东衔锁钥镇兰岷"相称。历史上横跨亚欧的丝绸之路东段北道就从这里穿过，僧侣、商人、使节等络绎不绝。清代《宣统固原州志》记载：山上有庙儿坪，因庙而名，庙祭祀关帝，不知建于何年，却毁于兵燹，当时行人至此，是小憩歇脚的地方。据说林则徐当年过六盘山时，还在庙儿坪歇过脚。山的景致在于山雨欲来之际，必先云腾雾蔚，即便是晴天，山巅也是雾霭萦绕。行人越六盘山时，感觉是在云雾里行走，但闻车轮声、甩鞭声从云雾中传来。如果是一行人登山时，后人只看见前面人的鞋底；前面人若回头看，只能看见后面人的头顶。这种登山时的奇景，被古人喻为"鸟道识奇"。"六盘鸟道"大约是由此情此景而来的。作为大自然的钟神造化，"峰高华岳三千丈，险据秦关百二重"，是对六盘山的写照。由此可见六盘鸟道的惊险和奇趣。

风烈烈，旗飘飘，20世纪30年代，震惊千古的一幕又出现在这雄关古道上。1935中央红军长征胜利翻越六盘山，毛泽东登上六盘山顶峰，临风远眺，江山如在目前，遂写下了气壮山河、流传千古的名篇《清平乐·六盘山》。六盘山的名字从此焕发了古老的青春，如同古丝绸之路一样名扬中外，吸引着无数的中外游人。

2.西海春波

出固原城西南四十余里处，有一泓天然的湖泊。秦汉时期被称为"朝那湫"，清代人称其为"西海"，今人名其为"海子峡"。它，也是清代列入的固原"八景"之一，名西海春波。汉代以前的固原，气候湿润，森林茂密，水源丰富。六盘山下的"朝那湫"，是黄土高原上著名的湖泊。它真正为固原人所利用和造福，已到了明代。据《嘉靖固原州志·固原州行水记》载：明朝正德十年（1515年），由驻守固原的军队开渠引西海水入固原城。水由西门入，环流于街巷，自东门出，汇入清水河。西海水解决了固原镇城工商、城市人口及驻军用水。水渠两边垂柳舞动，自州城直达西海。作为一处景观，鼎胜于清代。

据史料记载，朝那湫水有两个源头，均出于六盘山系，向左流者曰东海，向右流者曰西海。西海，旧时相传为祭祀龙神、润泽侯的地方，建有庙宇。明代巡抚赵时春撰的《朝那湫庙碑记》（《宣统固原州志·艺文志》），对西海的历史渊源、祭祀等都有详细记载。这里群峰环抱，形如掌立，中间有石隙，水由此出，"激湍清冽"。喷出的水复入两个漩洞，时人称为东、西龙口。光绪年间相传，有龙破空而去，鳞甲隐于云中，其色苍碧，"信有春雷起蛰云"。水入洞后由地下行，再复出峡。之所以被称为"西海春波"，愚以为：一是水由石隙出，再入洞地下行，复出，其流势自成佳境，有春波荡漾之妙。有诗为证："飞来万朵玉芙蓉，中汇流泉列五峰。"二是西海建有龙王祠，周围晴波映带，花草繁茂；山水景物相依，春的气息与水的空灵再构成佳景，悠悠然一处世外桃源。西海春波盛景由此而来。

而今，西海春波随着时光的推移渐被后人淡忘，但它的自然形胜仍在，它独特的地貌景观仍吸引着人们。西海春波景致依旧。不舍昼夜的西海水，流走了无情的岁月，带来的仍是春韵。

3.瓦亭烟岚

瓦亭烟岚，是因瓦亭关而来的。出固原南行90里即进入六盘山腹地瓦亭。这里界于古六盘关与弹筝峡（三关口）之间，自古为形胜之地，古人曾以铁瓦亭相称。东汉建武八年（32年），隗嚣派大将牛邯就在这里屯兵以拒刘秀。这时的瓦亭已经很有名了。瓦亭之所以成为历代驻军防守的军事关隘，是因为它所处的特殊的地理位置。这里四面环山，深谷险峻，中通一径，为易守难攻之地，历史上向以"九塞咽喉，七关襟带"著称。瓦亭关历汉唐至清代，都是驻兵的要地，清朝光绪年间，陕甘总督魏光涛还"请重币重修"。重修后的关城依山而建，有关门、敌楼、雉堞、墩台等，城内设有驿站，还建有城隍庙，是古丝绸之路上重要的关口。瓦亭关一带原本属阴湿地区，生态较好。到了清代，人为的树木种植，又增添了不少景色。葱郁的山峰，坚固的城池，依依的杨柳，再加上穿城边河道而过的泾水支流，相映成趣，相得益彰，从审美视角上是一个完整的有机体。每当雨后放晴之际，游人若登高俯视，但见"不断云根横雁齿，每当雨霁拥螺鬟"，"绿杨青柳望中连，画断横流辟大阡"。俨然一幅云蒸霞蔚、烟岚雾霭的山水画，一处烟雨相聚相离的景观。瓦亭烟岚的景致，得到了清代人的推崇。

4.云根雨穴

"云根雨穴"，与山和雨相关，是古人拜佛祈雨的宗教场所。固原城东南5里处太白山，就是清代人选定的祈雨的地方，故以"云根雨穴"相称，缘起于明代。明代《万历固原州志·固原鼎建太白山神祠记略》载，明万历十二年（1584年），陕、甘大旱，固原更是石头冒火，柳树生烟。驻节固原陕西三边总督郜光先率僚属前往太白山求神祈雨，之后遂在这里选址立庙。建成的太白庙方圆二里，有砖石相氂的门楼，有左右相配的钟鼓楼，还有柱坊、碑亭和大殿。落成的太白山寺院，已是一处规模宏大的建筑群，"辉煌遐迩"，远近闻名。清代太白山香火旺盛。若遇旱年，官民一齐往太白山寺院祈雨。清《宣统固原州志·图说》载，寺居绝顶，山阴有泉，并给它们冠以大太白、二太白、三太白之名，正是"三峰太白望巍然，谁辟山阴百丈泉"。清代人仅在明代人奠定的基础上修缮增色，在太白崖侧立石坊，署名"云根雨穴"、"蹑足云根"。缘此，云根雨穴便成了清代固原八景之一。

5.东山秋月

明代中后期，明朝政府向固原派驻陕西三边总督统领西北军事防务。这期间驻固原的军务大臣们在节制军务的同时，关注、思考着固原州治城池的布局和建设，而且修建了一些园林类的游憩之所。当时固原州城以东、清水河东边的东山（东岳山）已经得到了程度不同的修整。到了明代后期，楼阁建筑已初具规模。《万历固原州志·祠祀志》里，已对东岳山的建筑有记载，山上已建有东岳庙。

清代东岳山开发较快，《宣统固原州志》记载已建有玉皇、释迦牟尼、韦陀、如来佛等大殿，还有孟公祠、碧云洞及石坊题词等，已是一处完整的寺院景观。若远远望过去，形如"金钟悬纽"。山峦上葱葱郁郁的树木，与参差错落的寺院建筑遥相映衬。缘此，当时人给它冠以俗名——杨柳巷道。就是这样一处成形的寺院景观，却毁于清末兵燹。从此，寺院毁坏而冷落，树木凋谢凄惨，往事如烟，空留下一抹曾映照过汉唐盛世的月光，更是撩人。圆圆的秋月，伴着清朗的高原塞风，成了这古城边地的"佳境"。东山秋月就逐渐地幻化出来了。清代人锡麒写的《东山岳月》诗，读来依旧那么缥缈，那么让人向往。"萧关万里净无尘，秀耸东峰依凤凰。漫把防秋谈战事，且邀新月作诗邻。……南望络盘北海刺，年年照彻远行人。"读着诗，便想要在月圆时节登东岳山，体悟诗中的意境。

6.蓬沼听莺

固原古城以北五里处，有一泉溢水成湖，古称北鱼池，后人称北海子。这里受地形影响的缘故，湖水冬不结冰，又称暖泉。明代时，北海子水域宽阔，水中有小岛，岛上建有亭轩。纳凉于亭下，听四面莺歌，乐趣与意境皆在。人们把它与神话传说中的东海仙人居住的蓬莱相比，再加上文人贤达推崇与文化建筑景观的点缀，便有了"蓬莱听莺"的名字，约定俗成后，成为固原八景之一。

《万历固原州志·地理志》记载，明代陕西三边总督石茂华驻节固原，督理军务期间，对"暖泉"进行过修整，并在这里修建亭子，取名曰"乐溥堂"。此堂落成于明万历五年（1577年）冬，石茂华为此还写了《乐溥堂记略》，对乐溥堂的修建过程、规模及布局一一都有记载，四周也是"青柳碧蒲，葱郁可爱"的环境。可见，明代的北海子已是一处休憩和游览的好地方。每当春末夏初之际，这里百鸟流莺婉转，青柳随风飘逸，小舟轻风荡漾，幽静至极。游人或亭轩小憩，或登湖泛舟，情趣自在其中。直到光绪年间，这里仍然是佳景自胜不衰。清代人刘继锦有《蓬沼听莺》诗："芳塘十亩北城隈，无限岚光到眼来。且喜青骢行款短，时闻黄鸟语低回。香清蔬圃饶诗味，影落莲峰入酒杯。四面荻花三面柳，斯游合纪小蓬莱。"后来，由于战争，这里逐渐荒芜了。

7.须弥松涛

须弥松涛是须弥山石窟所在的山峦上的一处佳景。每年春来，这里桃花盛开，石窟掩映其间，流水潺潺。一阵凉风吹来，涛声四起，回荡在山坳与石窟之间。因松涛之声为石窟群增添了另一种大自然的情趣，古人遂将这种独有的景观列为固原八景之一。明代须弥山香火很盛，作为一处风景名胜，吸引着四方游人。明《嘉靖固原州志》里已载有兵备副使郭凤翔的《登须弥山阁》诗："春暮登临兴，寻幽到上方。云梯出树梢，石阁依空苍。"到了清代，前往焚香拜佛与旅游观光的人越来越多，"须弥松涛"景致也多为游人所感悟。清人李毓骧有《须弥松涛》诗："古刹巍然近石城，苍松万树自纵横。维摩有室搜灵偈，逢义题山问旧名。一幅云屏开界面，半天风铎助边声。宵深惟听龙曲吟，随在参禅百虑清。"可见，清代的须弥松涛依旧在吸引着无数游人。

8.七营驼鸣

出固原城向北，沿清水河谷往北去中卫、盐池等处，七营是必经之地。因此，人们习惯上称七营为固原的"北大门"。清水河谷地正当古萧关道，是宁夏南北运输的通道。明清以来，往返于这条通道上的车马、驼队络绎不绝，而以驼队最具地方传统运输特色。清代以来的盐运商贩，就是这条古道上的常客。每当秋冬之际，无论白天还是黑夜，都有运盐驮粮的驼队经过。深秋风声萧瑟之夜，再伴以叮咚的驼铃声，此起彼伏，回荡在寂静的夜空，给这广袤的大地凭空添上了一抹秋来雁下驼鸣的塞外景象。"七营驼鸣"遂成为清代固原的一景。七营的由来始于明代，是杨一清督理陕西马政时屯养军马监牧的八大营地之一，沿袭至今。七营与八营相接着，都是地域辽阔、水草丰茂的监牧地。明万历时期驻防固原的陕西三边总督石茂华写过《防秋过八营牧儿苑》诗："万骑如云野径微，孤鸿遥过塞垣飞。"描绘出深秋鸿雁南飞，骏马奔腾的场面。到了清代中期以后，北边的战事少了，七营的屯军与牧苑亦随之废除，但仍设防。当时这里的情景正如清人王学周《七营驼鸣》诗里描绘的那样："参横月落夜色迟，络绎鸣驼任所之。朝饮长城环毳幕，远来瀚海识羌旗。盐茶春暖开屯际，水草秋高出塞时。明驿汉营今尚在，筹边何以策安危。"而今，宽阔的公路早已取代了昔日的大道，往返穿梭的汽车替代了叮咚摇响的驼队。秋来雁鸣已是时过境迁，"七营驼鸣"只留下了让后人回味的袅袅余音。

依清代《宣统固原州志》卷首图载，当时是十景而不是八景，八景只是约定俗成的称谓。除前面叙述的八景外，还有"禹塔牧羊"、"营川麦浪"。而且将每一景都绘有概括力极强的白描线图。十幅图，就是十幅读不完的历史画卷。无论是自然景观，还是人文景观，或者是两种文化景观的融合，它都是凝固了的固原历史文化。

三、"八景文化"的传承与创新

（一）明清时期已进入古人视野的文化景观，当下意义上仍具有传承性和丰富的多元文化的凝聚力

钟灵毓秀六盘山，山翠水碧，景观奇异，为清代固原八景之一，名"六盘鸟道"，自然景观与人文景观叠加，自古及今历史文化内涵十分丰富。人文始祖黄帝、秦始皇、汉武帝、成吉思汗、忽必烈、林则徐、谭嗣同，毛泽东与《清平乐·六盘山》词等，神话传说"柳毅传书"故事的源起地，王洛宾等著名文化人……一幅幅历史长卷演绎了重大历史事件和重要历史人物在六盘山的经历。作为丝绸之路大通道的六盘山，其历史积淀如同一个长长的文化链条，将历史与现实紧紧地衔接在一起，包括它所承载的厚重文化与大六盘山

的自然景观。

造像精美的须弥山石窟，开凿于北魏，兴盛于唐代，是丝绸之路文化的结晶。整个石窟开凿数量大，石窟造像丰富，雕造艺术精湛，而且沿丝路东传影响过日本的佛教文化。但由于时代的局限，清代人没有将石窟冠名为固原八景之一，而是选取须弥山石窟的一处自然景观"须弥松涛"。实际上，除了其自然景观的一面外，石窟造像是丝绸之路文化的结晶，是国家层面上的大文化景观。石窟作为一种文化现象并受到重视，是当代意义上的事。20世纪80年代，须弥山石窟列为国家重点文物保护单位。当遗产成为重要文化现象时，尤其是与古丝绸之路东西文化交流相关联时，须弥山石窟就应该成为新十景之一。它的文化传承的根脉在于根深叶茂的丝路文化，在它身上衍生和焕发出来的仍是新的旺盛的生命力。

富饶美丽新天府，同样是明代人视野里的八景。2008年，《中国国家地理》杂志第二期公布了中国十大新天府，宁夏平原成功跃进榜单，与成都平原、台湾嘉南平原、山东半岛等共同列入十大"新天府"。新天府评选，是严格的"生态选美"，是对中国当下"天然乐园"的寻觅，是寻找把大自然恩赐保持得好的地方；它要求必须是"山光水色俱佳"、"富饶美丽同在"、"宜居常乐皆备"的天然乐园。宁夏平原是西北地区的精华之地，是富饶的粮仓，也是黄河文化的承载之地，理当获此殊荣。宁夏平原，虽是近年国家层面上认定的"新天府"，但它阡陌纵横的江南景象早在唐代人的笔下就有了描述和记载，"贺兰山下果园成，塞北江南旧有名"，留下了一幅让后人追念和向往的美丽图画。明代人将其列为宁夏八景之一，以"良田晚照"、"汉渠春水"来描写膏腴万顷的黄河灌区塞上风光。清代传承并再列为宁夏八景之一，实际上以八景里的"河带晴光"、"长渠流润"来展示宁夏平原的富庶景象。当下意义上的新天府之国，是在传承与创新的背景下，承担着国家视阈下的命名，这既是一种创新，也是对传统"塞北江南"富庶景象的一种认可。所不同的是若从景观意义上看，它的内涵除了阡陌纵横的水乡富庶景象外，还可以涵盖黄河沿岸文化景观，如黄河古渡、青铜峡一百零八塔、董府，包括中卫高庙、黄河世纪坛、黄河楼、水洞沟、平罗玉皇阁、沙湖等自然与人文景观，是一个宏观意义上的大概念。近年宁夏打造的黄河金岸滨河大道，包括大片的湿地，同样可视为新天府之国宏观视野下的多元一体。

2002年，联合国粮农组织启动了"全球重要农业文化遗产（GIAHS）"的评审，这是一种更加注重人地和谐的活态、复合型遗产。黄河文明孕育了宁夏平原农业文明，也生成了农业文化遗产。2014年7月，农业部颁布了第二批《中国重要农业遗产名录》，宁夏灵武长枣种植系统列入其中，这是宁夏新天府的另一类农业文化遗产。因此，新十景的推选应认真对待"新天府"及其多重意义。

岿然多彩的贺兰山，其名字隋代就约定俗成了，它像一条巨龙蜿蜒盘旋在宁夏平原西部，千百年来隔阻着贺兰山西坡的漫漫黄沙，拱卫着宁夏平原的生态安全，是宁夏平原的天然屏障。军事意义上的贺兰山更是为古人所称道："朔方之保障，沙漠之咽喉。"它本身就是最好的长城，一首岳飞的《满江红》，震撼了不同时期国破家亡的中华民族，影响大而深远。明代成为宁夏八景之一，名为"贺兰晴雪"。贺兰山承载的文化同样厚重，如贺兰山岩画、西夏文化遗存，三百年前康熙皇帝亲征噶尔丹到宁夏，首先派大员前往贺兰山致祭的经历等。当下意义上的所指也是多元的，贺兰山岩画、西夏文化遗迹都是全国重点文物保护单位，包括拜寺口双塔、西夏皇家窑址、明代留在贺兰山沟谷的摩崖石刻等，再加上独特的自然风景，故以"贺兰山"之名统领之为其一景。

壮阔恢宏的西夏陵，是西夏统治者的帝陵，近二百年的西夏建国史，西夏王陵是一个缩影，它也是全国重点文物保护单位。成吉思汗的铁骑践踏并焚毁了西夏的陵园文化，但耸立在贺兰山下、黄河岸边的陵园土包依然再现了西夏曾经的辉煌历史。金字塔一样的封土堆与苍穹山脉互映，霸气与旷古的原野相融，近八百年过去了，岁月的逝去无法抹去宁夏历史上这段特殊的经历。明代人没有把西夏王陵纳入八景之例，但明代文人却前往陵园凭吊，说明他们已经把王陵作为一种文化景观对待了。当代意义上的西夏陵，历史背景、文化遗存、遗址景观三位一体，足以承载新十景中之一景。

（二）未曾进入古人视野的文化景观，却同样承载着厚重历史和丰富的文化内涵，属于创新性景观文化

突兀高耸的火石寨，属丹霞地貌特征，也是黄土地上壮阔的景观。在南方司空见惯，而在北方尤其是在黄土高原上出现就成为奇特的景观了。它占地面积97.95平方公里，海拔高达2650米，雄浑壮观，神奇峻秀，是我国目前海拔最高的丹霞地貌，是宁夏独特的地貌景观，是国家地质森林公园，也是付诸多样文化背景的地方。明朝满俊反明时以石城为根据地与明朝军队抗衡，演绎了很多故事。缘此提升了固原地方政权建制的格局，增设了固原基层政权数量，改变和生成了固原好多地名，历史上影响很大。同时，这里的石窟文化也是反映宗教文化多元的地方。火石寨博物馆的修建，凝聚并展示了这里的文化内涵。

旧石器文化遗址水洞沟，得名较晚，却影响深远。1923年，法国古生物学家桑志华、德日进在水洞沟首次发掘，数年后的1928年即发表了《中国旧石器文化》的报告，"中国没有旧石器文化"的论断被否定了，这是国家意义上的考古与世界意义上的报告。缘此，水洞沟的名字绝响于中外，它是中国著名的三大旧石器遗址之一，是宁夏历史文化的端绪，是远古人类文明的发祥地之一。水洞沟遗址出土的文物，再现了3万年前远古人类在这里的活动，包括当时先民审美理念的萌生。这里除水洞沟遗址自身外，还有明代修筑的长城，与长城相依的红山堡古城，依托在峡谷深处崖畔的藏兵洞等。3万年前水洞沟远古人群生存地，解决了中国有无旧石器时代遗址的问题；500年前在这里布局的系统军事防御设施（长城、军事城堡、藏兵洞），为后人留下了丰富的军事文化遗存。

大漠黄河沙坡头，地当中卫，是前有"大河"之险，后接"贺兰"之固的地方，也是腾格里沙漠东南边缘在宁夏的最大沙区，属特殊的沙漠景观文化形态。《元史》里称之为"沙山"；《大明一统志》里也以"沙山"相称，而且设有军事性墩台。《嘉靖宁夏新志》里已有"沙关鸣钟"的记载，明代人把它归在"祥异"一类，说明古人已经从沙漠文化的视角来审视其特殊性了。明代中后期，游走成为一种文化时尚，文化人还不时登沙赋诗，而且内化成了文化人的文化品格，这种文化背景推进了沙坡头沙文化的形成。

沙坡头数十年治沙创造了奇迹，治服了流动的沙丘，营造出了一片片的绿洲。防沙治沙的伟大成就获得了世界性殊荣，成为世界治沙史上的一块丰碑。而今，成林的桃梨，上架的葡萄，飘香的瓜果，沙漠景观文化与黄河相伴的壮美景观，一并成为独具魅力的国家5A级旅游地。游人在体验沙漠文化的同时，可领略世界治沙史上的奇迹。

秀犷相融显沙湖景色，沙湖景区，是一处集江南秀丽景色与北方粗犷雄奇意象的复合景观。如果说沙坡头景区是天然造化，那么沙湖景区则是大自然造化与人工相融的产物，视角意义上的沙湖也是天造地设一般。在这里，大漠风光与江南秀色融合得天依无缝，相互映衬的是一种人文意义上的天然景观。

沙坡头与沙湖，虽然都与沙漠相关，但作为沙漠景观文化，它们却各具特色，是宁夏沙漠文化的典范，可以说宁夏独有，世界无二。它们的特点都是沙与水的融合，水与绿色相谐，沙、水、芦苇有机融在一起，其自然属性充分体现了沙漠文化独有的内涵。无论涌动着的黄河水，还是波光山色的沙湖水，都是沙漠文化的精灵。其灵秀与奇特之美是由综合元素相融而体现的，沙坡头以黄沙与黄河相伴而显粗犷大美，沙湖以沙山、湖水、芦苇和谐相处而显其奇秀俊美，各自充分彰显其"地奇"与"物奇"的特殊性与不可替代性。2013年，中央电视台与国家林业局共同举办的"美丽中国——湿地行"中国最具魅力十大湿地评选揭晓，沙湖成功入选"全国十大魅力湿地"。而今，沙波头与沙湖，都是大量吸引国内外游人的著名沙漠文化的景区。

回乡文化以"园"总揽。永宁县境内的文化建筑与景观相对集中。历史悠久的有纳家户清真寺，新创建的有回乡文化园、中华回族一条街，还有正在建设中的中阿风格的成片建筑，是未来中阿文化建设的承载者。永宁县杨和乡的纳家户清真寺，始建于明代嘉靖年间，已有近500年的历史。其建筑样式属典型的中国传统四合院建筑，由前后两部分构成。前部分为高大的砖券拱门，门上矗立重檐三滴水歇山顶三层邦克楼，西侧陪立四角攒尖顶望月楼。院落两侧为沐浴室、天经院、厢房等设施。后部为卷棚歇山勾连式礼拜大殿，可容纳近千人同时礼拜。

礼拜大殿上的歇山脊和卷棚歇山脊造型鳞次栉比，错落有致，尤其是龙头的造型张口鼓目，形象逼真。此外，"双龙戏珠"、"丹凤朝阳"等雕刻图案，在显示纳家户清真寺历史悠久的同时，也蕴含着伊斯兰文化与中国传统文化深层的融会，其建筑风格很有代表性。

中华回乡一条街，与纳家户清真寺一路之隔，自成体系，但又与清真寺相邻相融，古今互补。游人在参观清真寺的同时，可以在"一条街"餐饮购物，尤其是回族文化方面的用物。中华回乡园，与纳家户清真寺、中华回乡一条街构成一个大景区中不同方位的建筑景观。建筑物造型气派，空间特殊，博物馆展出的回族伊斯兰文化方面的文物内容丰富，为人们了解回族形成、变迁和发展提供了实物与文字记录。因此，以中华回乡文化园总领纳家户清真寺、中华回乡一条街，会成为宁夏回族文化的集大成景区。

（三）打包理解"新十景"评选，可以将相近地域的文化遗产融入其中，会视野更宽，吸纳的内容更丰富

宁夏新十景评选，是在传统基础上的继承与创新。这应该是大家的共识。由于古今"八景"或"十景"认定理念上的差异，再加上景观内容丰富而数理有限，无法用"十景"来涵盖应该进去的景点。因此，打包理解"新十景"评选，可以将相近地域的文化遗产或景点列入一个大景区内。前面所列举的"富饶美丽新天府"里，就将黄河沿岸的景观打包融入到里头。再比如贺兰山，就可以把贺兰自然景观与所有的人文景观融入其中，贺兰山岩画、西夏相关的遗产，镇北堡影视城都是可以纳入其中的。从旅游层面上说，这样有利于旅游的开发。

（四）"宁夏新十景"的选取应遵循两个基本原则

一是保持传统景观文化的延伸。依旧鲜活的、地标性的、从文物文献隐性的文化表征中都承载着精神遗产的"景观文化"，其多元文化特征与文化传承所形成的凝聚力，仍能辐射至社会与文化的各个领域，必须传承下来。它有生命密码，它仍传递着丰富的历史文化信息。二是新景观文化的添列。伴随着社会发展不断挖掘与发现的、同样承载着厚重历史文化内涵的创新性"景观"，包括在传统基础上融入了新的时代与文化内涵的景观，必须吸纳到"新十景"之中来。正是从这些意义上审视，笔者眼中的六盘山、须弥山石窟、火石寨丹霞地貌、宁夏新天府、贺兰山、西夏陵、沙坡头、水洞沟、沙湖、中华回乡园，这十处景观就具有代表性，既是传统景观文化的再现，也体现着新的文化内涵和审美理念的延伸。

宁夏新景观文化价值初探

刘天明　张治东

　　"贺兰山下果园成，塞北江南旧有名。"唐代诗人韦蟾笔下的宁夏如同一个美丽怡人的农家庄园，给人以充实、休闲、安逸之感。其实，宁夏全区有山有河，有高原有平川，景色秀丽，气象万千，从南至北风格迥异、特色鲜明，不仅有着北方"大漠孤烟直，长河落日圆"的雄浑壮丽，还有着南国水乡"平湖如镜水清涵，山翠天光荡蔚蓝"的灵秀旖旎。从明代初年伊始，宁夏就有关于"八景"、"十景"乃至"十二景"的记录与传诵，文人墨客们在游览宁夏美景的同时，也留下了诸多赞美宁夏景观的诗文以及像"贺兰晴雪"、"汉渠春涨"、"月湖夕照"、"黄沙古渡"、"灵武秋风"、"黑水故城"、"官桥柳色"、"梵刹钟声"等"八景"的四字名称，为这片热土增添了几分墨香书味。

　　昔日文人墨客们所记录的当时宁夏景观的自然形态、

文化内涵和人文精神，已成为千百年来颂扬美丽宁夏的靓丽名片，承载着人们对这方热土的神往与追忆。今天，我们要建设"开放、富裕、和谐、美丽"的新宁夏，就要更加注重人与社会、人与自然的和谐发展，建设符合时代特色要求并兼具深厚历史文化内涵的新景观、新景致。近年来，随着经济社会的发展，宁夏涌现出了更多更加优美的旅游胜地和人文景观。为充分展示当代宁夏独具特色的人文内涵和自然魅力，系统梳理和挖掘宁夏丰富多彩的历史文化和旅游资源，进一步提升宁夏的知名度、美誉度、影响力和吸引力，激发广大民众热爱家乡、建设家乡的热情以及对家乡的认同感、自豪感和归属感，全区掀起了一股征集评选宁夏新十景活动的热潮。大家从不同角度和视野提出了许多对家乡美丽景色景观的新认知和新看法，可谓众说纷纭。我们认为，甄选宁夏新十景应注重其文化价值的探讨和挖掘。

一、宁夏新十景应是自然风景与人文景观相统一的产物，兼有人文和景观价值

在中国历史上，宁夏既是开发较早的地区，也是华夏文明最早的发祥地之一。早在华夏文明开创初期就有关于黄帝巡视六盘山地区的传说；秦始皇统一六国后首次出巡的临幸地便是固原六盘山；汉武帝曾六次巡视六盘山；唐太宗则把六盘山地区作为国家主要的马政基地；到了蒙元时期，一代天骄成吉思汗更是把军事大本营设在六盘山，其子孙蒙哥

汗、忽必烈大帝灭南宋、大理、吐蕃多从六盘山出发，今天还留有蒙元时期的宏大工程——开成安西王府遗址。古代帝王显贵对六盘山的钟爱不仅说明了这个地区当时重要的军事战略地位，而且也有力证明了这块黄土地曾是中原农耕文化与草原游牧文化碰撞交流的融汇之地。20世纪30年代，伟人毛泽东率领红军二万五千里长征途径六盘雄峰时，写下了气壮山河的美丽乐章《清平乐·六盘山》，使"不到长城非好汉"的豪言壮语深入人心，响彻神州大地。如今六盘山国家森林公园在国家政策的指引下，经过宁夏人民"与天斗与地斗"的英雄行为和持续不断的科学治理，已是一片郁郁葱葱、生机盎然的文化旅游胜地，成为夏季人们避暑的绝佳去处。

宁夏不仅盘踞有风景秀丽的六盘山，还坐落着雄浑壮观的贺兰山，两山一南一北遥相呼应、屹立于宁夏南北两端。平卧于贺兰山东麓的银川平原也是人类最早开发的地区之一，早在史前社会就有许多北方草原游牧民族在此生息繁衍，举世闻名的贺兰山岩画艺术真实记录了那段漫长历史，逼真地再现了原始社会先民们在这里的生存环境、思想意识和宗教文化等内容，为后人留下了珍贵的历史文化遗产。如今，镇北堡影视城、西夏王陵、苏峪口国家森林公园和贺兰山岩画等诸多景点星罗棋布交织在贺兰山周围，使这座圣山透出了更加神秘诱人的光彩，吸引着南来北往的游客在此驻足观光、流连忘返。

二、宁夏新十景应是民族融合与宗教和顺的有力见证，能体现多元民族文化和宗教文化和谐相容的优良传统

宗教信仰是各民族在生产生活和社会实践中经历多年发展形成的精神寄托，体现着信仰者的思想、感情和希望。世界三大宗教文化在宁夏景观建设中得到了不同程度的展现，同心清真大寺位于同心县旧城西北角，相传建于明万历年间，是宁夏现存历史最久、规模最大的一座伊斯兰教建筑。整座清真寺巧妙地将中国传统砖木结构的建筑风格和富有伊斯兰特色的装饰艺术融为一体，体现了中阿交流的历史渊源和文化现象。

宁夏地处丝绸古道，是古代长安北出与北方草原丝绸之路相衔接的重要通道，中亚文化、西亚文化、南亚文化、草原游牧文化和中原农耕文化在这里交相辉映。银川的海宝塔与承天寺塔、固原的须弥山石窟都是上述各种文化汇聚而成的艺术精品。海宝塔巧夺天工地将中国传统的亭、台、楼、阁建筑形式与印度佛塔内容结合在一起，形成了既有中国传统建筑风格又具有地方特色的艺术风范。承天寺塔是一座西夏古建筑，庙宇规模宏大、备极壮丽。据史料记载，西夏强盛时此处为王公贵族听经拜佛和"东土名流"与"西方达士"交流往来的文化盛地。须弥山石窟气势雄伟，是丝绸之路西出长安后第一座著名的佛教石窟圣地，兴于魏晋，盛于隋唐，吸收了印度犍陀罗艺术精华，融汇了中国绘画和雕塑的传统技法和审美情趣，反映了佛教思想在固原的汉化过

程。它不仅是宁夏现存规模最大的佛窟遗址，而且是丝路文化在宁夏繁荣昌盛的实物见证。

三、宁夏新十景应是历史传统和现代文明相互融合、相得益彰的充分展示，既有历史变迁的沧桑感又有现代风尚的特色品质

位于银川平原的水洞沟遗址是迄今为止全国在黄河流域唯一经过正式发掘的旧石器时代遗址，向人们展示了三万年前古人类生存的历史画卷。遗址周围还有蜿蜒东去的明长城、高台耸立的墩堠、古朴神秘的城堡、曲折幽深的沟堑，诸多景点密布在景区，令人目不暇接。游客们在景区内经过徒步、登高、穿越、乘坐马车领略古人生活的艰难与沉重之后，来到红山湖坐上现代快艇，徜徉在清澈见底的湖面上，猛然感受到现代化的便捷，心情不由一阵轻松与舒畅。

宁夏新旧"八景"、"十景"、"十二景"以及新十景的发展变迁，充分反映了宁夏区域文化与自然景观融合发展的变迁过程，体现了广大民众追求现代理想人居环境的生活诉求。古城银川曾是西夏国的首都所在地，又名凤凰城，自古便享有"塞上明珠"的美誉，是一座名副其实的历史文化名城，中原文化、边塞文化、河套文化、丝路文化、西夏文化、回族文化等多种文化在这里交流激荡，浓郁的回乡风情、雄浑的大漠风光、秀丽的塞上水乡、古老的黄河文明、神秘的西夏历史共同构成了"雄浑贺兰，多彩银川"的城市

景观形象，形成了"塞上湖城、西夏古都、回族之乡"的鲜明特色。如今，经过世世代代宁夏人民的不断努力，凤城银川已经发展成为一个拥有现代化八车道的现代化大都市，在四通八达、纵横交错的街道两旁挺立着一座座高耸入云、形式各样、雄伟壮观、姿态各异的现代化建筑群，中山公园、森林公园、阅海公园、海宝公园、西夏公园点缀其间，给人一种"城在景中，景在城中"的感官享受，人民广场、光明广场、西夏广场、万达广场的兴建落成更为这座城市增添了几分现代化风貌，科技馆、图书馆、博物馆、银川国际会展中心、银川文化艺术中心等"三馆两中心"的投入使用，更使科技、环保、艺术组成这座现代化城市景观中的一部分。

四、宁夏新十景应是区域经济协调发展和精神文化生活建设的重要载体和有力推动者，对物质文明建设和精神文明建设都具有积极意义

随着现代文明的发展，旅游经济已逐渐成为区域经济发展的支柱产业，旅游经济不仅可以带动交通、住宿、餐饮、物流等相关产业的发展，而且对宁夏经济结构调整和转型升级发挥着重要作用。宁夏新十景的产生必将有力推动旅游业发展，也必将为宁夏空间区域经济的良性发展注入新的活力。镇北堡影视城是宁夏已故著名作家张贤亮先生倾注心血打造的集观光、娱乐、休闲、餐饮、购物于一体的5A级旅游景区，在诸多影视城中以古朴、原始、粗犷、荒凉、民间

化著称。镇北堡影视城在兴建之初，曾是一片荒凉的废墟之地，只有几十个破旧羊圈，而且无水、无电、无路，然而经过短短数十年的经营发展，已经成为西部最具规模、知名度最高的影视城及旅游胜地，这充分证明了文化旅游是第二生产力的经济论断。现在，景区内不仅设有古代家具陈列室、艺术摄影展览厅、个性化海报展厅，还有古装摄影、骑射、姓名作诗以及捏面人、皮影、拉洋片、草编、泥塑、剪纸、活字印刷、烫画、布艺、刺绣、魔术表演等民间杂耍，这些极具中华优秀传统文化特色的旅游布局使景区经济得到了快速发展。

一次难忘的旅行必定是一次文化之旅和精神之旅。旅游活动作为当今世界最广泛、最大众的交流方式，既是促进现代服务业发展的有效途径，也是展示文化、传播文化、推动文化的重要手段。为了礼敬黄河、祭拜黄河、感恩黄河，自治区党委宣传部在黄河金岸修建了标志性仿古建筑——中华黄河圣坛。乘坐电梯登临中华黄河楼，登高望远，观瞻滚滚黄河水，大河奔流向东的壮观景象跃然眼前，秦渠、汉渠、唐徕渠顺延而下，让人在欣赏黄河滋润宁夏平原美景的同时，也惊叹于古人改造黄河、适应黄河、与黄河和谐共处的伟大创举，不禁使人的思想境界和文化素养在潜移默化中得到升华。

总之，随着地域环境、生物条件、文化传承和社会发展的变迁，宁夏新景观在规模、数量、质量、形态布局和构成要素上都发生了颠覆性变化，逐渐完成了人文景观化的嬗变过程，宁夏旧有"八景"中的"汉渠春涨"、"月湖夕照"、"灵武秋风"、"黑水故城"、"官桥柳色"等景观景致逐渐由新时期的沙湖秋色、沙坡驼铃、览山胜景、黄河楼阁、镇北影城、艾依绿波、唐徕翠柳、萧关古道、回乡风情、六盘烟云、贺兰松涛、星海奇石、王陵晚霞、古都新貌等景致景观所充实和替代，不仅体现了宁夏人文自然景观的发展变化，也反映了人们思维方式、欣赏角度的转变，沙湖、沙坡头在展现其"万亩水域"、"千亩沙丘"、"沙漠绿洲"等壮观景象的同时，也展示了广大人民与天斗、与地斗、"人近沙退"以及人与自然和谐发展的时代风貌和精神特征。当前，宁夏正朝着"开放、富裕、和谐、美丽"新宁夏的建设方向大踏步迈进，我们要甄选出的宁夏新十景将本着经济效益与社会效益双轮驱动发展的效果，在充分体现宁夏地域特色、时代风尚、人文内涵、自然之美、和谐之美的基础上，实现人居环境、消费需求和欣赏档次多角度的完美结合。同时，充分展现新时期宁夏人文情怀、民俗风貌以及现代化建设中的当代文明成果，以更好地服务于"四个宁夏"的建设热潮。

"八景"传统及其文化景观意境

魏淑霞

　　"八景"是对一个地方典型的自然人文景观的集称，八景文化萌芽于魏晋，成熟于两宋，繁荣于明清，之后盛极而衰。今天，我们重提八景文化，既是对旧八景文化传统的继承发扬，也表达了人们的精神需求，意在承袭地方特色传统文化的同时，借"八景文化"从文化软实力方面来提升和推动宁夏地方经济文化事业的发展。那么，"八景文化"得以传承的传统和精髓到底是什么？这值得我们探讨，笔者认为"八景文化"在传承的过程中在名称、内容等方面都有变化，"八景"不一定只限于八景，"八"只是一个数字概念上的泛指，也可有四景、十景、十二景之称。在杭州就有"西湖十景"，宁夏既有"宁夏八景"又有"灵州八景"，还有"韦州四景"，八景也不只局限于对自然景观的描述，还有反映当地物产风物、某种引人入胜的场景的。最主要的就是入选的景观能够展现某一地区人文文化或自然景观的独特意境，能给欣赏者以美的体验或情感的宣泄，这是"八景文化"的传统和精髓所在，澄清这一问题对新时代宁夏新十景的选定有所裨益。它是随着社会发展总结出来的带有地域性文化特色的景观。

一、"八景文化"兴起于一种欣赏意境的表达

"八景文化"渊起于文人墨客对自然、人文景观的欣赏和艺术创作，表达了人们对自然人文景观的欣赏意境。尤其是五代、北宋山水画大兴，文人们对自己钟爱的景色或吟诗作赋，或绘之以图。"潇湘八景"就渊起于宋代著名画家宋迪所画的潇湘风物八幅图，图中景色撩人。后来，大书法家米芾对其欣然赋诗，诗画相配，相得益彰，"潇湘八景"得以传世，而米芾对潇湘风物八幅图的题诗名就成了"潇湘八景"的名称。宋人沈括在《梦溪笔谈》中对八景文化的兴起也有记述："度支员外郎宋迪工画，尤善为平远山水，得其意者有'平沙落雁'、'远浦归帆'、'山市晴岚'、'江天暮雪'、'洞庭秋月'、'潇湘夜雨'、'烟寺晚钟'、'渔村落照'，谓之'八景'，好事者多传之。"于是，文人士大夫纷纷效仿，对自己中意的景观进行作画赋诗，表达一种文化景观意境，就有了八景文化现象。如"潇湘夜雨"是旧时文人借以寄情的景观，表达了一种雨夜中凄凉无助的心境，正像夜雨一样哀婉缠绵。"平沙落雁"则描述了北方

转冷，大雁南飞途中栖宿于芦苇的美景。西湖十景中的"断桥残雪"是选景者冬雪时远观桥面若隐若现于湖面，残雪未消，似有残山剩水之感。这些景观并不是常态景观，带有偶然性，但正是这种偶然形成的景观带给观赏者以心灵的触动、美的意境，因此能够入选。当然，"八景"所选取的景观并非全是偶然形成的，也有常态性景观，这都不是重点，重点是选取的景观能将一种美的意境传递给观赏者。"八景文化"自生成之日起就有着人文创造与心理想象的意味，"八景"兼有描述自然景观和人文景观的内容，同时它的选择归纳和再创造有着很明显的人为色彩和偶然性。柳宗元说："美不自美，因人而彰。"景观因有人的参与和欣赏而更放异彩，人们以自己对景观的理解、感悟而赋予景观相应的文化精神内涵，使其展现出美的景观意境。

各地的"八景"历经传承与变迁，已然成为一种地方文化符号，是一种观念，更体现了一种文化写意性的意境，大到一个地区，小到一个村落，都可有自己的"八景"。而八景文化因其与地方历史文化、自然景观的密切结合而备受推崇，得以普及，形成了多个地方特色的八景文化。

二、史志记载中的宁夏八景文化意境

在宁夏的史志中记述了宁夏八景的演变，虽然随着自然景观、人文历史的变化宁夏的八景名称也在不断更新，但是其所传承的八景文化的精神内涵并未变化，我们可以从史志

中对宁夏八景景观的描述来体会选景者所要表达的文化景观
意境。

明代《宣德宁夏志》《弘治宁夏新志》《嘉靖宁夏新
志》等志书中都记载了宁夏八景。明代陈宗大笔下的宁夏八
景是：黑水故城、夏台秋草、黄沙古渡、长塔钟声、官桥柳
色、贺兰晴雪、良田晚照、汉渠春水。《宣德宁夏志》纂者
庆王朱栴笔下的宁夏八景则是：黑水故城、月湖夕照、黄沙
古渡、梵刹钟声、官桥柳色、贺兰晴雪、灵武秋风、汉渠春
涨。可以看出，明朝的宁夏八景名称有所变化，朱栴选定的
宁夏八景在内容上与陈宗大的"八景"并不完全相同，他在
传承前八景的基础上有所改变，旧八景中的"夏台秋草"与
"良田晚照"两景没有了，而新增了"月湖夕照"与"灵武
秋风"两处景观。另外，朱栴根据自己对宁夏八景景观意境
的理解将旧八景中的"长塔钟声"改为"梵刹钟声"，"汉
渠春水"改为"汉渠春涨"，表明了八景景观选择的人为因
素和偶然性。朱栴对"黄沙古渡"的景观意境是这样描述的：

> 黄沙漠漠浩无垠，古渡年来客问津。
> 万里边夷朝帝阙，一方冠盖接咸秦。
> 风生滩渚波光渺，雨打汀洲草色新。
> 西望河源天际阔，浊流滚滚自昆仑。

而古人对"灵武秋风"、"月湖夕照"的景观意境表达
如下：

灵武秋风：灵武境内有高山大河环绕，山上茂密成林，秋风起，万木萧萧，发出沙沙声，而山下斜阳古道，驼马成群，颇有一番塞外风貌。

月湖夕照：月湖湖水充盈，水平如镜，"元观滢如，照物无遗"。在夕阳的照耀下"百顷平湖月样圆，光涵倒影欲黄昏"，景不醉人，人自醉。

在清代方志中对宁夏"八景"的景观意境表达就更为明确，清代初年，黄中丞巡抚宁夏时新增过"八景"，对这八景的景观意境注解如下：

藩府名园：丽景园、小春园，为城东极盛之观。

承天塔影：承天寺南廊之僧房，有塔影倒垂。后又在东廊，理本难穷，说亦非一。

南楼秋色：南熏门楼傍山面湖，居民村落连属，当秋高气爽，可以远眺。

泮池巍阁：郡学泮池，引活水浇注，巍阁高峙，映带棂星。

霜台清露：城北旧有都御史行台，仪制森严。更楼上铜壶滴漏，午夜声传，犹前朝遗器。

南塘雨霁：南塘之盛，水榭、画舫，昔拟西湖。其尤佳者，云气初收，晴光乍展，鱼鸟花柳，别有新趣。

黑宝浮屠：黑宝塔十三级，高耸入云。自七层而上从外攀旋。虽当晴明，风飒飒如御虚然。

土塔名刹：即龙兴寺，在西门外唐徕渠下。台阁高敞，远眺贺兰，府临流水，与黑宝相辉映焉。

"承天塔影"，即承天寺塔在湖泊中的倒影；"南湖秋色"，南熏门楼傍山面湖的景色；"南塘雨霁"，即南塘水榭、画舫与雨后云气初收时的湖上景观。

《乾隆宁夏府志》还记载了改定后的宁夏八景，改称"宁夏八景"为"朔方八景"，其中也以注解形式对入选的八景的景观意境进行了描述，具体是：

山屏晚翠：贺兰山环抱如屏，在郡城西。每当斜阳返照，万壑千岩，岚气苍翠欲滴。

河带晴光：河自西南来，出峡口，绕郡城，过平罗，复北折而西。紫澜浩法汗，晃日浮金，萦回数百里，望之若带。

古塔凌霄：城北赫宝塔，旧志称为赫连氏重修，盖汉、晋间物矣。乾隆戊午，毁于地震。近寺僧募捐重建焉。高十一级，计百余尺，觚棱秀削，回亘云表。

长渠流润：渠之大者，汉、唐、惠农，各长二三百里，两岸陡口以千计。洪流分注，喷瀑溅涛，绣壤连畦，瞬息并溉，询斯民之美利，即此地之盛观。

西桥柳色：唐渠过郡郭西，穹桥驾其上，满、汉城通途也。桥北为龙王庙，庙西板屋数椽。面山临流，风廓水槛，夹岸柳影。毷氉来往，轮蹄络绎其间，望之八绘。

南麓果园：汉渠东，官桥以南，园林尤胜。多植林檎，当果熟时，枝头绀碧，累累连云，弥望不绝。

连湖渔歌：唐渠东畔，多潴水为湖，俗以其相连属，曰"连湖"，亦曰"莲湖"。在邵刚、李俊二堡间者最大。回环数十里，来生葭菼，而水深多鱼。澄泓一碧，山光倒影，远树层匝。时有轻舠出没烟波中，过者渺然动江乡之思。

高台梵刹：郡城多古刹，以高台寺为绝胜。前明为"小春园"地，今园废寺存。僧房佛阁，闲静崇敞。前跨两台间为天桥。凭栏远眺，极目河表，数十里青畦绿树，皆在屐舄之下，真柳子厚所谓旷如者。

《嘉庆灵州志迹》中是这样记载"灵州八景"的：

宁河胜览：黄河东渡，筑台高五丈余，登眺于上，则河山景物，举在目中。

晏湖远眺：晏湖古为水泽，台制以宁河，西山环绕，水碧沙明，足以豁目。

牛首飞霞：牛首山在中卫界，山形突兀，上有古刹，时现祥霞。

龙泉喷玉：泉在金积山，其水清冷可掬，滚滚若珠玉倾泻。

高桥春柳：城南有桥，以形高故名焉。自萧关北，荒沙无际，至是忽睹林木阴森，柳更条畅，若屏然。相传"塞北江南"，盖以此云。

滴水秋梧：水自石泄，若倒囊出珠，下有梧桐，枝柯繁茂，亦自可观。

青峡晓映：即古之青冈峡。旭日方升，水光山色，映若图画。

黄沙夕照：城东之山，半为沙砾，每晴日夕时，苍黄远映，光照人目。

志书中关于宁夏"八景文化"景观意境的记载还有"中卫十二景"、"韦州四胜"等等，此处不再一一赘述。从宁夏"八景文化"的流变可以看出，八景的名称、景观随着地理环境的变化、人们欣赏眼光的不同而发生变化，但有一点是不变的，即"八景文化"所要致力表现出的奇特的景观意境未变，如：霜台清露、南塘雨霁、河带晴光、西桥柳色、官桥柳色、贺兰晴雪、良田晚照、汉渠春水等等。

可以看出，宁夏志书中对宁夏八景文化的阐释透露出八景文化所要表达的是一种令人赏心悦目的盛景，而并不一定是以旅游景点为载体的实体景观，这一点至关重要。这种盛景可以是瞬时性的、季节性的，也可以是持久性的，没有固定的模式，这为我们选景和为景观定名提供了一个好的思路，也是我们应该传承的八景文化的精髓所在。工业化、城镇化带来了翻天覆地的变化，旧的八景文化景观多已消失，但我们在新的时期确定宁夏新十景的时候一定要区分"八景文化"与旅游景点，不可牵强地将现有旅游景点等同于"八景文化"，否则可能达不到预期的效果。而抛弃了文化与欣赏意境的"八景"是没有意义的，了解了这些，或许可以为我们今天选取八景提供一些参照。

明清时期宁夏方志中的景观文化

霍丽娜

明清时期，景观文化已根植于祖国大江南北，甚至传至周边国家，尤其对日本的影响最大。山川秀丽的宁夏，既有南国水乡的秀丽景致，又有塞外大漠的壮丽景观，同样留下了内涵丰富的景观文化。宁夏的景观文化生成于明代，兴盛于清代。在明代《宣德宁夏志》《弘治宁夏新志》《嘉靖宁夏新志》等志书中都有记载。

最早出现宁夏景观文化的志书是明《宣德宁夏志》，陈德武在《宁夏旧八景诗序》中提到，戍边军人陈宗大南返时，请画家绘成黑水故城、夏台秋草、黄沙古渡、长塔钟声、官桥柳色、贺兰晴雪、良田晚照、汉渠春水等西夏"八景"组图。《宁夏旧八景诗序》的一个"旧"字点出了宁夏"八景"出现时间的不确定性，从西夏时的地域空间上说，已经远远超出了明代宁夏镇所辖范围。

《宣德宁夏志》编纂者庆王朱栴对陈宗大所称的"八景"并不完全认同，他认为"因古有八景咏题，又重而删修之"的西夏"八景"应是贺兰晴雪、汉渠春涨、月湖夕照、黄沙古渡、灵武秋风、黑水故城、官桥柳色、梵刹钟声。朱栴对"八景"的增删，是比较科学的，是从地域的角度归属的。他对这八景评价极高，认为这八景"以风景之佳、形胜之势、观游之美，无异于中土也"。当然这里所称的西夏"八景"，还是以西夏都城兴庆府为中心，除黑水故城外，其他仍在今银川市的地域范围。《宣德宁夏志》中还收录有陈德武的《宁夏八景诗》，其中"八景"的选取同朱栴的《西夏八景图诗序》中的八景，这也是明人第一次冠名锁定的宁夏"八景"诗。《宣德宁夏志》中还录有王逊的《旧西夏八景》组诗，其景选取同陈宗大。朱栴不但提出新西夏"八景"，同时因为他初次就藩于韦州，对韦州也有很深的感情，因此在《宣德宁夏志》中也载有他写韦州"八景"的组诗。后来的《弘治宁夏新志》《嘉靖宁夏新志》中虽然以"景致"取代西夏"八景"，但景观的选取仍同《宣德宁夏志》一致。同时，它们还录有中卫"十景"，是清中卫"十二景"的雏形。

明代宁夏的景观不论从命名上还是取舍上都有自己的特点，充分体现出"塞北江南"的美誉。从宁夏明代方志中看，多在目录中明确标出"八景"字样，如"宁夏旧八景诗序"、"西夏八景图诗序"、"宁夏八景诗"、"旧西夏八景"。即使不出现这些字样，也会排列出实际的八种或十种景观，如中卫"十景"。明代宁夏"八景"全部由四字来命名，而且一般前两个字为场所地点，后二字为时间、季节性自然景观，并列而组成一个动态的综合景致。如贺兰晴雪、蠡山叠翠、西岭秋容、黑山晴雪、官桥柳色、夏台秋草、月湖夕照、官桥柳色、羚羊夕照、石空夜灯等等。这体现了中国古代四言诗句独特的审美价值。

明代宁夏"八景"中所涉及的景观主要由自然景观和人文景观组成。范围包括历史遗迹、日月星辰、山川河流、佛寺、农耕等方面，是对宁夏自然与人文环境的概括和提炼，基本反映了明代宁夏地区景观的特色和特点。如景观中的贺兰山、黄河、汉渠、蠡山等，都是在宁夏当时乃至现在仍然占有重要地位的。这些选取的景观中，以对自然景观描述的为多。如：山石景观有贺兰晴雪、蠡山叠翠等；水景有黄河晓渡、槽湖春波等；雪景有石关积雪、黑山晴雪等；描写夕阳的有月湖夕照、良田晚照、羚羊夕照等。而在选取的人文景观中，古迹较多。如黑水故城、夏台秋草、长塔钟声、梵刹钟声、夏宫秋草、白塔晨烟、羚羊夕照等，这些古迹有些直到现在还是文物重点保护单位和旅游的重要人文景点。而且不同于西北景观文化中山的比重多的特点，宁夏景观中水的成分更多些。如：黄河景观有汉渠春水、汉渠春涨、黄河晓渡；湖泊河流有月湖夕照、东湖春涨、槽湖春波、暖泉春涨、石渠流水等。真的无愧于"塞北江南"的称号，充分体现出天下黄河富宁夏的风情和"七十二连湖"的美景。

宁夏明代的景观文化不仅仅是对景观的简单描述，还配有诗赋赞美，全方位立体介绍，充分挖掘宁夏美景的内涵，宣传了宁夏景观文化。在明代宁夏方志中，文人墨客纷纷组"八景"诗，通过"八景"诗对宁夏景观极力赞美，表达出对宁夏的热爱。如《嘉靖宁夏新志》在每景后都有附诗，且多为朱栴、陈德武等王府圈子中的作品。江南文人杨润在《月湖夕照》诗云："平湖如镜水清涵，山翠天光荡蔚蓝。雪点低空翔鹭净，银刀映日跃鱼憨。"感慨这酷似家乡的水景。而朱栴赞美给宁夏农业生产带来便利条件的汉渠，所写《汉渠春涨》诗："神河浩浩来天际，别络分流号汉渠。万顷腴田凭灌溉，千家禾黍足耕锄。三春雪水桃花泛，二月和风柳眼舒。追忆前人疏凿后，于今利泽福吾居。"热情歌颂了劳动人民开河引水的伟大功绩。这些诗对宁夏及宁夏景观文化的宣传和传播无疑起到了积极的作用。

无论明代宁夏八景还是清代以后的八景，都代表着宁夏各地浓缩了的景观文化。宁夏景观文化的积淀和发展到了清代乾隆时期已趋于定型。清代宁夏方志记录的八景比明代更为广泛。清代的"八景"，对明代"八景"有继承也有扬弃，较为集中地概括了宁夏的景色，比较符合宁夏府的历史文化实际。文人们也纷纷题咏，写下了不少赞颂"八景"的组诗。在宁夏历史上留下姓名的士人，多有此类诗作留存，而给后世留下较深印象的文学作品，也正是对八景的不断吟咏。

宁夏"八景"。明代的宁夏"八景"从宁夏镇的隶属关系及其角度考虑。清初，黄中丞从宁夏府城建筑文物遗存意义上考虑，提出了宁夏"八景"新说："藩府名园"，即明代修建的丽景园、小春园，在清初仍然是"极盛之观"；"承天塔影"，有塔影倒垂奇观，是否存在尚有疑问，《乾隆宁夏府志》也认为"理本难穷，说亦非一"；"南楼秋色"，指南薰门楼，登楼远眺可观赏田园、湖泊、贺兰山风光，秋季作物成熟，景象最为壮观；"泮池巍阁"，指郡学泮池内那些巍阁高峙的建筑风光；"霜台清露"，指宁夏府城北都御史行台更楼上铜壶滴漏，其"午夜声传，犹前朝遗器"；"南塘雨霏"，指南塘风景名胜区的景色，这里水榭、画舫、鱼鸟、花柳，别有新趣；"黑宝浮屠"，指十三级黑宝塔既海宝塔高耸入云的奇观；"古塔名刹"，即坐落于宁夏府城西门外的龙兴寺，在这里可远眺贺兰，俯临流水，宁夏府城尽收眼底。

随着时间的推移，河山的景物虽然不曾变化，但名胜古迹却有兴有废，因此至清乾隆年间，张金城在《乾隆宁夏府志》中对宁夏"八景"进行了新的筛选，改为朔方"八景"，并锁定："山屏晚翠"，指贺兰山傍晚的自然风光；"河带晴光"，宁夏境内黄河景观；"古塔凌霄"，清时经过重修的海宝塔寺；"长渠流润"，泛指唐徕、汉延、惠农三大灌区域；"西桥柳色"，即贺兰桥，今名西门桥，横跨唐徕渠；"南麓果园"，指汉渠东官桥以南的大片园林，在今永宁县境；"连湖渔歌"，在唐徕渠西南一带，据载"多以潴为湖"；"高台梵刹"，即高台寺，故址在今银川市东郊。

中卫"八景"。黄恩锡任中卫知县后，经过实地考察，给景观景致增加了人文内涵，增补了划入中卫版图的青铜峡、牛首山景观，遂后改中卫十景为十二景。《道光续修中卫县志》《乾隆中卫县志》均有收录。黄恩锡认为黄河自西而来进入中卫境，至青铜古峡是一个转折，遂定"青铜禹迹"景。在今青铜峡市峡口山，传说大禹导河至山峡口崖，以神斧劈开石壁，使河水畅流。故后人在入峡北岸建禹王庙以纪念他。"河津雁字"在明代方志称为"鸣沙过雁"，在今中宁县鸣沙镇。黄恩锡经过考证，发现所谓鸣沙不复存在。而河流古渡边大雁南飞，嘹唳晴空，故改名为河津雁字。"香岩登览"，指中卫市内最高的香山主峰香岩寺山，顶峰建有香岩古刹。"星渠柳翠"，即七星渠沿岸青杨垂柳，千株挂绿，翠色涵波。"羚羊松风"，羚羊寺坐落于今中卫市宣和镇羚羊村南山坡上。明代方志称为"羚羊夕照"一景，黄恩锡考察时原来的所谓"夕阳流翠"不知所在。"官桥新水"，明代方志称为"石渠流水"一景，指美利渠自石坝入口。"牛首慈云"，牛首山峰峦突兀，上有古刹。山顶时见祥云。这里很早就以佛教圣地而著名。"黄河泛舟"，明代方志称为"黄河晓渡"。黄恩锡经过考察，认为"晓渡""景殊无取"。而多见的是扁舟载酒，夹岸堤柳，因此改名。"石空灯火"，石空寺俗称大佛寺，位于今中宁县石空西北双龙山南麓。石空寺在明清时代已是卫宁一带的佛教圣地，到夜里佛灯和僧烛炳若列星。"暖泉春涨"，黄恩锡在《乾隆中卫县志》中没有详细地解释其出处，从张淦的诗文中推断似乎是形容春暖时的泉水，非特指一处。"黑山晴雪"，黑山，俗称北山，在今中卫市东，自沙岭蜿蜒绵亘，起伏至县东结为石山，山石皆为黑色。"炭山夜照"，炭山又名老君台山，在今中卫市南，山产石炭，煤层裸露，至夜则光焰炳然，俗称"火焰山"。

韦州"八景"。朱㮵初次就藩于韦州，因此《宣德宁夏志》中载有韦州"八景"及"八景"组诗，实际只记有五景，分别是"蠡山叠翠"、"西岭秋容"、"白塔晨烟"、"东湖春涨"、"石关积雪"。《嘉靖宁夏新志》《嘉庆灵州志迹》《乾隆宁夏府志》中去掉了"白塔晨烟"，实际只是四景，每景仅附诗文。"蠡山叠翠"，蠡山，即今罗山，有云青寺和明庆王陵区。"西岭秋容"，西山今指韦州以西的群山峻岭。"东湖春涨"，东湖在韦州城东一里，东湖北有鸳鸯湖。"石关积雪"，石关在今同心县境内，石关一带曾是激烈战斗的沙场。

平罗"八景"。清道光四年（1824年），徐保宇为宣传平罗确有"塞北江南"的风光，便不畏酷暑严寒，走遍全县山川，经过实地观赏和筛选，确定了平罗八景，《道光平罗纪略》中只列出景观和诗文，没有对背景资料的介绍。道光二十四年（1844年），平罗知县张梯撰《续增平罗纪略》时对"八景"进行了新的审定，称"西园翰墨"已废，改为"官桥烟柳"，将"北寺清泉"改为"佛寺香泉"，"贺兰古雪"易为"贺兰夏雪"，但地点和风景均未变。"佛寺清泉"，佛寺，即北武当庙、寿佛寺，位于贺兰山韭菜沟西南山坡上，始建于清乾隆年间。"杰阁层荫"，杰阁指文昌阁，原址在平罗古城外东南角，始建于清乾隆年间，后历经数次重修，成一巨阁。"边墙晚照"，明时，曾在平罗城外修筑边墙，名镇远关墙、北门关墙。清时，明代边墙久废，残砖零落，已失去原来守战防御的作用，但其雄威犹存。"马营远树"，马营即哨马营，是明清时的兵营，在今平罗县北。"虎洞归云"，白虎洞，是贺兰山上因流水侵蚀而形成的一个隧洞。"磴口春帆"，磴口是黄河上的重要津渡，在清代属平罗地界，今名巴彦高勒，归内蒙古自治区管辖。清代，因吉兰泰盐池所产青盐，通过骆驼运到磴口，再装船运往山西、河北等地，故每年春夏秋三季，磴口一带船舶很多。"贺兰夏雪"，平罗境贺兰山夏雪亦为奇观。"官桥烟柳"，指平罗南门外太平桥上的桥楼和唐徕渠沿岸的古柳。新中国成立初，桥楼尚存，至1955年拆除。20世纪70年代，古树尚存，后毁于天牛灾害。

固原"八景"。固原建置历史比宁夏北部更为悠久。固原还是古丝绸之路东段北道必经之地，西方文化通过这里进入中原，形成了固原得天独厚的文化背景。固原八景之说在明代志书中没有出现。在《宣统固原州志》刊印了10幅木刻风景白描图，分别题为"东山秋月"、"西海春波"、"云根雨穴"、"瓦亭烟岚"、"须弥松涛"等。对应着这十景的诗文写得意境深远，将最能代表固原地方名胜文化的"八景"点缀得呼之欲出。"东山秋月"：东山在固原城东3里，又名东岳山，山上建有东岳庙。"西海春波"：西海指西海子，秦汉称为朝那湫，今为海子峡，这里"晴波映带，花草纷披，如世外仙境"。"云根雨穴"：太白山位于固原城东南，是古人祈雨的地方，《宣统固原州志》载，寺居绝顶，山阴有三泉，水色莹碧，澄澈坳深，遂在太白崖侧立石坊，名"云根雨穴""蹑足云根"，景名由此而来。

"瓦亭烟岚"：瓦亭在六盘山腹地，介于古六盘关与弹筝峡（三关口）之间，自古为战略要隘，也是形胜之地。"须弥松涛"：须弥山旧名逢义山。明代，须弥山不仅在佛教界闻名遐迩，作为一处风景名胜，也吸引着四方游人。因松涛之声为山中石窟群增色，遂以"须弥松涛"为其景观名。"六盘鸟道"：这里的六盘山，特指华山以西的名山。鸟道，是形容山路险峻狭窄，只有飞鸟可度过。"蓬沼听莺"：特指北海子景观。北海子位于固原古城以北2.5公里处，古称北鱼池，是一处湖水碧波的园林文化与寺庙文化相结合的游览区。"七营驼鸣"：七营是明代杨一清督理陕西马政时屯养军马监牧的八大营地之一，地名沿袭至今。明清以来运输比较繁忙，特别是清代以来的盐运商贩，就是这条古道上的常客。"禹塔牧羊"：禹塔，指固原城东1.5公里处耸立在东岳山的禹王宫铁塔，建于明代，是登东岳山时的必经景观。

"营川麦浪"：营川，指大营川，俗呼为"粮食川"，在固原城西10公里处，是主要的产粮区。

广武"八景"。广武"八景"出现在《康熙朔方广武志》中。广武"八景"多与牛首山有关，组诗均由俞益谟创作而成。"紫金晓雾"：紫金山系牛首山，因山上土色如金，故名。"芦沟晚霞"：芦沟，指芦沟湖。"地涌浮屠"：浮屠，即佛塔，指牛首山南侧的地涌塔，遇到夜间打雷降雨时，偶尔可见霞光万道。"青铜锁秀"：青铜峡由两山相夹，黄河流经其间。峡谷在蓝天碧水中相互映衬，呈现出青铜的颜色，故名。"花石松纹"：指牛首山产的五色纹石。"西天古刹"：指牛首山主峰西天寺。西寺依山而建，枕山面河，殿阁众多，堪称古刹。"阁绘万佛"：指牛首山西寺的万佛阁。"中洲株柳"：指黄河渚洲的柳树。特别是红柳森枝条可作马鞭，细嫩者可作鞭绳。

在清代，其他提到"八景"的志书还有《乾隆盐茶厅志》中的海城"八景"为"华山叠嶂"、"东岗夕照"、"古寺疏钟"、"清池朗月"、"天都积雪"、"灵光散花"、"五泉竞冽"、"双涧分甘"，除了"古寺疏钟"、"清池朗月"为海城附近人工创景外，其他均为华山自然景观。这"八景"配有海城同知朱亨衍的组诗。可见南华山、西华山确属一处游览胜地，诗作者对这里情有独钟。另外，《乾隆宁夏府志》中载录有灵州"八景"，分别为"宁河胜览"、"晏湖胜览"、"龙泉喷玉"、"高桥柳色"、"滴水秋梧"、"青峡晓映"、"黄水夕照"。《光绪平远县志》中平远"八景"分别为"蠡山叠翠"、"鸳湖澄碧"、"天台晚霞"、"砖城朝旭"、"官亭夜月"、"天桥霁雪"、"青沙卷浪"、"黑水回波"。以上几处"八景"，志书多缺少对组诗的记载。

清代宁夏志书中的八景诗依然保存了大量的民俗风情、历史典故、社会经济和社会生活等内容，有着独特的社会文化价值。同时也可以看出，宁夏八景名称的确定，基本上都遵循原有的套路，无论同时题咏的有多少人，也不论后世相隔多久，既定的命题是很少改变的。

宁夏方志中所收录的八景诗，有相当一部分出自宦游此地的府尹县令之手，他们这样热心地用诗的形式来表现从仕之地的景观，有在这片土地留下自己的足迹的原因，而这些景观在他们的公务生活中起到了有效的调节作用，把这些景观编排入诗，就是持续和反复这种调节作用的最佳形式。从清代宁夏八景诗中可以看出官员至宁夏任官的感慨，通过游览宁夏的景色，抒发对家乡的怀念，特别是似江南水乡的美景，这也是宁夏八景的选取多处和水有关的原因。而这些八景与八景诗也成为现代研究明清时期的宁夏人文、自然景色的重要依据。

张廷银也在《西北方志中的八景诗述论》中提出，当八景景观被我们认识并认真地辨析甄别后，它的史料价值就有可能转化为可贵的经济价值，为现代人的生产生活提供有益的借鉴。比如从八景记录的古迹中，发掘出比较有意义的旅游景点，可以充分地满足人们穷幽探古的心理需要。而那些自然的景观，若加以适当的加工完善，更可以成为丰富的旅游资源。八景的价值不仅是历史的，还是现实的。

在继承与创新中提炼打造宁夏"新十景"

负有强

景观文化常见于各地的风景名胜区和地方志中，包括"八景"、"十景"等，在我国源远流长的文化历史长河中，无疑是颗靓丽无比、影响深远的文化奇葩，广泛影响了我国乃至亚洲其他许多国家的艺术、文学和传统园林领域，无论是对文化传承还是景观规划都有着重要的推动作用。那么什么是景观文化，景观文化是如何产生并发展的？笔者试就前人研究的基础上，按历史发展脉络进行梳理，以飨读者。

认识了解景观文化，首先须区分景观文化和景观的内涵。大自然在发展演变中，形成并留下了无以计数的美好景观或具有审美价值的生态精品，有的被人们发现了，有的还不被发现。但无论如何，这些美好的景观、生态在大自然中都现实地存在着演变着。景观实际就是这些不以人的意志为转移的自然景观、生态。或者说，这就是景观文化的物质基础和前提。与此同时，随着人们审美情趣、价值取向及精神境界的提升，类型各异的景观、生态开始进入人们的视野，特别是进入了那些文人墨客、上层人士的视野中时，便开始以绘画、赋诗、修辞等各种形式，对美好景观、生态进行总结、概括、描述，并不断发展变化、弘扬传承、研究挖掘、转化应用。于是所谓景观文化就产生了，其内涵本身不仅包括自然景观、生态内容，更包括被赋予其中的绘画、赋诗、建筑、典故、演变等等各种人文社会因素。

学界对景观文化由来的研究比较充分，主要有两种观点。一是认为景观文化起源于北宋。主要根据是，北宋度支员外郎宋迪依据五代末北宋初的画家李成绘制的单幅"八景图"，绘制了八幅名为"平沙雁落、远浦帆归、山市晴岚、江天暮雪、洞庭秋月、潇湘夜雨、烟寺晚钟、渔村落照"的"潇湘八景图"。景观文化由此而生并传承开来。另一认为景观文化发端于先秦。主要根据是，《论语》《诗经》等典藏史料中有关自然景物的记载，如"智者乐水，仁者乐山"，就体现了人们对自然景观的感性认识和审美追求。景观文化因此而生并开始发展。总体上，无论哪种观点都无可厚非，而就因有了这样的推敲论证，不辍研究，才加深了人们对景观文化的认识和了解。笔者以为，宋代应该是景观文化的分水岭，宋以前是景观文化的发源、萌芽阶段；两宋时期是景观文化的形成、成熟阶段；宋以后是繁荣、败落阶段。

发源和萌芽经历了漫长的过程。应该从人类活动的原始石器时代开始，就有了景观元素的产生。当然这个时期，景观、生态只是原始地被动地存在着，无法赋予人文思想内涵。春秋诸子百家时期，人类逐步走向较高文明，一些景观、生态伴随着人类审美意识的增强开始走进人们的视野，许多史料典籍中都记载了人们对景观的认知和思想。这个时期特点主要是，人们对景观认识的层次开始上升，摆脱了就景而景的初始阶段，开始对各种景观生态赋予人文思想内涵。秦、汉、魏晋南北朝时期，特别是汉末建安时期，全社会盛行诗歌、辞赋、书札，其中出现了大量书写描述景观生态的作品。魏晋社会上层文人、官宦受社会动荡因素影响，产生了浓厚的隐逸出世思想，常自娱于山水景物之间，寓情于景、以景喻志，单纯的自然景观开始被赋予了人文思想的深邃内涵，从自然界超脱独立出来。唐时期，五言、七言诗盛行，出现了王维、孟浩然等田园诗人，他们把景观的自然之美又向艺术之美推进了一大步，山水景观与文化思想更紧密地结合在了一起。总之，这个时期，时间长、跨度大，就景观文化本身而言，发展较为缓慢，是积累阶段、孕育阶段，为后世景观文化的进一步发展奠定了基础。

形成和成熟阶段受到了多种艺术形式的熏染。这个时期，伴随着经济社会的较快发展，人们对景观、生态的认识和理解达到了前所未有的高度，出现了绘画、赋诗、建筑等多种表现形式，远不止萌发时期仅诗歌单一的表现形式，极大地丰富了景观的文化内涵。上述提到，北宋初李成绘制了"八景图"，宋迪绘制了"潇湘八景图"。当时著名的书画家米芾为每幅潇湘八景图画题诗写序，八景声名由此大震，开始在全社会得到普遍认同。此后，各地上层文人、官宦以八景为中心绘画吟诵，或以诗配画、以画附诗，创作了大量的艺术文化作品。当时甚至有人在长沙集资修建了八景台，将潇湘八景图绘制陈列在上面供人们观赏。后来，南宋皇帝赵扩还亲笔题写了八景组诗，潇湘八景因此名扬天下。可以看出，形成和成熟时期，景观文化的基本内涵都已经具备了，这个时期应该是我国景观文化成就最高的时期，以后虽然出现一度繁荣，但就文化内涵本身较少有大的突破。

繁荣和衰败阶段经历了曲折和传承。这个阶段，先是受蒙元游牧文化的影响，景观文化开始缓慢发展甚至停滞。明代受官方推动影响，主要是万历年间朝廷直接要求各地上报"八景"做法，一度促使全国遍地是八景的情景产生。记述、绘制八景的文章、绘画作品增多，内容日益丰富，景观文化走向繁荣。到清代康熙、乾隆时期，人文生态景观遍布各地，相关作品大量涌现，景观文化呈现繁盛景象。大量方志记录了当地八景、十景及其诗文歌赋，有的在卷首附绘了八景、十景图画，一些地区还将八景、十景刻绘于石碑上。但是，盛极而衰，景观文化在嘉庆、道光年间，开始走向衰败。表面上，各地景观文化在全社会普遍繁荣，但实际中，八景、十景出现了泛滥化趋向，很多景观有名无实，流于形式，更为关键的是这些景观中自然与思想文化及美学交融的特点逐渐散失。鸦片战争以后，中国社会进入半殖民地半封建社会，景观文化衰落加速。一直到新中国成立以后，一些地区在城市建设中，开始挖掘和复兴景观文化，突出的是在一些景区选出了新八景、新十景，相关文学艺术作品重新涌现，学术研究也逐渐加强。这可以理解为景观文化开始新的复兴。总体上，这个阶段景观文化经历了曲折跌宕，繁荣与衰败相继，精华与糟粕共存，虽然艺术方面作为不大，较少赋予新的文化内涵，但景观文化的基本文化因素却继续传承了下来。

宁夏历史上有着较为悠久的"景观"文化传承，当前，提炼打造宁夏"新十景"，既要充分研究历代宁夏景观文化，吸取借鉴优良传统和成功做法，又要结合新时期建设开放宁夏、富裕宁夏、和谐宁夏、美丽宁夏的宏伟目标，定位宁夏的历史传承、文化积淀、时代脉搏、发展强音等，开拓创新，合理总结。宁夏景观文化主要见于宁夏地方志文献中。据统计，共有十部宁夏地方志书中记载了景观文化。明代，应该是宁夏景观文化发展的初期，景观文化的数量还不多，但具有重要的开创意义。被朱元璋封藩到宁夏的才子王爷朱栴编的《宣德宁夏志》中，记载有旧西夏"八景"，具体是黑水故城、夏台秋草、黄沙古渡、长塔钟声、官桥柳色、贺兰晴雪、良田晚照、汉渠春水等。并载有由他本人修订的新西夏"八景"，具体是贺兰晴雪、汉渠春涨、月湖夕照、黄沙古渡、灵武秋风、黑水故城、官桥柳色、梵刹钟声。还载有韦州八景，具体是蠡山叠翠、西岭秋容、白塔晨烟、东湖春涨、石关积雪等（志书中只记载了五景）。管律编纂的《嘉靖宁夏新志》中，以宁夏"景致"和韦州"景致"的名称继续记载了新西夏"八景"和韦州"八景"，内容与《宣德宁夏志》中基本一致，不同的是韦州"景致"中少了"白塔晨烟"。

清代，是宁夏景观文化发展最为繁荣的时期，这个时期出现的景观文化数量较多，涉及地域范围较广，发展较为成熟。李品馥、高嶐、俞汝钦等纂的《康熙新修朔方广武志》中，载有广武（今青铜峡市）"八景"，具体是紫金晓雾、芦沟晚霞、地涌浮屠、青铜锁秀、花石松纹、西天古刹、阁绘万佛、中洲株柳。由张金城编纂的《乾隆宁夏府志》中，共记载了五个景观，分别以"八景"或"景致"命名，黄中丞巡抚宁夏时新增的"八景"，具体是藩府名园、承天塔影、南楼秋色、泮池巍阁、霜台清露、南塘雨霁、黑宝浮屠、土塔名刹。张金城本人还对黄中丞"八景"进行筛选，提出宁夏府"八景"，具体是山屏晚翠、河带晴光、古塔凌霄、民渠流润、西桥柳色、南麓果园、连湖渔歌、高台梵刹。记载的灵州（今灵武市）"八景"是宁河览胜、晏湖远眺、牛首飞霞、龙泉喷玉、高桥春柳、滴水秋梧、青峡晓映、黄沙夕照。还有中卫"十景"，具体是暖泉春涨、羚羊夕照、黄河晓渡、鸣沙过雁、芦沟烟雨、石空夜灯、黑山晴雪、石渠流水、红崖秋风、槽湖春波。记载的韦州景致，与明《嘉靖宁夏新志》记载内容一致。黄恩锡编纂的《乾隆中卫县志》中，将《乾隆宁夏府志》中记载的中卫"十景"改定为中卫"十二景"，具体是青铜禹迹、河津雁字、香岩登览、星桥翠柳、羚羊松风、官桥新水、牛首慈云、黄河泛舟、石空夜灯、暖泉春涨、黑山晴雪、炭山夜照。杨芳灿、丰延泰主修的《嘉庆灵州志迹》中载有韦州"景致"，与《嘉靖宁夏新志》和《乾隆宁夏府志》记载内容一致。王学伊总纂的《宣统新修固原州直隶州志》，载有固原"八景"，具体是东山秋月、西海春波、云根雨穴、瓦亭烟岚、须弥松涛、六盘鸟道、蓬沼听莺、七营驼鸣。陈日新编撰的《光绪平远县志》记载了平远（今同心县）"八景"，具体是蠡山叠翠、鸳湖澄碧、天台晚霞、砖城朝旭、官厅夜月、天桥雾雪、轻沙卷浪、黑水回波。朱亨衍修的《乾隆盐茶厅志备遗》记载了海城（今海原县）"八景"，具体是华山叠嶂、东岗夕照、古寺疏钟、清池朗月、天都积雪、灵光散花、五泉竞冽、双涧分甘。张梯增补的《道光续增平罗纪略》记载了平罗"八景"，具体是西园翰墨、北寺清泉、杰阁层阴、边墙晚照、马营远树、虎洞归云、磴口春帆、贺兰夏雪。

民国时期，宁夏景观文化走向衰落，有关景观文化记载较少，仅有陈步瀛编的《民国盐池县志》记载了盐池"八景"，具体是城头古寺、草地牧羊、黄沙龙跃、天池饮马、官树乌栖、铁柱涌泉、盐池凝雪、霁城波影。

纵观宁夏历代景观文化，有以下特点：一是从内容来看，景观多数为自然景观，少数为人文景观，主要涉及元素有沙漠、草地、山川、雨雪、春色、田地、城池、牛羊、楼阁、寺塔等，应该说包括了当时自然生态、人文景观的各方面。从另一个层面而言，也展示了宁夏古代美好的生态人文环境。二是从地域跨度而言，明之前的"西夏八景"涉及地理空间、地域跨度较大，除宁夏外，还包括今陕西、内蒙古部分地域。明、清、民国各时期景观涉及地域空间基本为现在的宁夏行政区划范围，从南到北几乎触及了宁夏全境。三是从表现形式上来讲，景观大多赋予了文学、绘画等艺术形式，并以志书的形式保存流传了下来。多数景观都赋有七律组诗或七言绝句，有的还附有相应的绘画，如西夏旧八景图、固原八景图等。诚然，宁夏历代景观文化也有其历史局限性，主要是多数景观停留在就景论景的层面上，缺乏文化底蕴。许多景观限于官员、文人的修辞描述中，缺乏大众认同感，甚至不被普通民众发现或感觉。一些景观不能够反映当地的特点，可以理解成宁夏的景观，也可以理解成其他地方的景观，有放之天下而皆准之嫌。景观的表现形式大都单一，除了附诗就是附画，也就此曾招来批评和否定，被一些史学家认为"志景必有八，八景之诗必七律，最为恶习"。为此，提炼打造宁夏"新十景"，我们一定要处理好继承与创新的关系，至少要坚持几个基本原则。

首先，"新十景"要有深刻的文化内涵，没有文化内涵的景观是经不住时间考验的，同样也得不到人们的价值认同。宁夏地处西北内陆，有贺兰、六盘的天然屏障，有天下黄河独富一套的禀赋，有塞上江南的美称，有长城博物馆的独特美誉，有回汉一家的团结典范，有生态移民的宏伟篇章，有宁东一号的增长极，更有中阿合作的勇士之举，等等。这些都应该是概括"新十景"的基本出发点和文化支撑点。

其次，每一个景观都应该言之有物，有实物基础，要摸得着看得见。通过不断地提炼打造，不断丰富内容和内涵，让每一个景观都有血有肉，有声有色，都是一张代表宁夏的文化名片。要以印象最深刻、特色最鲜明、效果最明显的实体景观文化特征全方位展示宁夏，扩大知名度。

再次，要充分利用现代技术宣传宁夏"新十景"。可借鉴古代景观文化的赋诗、绘画等表现形式，出版发行图书、画册等。在景观所在地或人员活动密集地，以及其他载体绘制、张贴景观图景进行宣传。同时，更要借助现代图、像、声、光等技术，制作宣传影像，通过电视、报纸、网络等各种传媒渠道广泛宣传，让景观文化深入人心，印入人脑。

最后，要以建设旅游景点为抓手打造宁夏"新十景"。必须充分认识现代社会旅游业的强大潜力和影响力，要把每个景观建设成有内涵有层次的王牌景点，以旅游业推动打造"新十景"文化，不断彰显宁夏当代社会发展的独特魅力，最终将景观文化转化为文化软实力，在国内国际产生影响，从而增强宁夏全面发展的竞争力。

八景文化在"宁夏新十景"中的延续与创新

保宏彪

翻开中国古代各地方志，在"形胜、古迹、山水门"中一定会发现一个名为"八景"的目，古人为夸赞家乡而特选的若干代表性景观被通过"八景诗"、"八景图"、"八景诗图"等文学艺术形式展示出来，这便是富有地域色彩和乡土气息的"八景文化"。"八景文化"作为我国一种历史悠久、流行于文人士大夫阶层的上流文化，是中国传统文化与大众自然审美相互融合的典型代表，成为一种地域性文化标志的象征，带有浓郁的地域性文化特色。"八景"与书法、绘画、诗歌一样具有写意性，在将人文情怀与自然景观协调统一的基础上，借助诗文绘画表达地域审美情趣。大到一个地区，小到一个村落都有自己的"八景"评选标准，强调兼顾人文色彩和自然景观的奇特，将湖泊、雪山、瀑布、草原等独特的自然景观和梯田、长堤、古塔、禅寺等人文景点加以艺术化与意象化，提炼出富有诗情画意、蕴含文化气息的"四字景观"。

八景文化源于先秦，萌芽于魏晋，成熟于两宋，繁荣于明清，个人素养、生活阅历和社会陶冶等因素综合形成了独特的"八景文化体系"。宁夏号称"塞上江南"，向往边塞的文人墨客与流寓西北的官宦名士为宁夏八景文化的繁荣奠定了坚实基础。宁夏八景是宁夏的著名历史景观，具有鲜明的边疆特色，长期为人们所传诵、向往和眷恋。据史书记载，宁夏先后留下了"旧八景"和"新八景"两种地方八景文化。宁夏"旧八景"依次为黑水故城、夏台秋草、黄沙古渡、长塔钟声、官桥柳色、贺兰晴雪、良田晚照、汉渠春水。其中，自然景观只有"贺兰晴雪"一个，其余皆为人工修建或在此基础上衍生的景观，人文气息十分浓厚，诗画传情，情以载景，饱含大自然的鬼斧神工与文人雅士的奇思妙想。随着历史发展和审美情趣的转变，明朝又对旧八景进行了创新，在保留贺兰晴雪、汉渠春水、黄沙古渡、黑水故城、官桥柳色这五个经典景观的基础上，新增灵武秋风、月湖夕照、梵刹钟声三景，文化内涵与人文气息更加浓厚。

无论"旧八景"还是"新八景"，都是宁夏美丽风光与人文精神的结晶，寄托了广大宁夏人民对家乡的无限热爱与对美好生活的向往。尽管斗转星移，经历了千百年沧桑岁月，但这些迷人的自然景观与植根于民众审美情趣之中的"八景"情结仍历久弥新，愈加强烈。值此全面建设"四个宁夏"伟大号角吹响之际，宁夏"八景"再次焕发出勃勃生机，立足于服务全区社会经济建设、满足广大人民群众精神文化需求的基本定位，全面升级为"宁夏新十景"。

"宁夏新十景"在社会上引起了强烈反响，受到社会各界高度关注，评选活动的开展如火如荼。为客观、全面反映新时期宁夏精神风貌的自然景观与人文景点，在"宁夏新十景"评选活动过程中应注意扬弃历史积淀，体现宁夏文化内涵和文化建设成就，充分融入环保意识，体现旅游价值，选出能够全面展现宁夏文化的标志性景点。"宁夏新十景"候选者众多，而且个个实力相当，既是一个内涵丰富的打包景点，又从各自特点体现新城市自然人文理念。对于历代评选的宁夏八景，其中尚有生命力且可继续游览者应大力宣传，做好"大宁夏十景"的概念，进行长久经营。所以，在"宁夏新十景"评选过程中，应突出现代社会的审美情趣和城市景观的生态观念，集中体现城市发展建设、太平祥和的精神，区别于原来八景文化强调山水景观的特征。将"旧八景"与"新八景"相互呼应，充分展现古代与现代两个不同时期的时代特点和精神风貌。

第一，"宁夏新十景"应具有教育意义，带有宁夏历史文化名人的符号、信息、足迹，让其生命密码不断拷贝、张扬，代代相传。文化是景点背后最坚实的基础，历史文化名人正是一个旅游点最有力的支撑点，要大力增强文化含量，充分发挥各种博物馆、图书馆、美术馆等文化设施的社会功用，将历史名人的小传、掌故、趣事挖掘出来并发扬光大，让一尊尊塑像鲜活地出现在绿树红花的掩映之中，逐步提高宁夏人的素养与品格。以这次评选为契机，号召宁夏人民重新投入一个发现美的过程。回顾新旧八景，欣赏新十景，对广大人民而言是对美的一种启蒙。从一个个宁夏美景走过来，会发现自己如同走在一条画廊里，把宁夏以前的美和现在的美浏览一遍。这种美的享受对于人民的生活情趣，对于我们所提倡的幸福感都颇有裨益。

第二，从"新十景"评选展望宁夏的未来发展。城市景点要成名，不是盲目比高、比大，而在于要用世界的眼光评选景点。结合宁夏近年来对外开放的大好形势，应充分利用中国与阿拉伯世界经贸文化交流的有利契机，用活、用足中阿博览会这个广阔平台，积极提高世界影响力，努力提升宁夏文化的影响力和自信力。秉持这一理念，应在"新十景"评选过程中注意挖掘伊斯兰文化元素与回族特色，选取一批既蕴含深厚的中阿文化底蕴，又具有中阿全方位交流对话前景的文化景观，充分展现历史性和现代性。不过需要注意的是，选景要有文化底蕴，并不是一个简单的复古，还应是一种创新，既要兼顾伊斯兰文化与回族文化的传承，也要注重宁夏在西部大开发过程中的巨大变化，为自治区打造"丝绸之路经济带重要战略支点"助力。

第三，努力做好宁夏八景文化的继承与延续工作，让"宁夏新十景"焕发出无限生机与无穷活力。在评"新十景"的过程中，尤需注意旧貌和新颜、历史和现状的关系，实现地理空间与历史时空的彼此衔接和相互转换。具体而言，个人与景观要和城市一起成长，让每个人都能用心感受城市日新月异发展过程中的每个瞬间和精彩。因此，一座城市一定要有自己的记忆，正如每一个历史阶段都热衷评选八景一样，每一次的"新八景"都代表了那个时期宁夏建设的一个记忆，成为宁夏人民脑海中永远抹不去的美好回忆。在处理"新十景"与"旧八景"相关景观的协调过程中，一定要努力打造光彩夺目的文化名城品牌，充分展现宁夏丰厚的历史文化底蕴和丰富的人文资源积淀。依照这一思路，"宁夏新十景"中不但应有农耕、游牧文化特色，而且还要有能够充分体现回族、西夏文化的相关建筑群，更要有凸显红色文化的历史遗迹。依托这些内容丰富、形式多样的文化平台，宁夏应积极利用新视角、新亮点、新特色吸引全国乃至全球目光，积极挖掘宁夏古老、古典、西北的一面。毋庸赘言，这是宁夏文化强省战略的重要抓手。"宁夏新十景"离不开广大文人雅士的大力烘托，应积极组织区内外相关文化协会，邀请著名画家、书法家、作家、摄影家游览"新十景"后留下诗词、歌赋和画作，让子孙后代世世传诵。此外，还应组织区内外社科研究机构围绕"新十景"的文化内涵、历史价值、社会意义等内容撰写相关释读文章并在《宁夏日报》《银川晚报》《新消息报》和宁夏新闻网、宁夏网虫、新华网宁夏分网等新闻媒体上发布，帮助广大民众深入了解这些景观的历史文化底蕴，展示宁夏深厚的地域文化积淀，提升区内外民众和游客对宁夏的认识与了解，增强宁夏人民的自豪感、自信心和对家乡的热爱之情。只有将"新十景"文化宣传作为一个大系统来做，通过文化艺术界的共同努力，才能为进一步推动宁夏文化名城建设添砖加瓦，从而不断推进文化强省、历史文化名城建设。

第四，评选宁夏新十景一定要有文化内涵，既有"古韵飘香"之感,又有"百花齐放"之态。在评选"新十景"的过程中,可以考虑将西夏乐舞、回族花儿、红色文化与民间工艺等文化元素有机融入各景观之中实现"立体打包",充分利用宁夏地方文化传统搭建有利发展平台,生动展现"新十景"的自然之美、景观之丽、文化之雅和艺术之盛,全力打造"宁韵飘香"的视听氛围,大力弘扬西夏文化、回族文化、红色文化和传统技艺,使其成为海内外宾客心目中的一景,实现对"新十景"的文化创新。宁夏历史文化积淀丰厚,农耕文化、游牧文化交相辉映,西夏文化、回族文化百花齐放,红色文化优势凸显,应提供"新十景"这个广阔平台予以继承与传播。具体来说,沿黄灌渠与贺兰山岩画体现了宁夏农牧交错地带的地缘特色,是中华民族形成过程中的重要载体与文化现象,在"新十景"中可考虑"黄河金岸"与"岩画天书"这两个景观。西夏文化与回族文化在历史上存在延续性,是中华文化宝库中不可多得的瑰宝,彰显了中华民族的多元一体格局,可考虑"神秘西夏"和"回乡风情"这两个景观。红色文化是中国革命留给宁夏的丰厚历史文化遗产与宝贵的精神财富,值得所有宁夏人民珍视和热爱,应在"新十景"中考虑"红色六盘"或"六盘红霞"这样一个文化景观。此外,对于富有宁夏地域特色的回族花儿、眉户剧、地方小品等"传统文化名景"也应在"新十景"景观内有所反映,彰显宁夏的西北文化特色。

第五,"宁夏新十景"是宁夏历史文化的延续与传承,一定要继承"旧八景"的内涵并不断加以补充完善,积极顺应时代发展潮流,努力迎合社会民众需求。"新十景"不仅要和自然景观直接相关，而且要与其背后的历史文化底蕴、文化内涵、历史价值、社会意义紧密相连，不能只图好听而妄加附会。因此，这十大景观的命名尤为重要，因为取名者的文化素养与审美情趣存在密切关系，所以一旦要请区内外历史文化名家联合把关，既深入挖掘"旧八景"和宁夏地方历史文化内涵的真意，又要关照当今社会经济发展成就与民众审美需求，达到"古今结合，相得益彰"的艺术要求。依照这一思路，"宁夏新十景"评选出来后一定要好好琢磨景名，认真筹划包装，既富有创意，又蕴含诗意，更带有意境，实现"宁夏处处有美景，风光历历皆在目"的美学效果。

"八景文化"景观的漫长发展历程，从幽远深邃的历史深处款款走来，散发着浓郁的地域文化气息与强烈的乡土文化色彩。往事越千年，在宁夏全力打造"丝绸之路经济带战略支点"的伟大征程中，具有深厚历史文化积淀的"八景文化"重新焕发出勃勃生机，从关照历史和联系现实的角度，在延续与传承的过程中孕育出全新的"宁夏十景"。这既是宁夏地方历史文化的系统整理与全面升华，也是宁夏半个世纪以来社会经济文化发展成就的集中展示，更是奉献给广大宁夏人民与海内外游客的一场文化盛宴与饕餮大餐。相信随着"八景文化"在"宁夏新十景"中的传承与延续，宁夏的地域文化特色将更为浓厚，"塞上江南、神奇宁夏"以一个全新姿态喜迎四方宾客，广交世界朋友！

十景评介

评选"宁夏新十景"之蛙见

吴忠礼

2014年11月，自治区党委宣传部发出评选"宁夏新十景"活动的通知，这引起全区各族各界广大群众的热烈响应、积极支持和广泛参与，尤其是社会科学界的文史专家们特别热心，努力发掘和创作，大力推荐自己心目中的备选对象。各级政府有关部门和企业界，特别是旅游行业更加活跃，纷纷高调自荐、宣传介绍自己家乡和单位的有关选题。评选"新十景"活动，转化成为一种回顾家乡历史，总结乡土文化，宣传宁夏，宣传大美家乡的群众活动，收到了预想不到的效果，实在可喜可贺。

作为一名社会科学界老兵，当然也不能袖手旁观，在评选活动之前，谈谈自己对于"八景文化"的一点粗浅看法，为评选活动出点力。

在中国的文化传统中，人们对"八景"和"八景诗"、

"八景图诗"，总称为"八景文化"既熟悉又亲切，因为它是自己家乡的地方志书中于形胜、古迹、山水等门类之中的特定内容——目（即小标题），往往是不可或缺、脍炙人口，堪称故乡情怀和乡愁的典型代表。古人为了赞美自己的家乡，习惯选择具有代表性的若干事物（历史、人物、景观、物产等内容）采用文学的语言（短语和律诗）加以总结、表述，展现于世的一种文化形式，类似于今天的宣传语、广告词。因为通常以八景居多，故习称"八景"和"八景文化"。实际上各地视情不同，也有"四景"、"八景"、"十景"、"二十一景"等差别。我所经眼者，最多至"四十八景"，如清初江苏有"金陵四十八景"（金陵即今南京）。选创八景的其具体做法是：在选定"八景"之后，还要附有诗文（一景一诗，或一景多诗），称之为"八景诗"，进而又有配图的形式，则称为"八景诗图"（或曰"八景图诗"）。总之，要达到宣扬家乡山美、水名、人贤、物丰、钟灵毓秀、风教蔚然、历史悠久的灿烂地标文化盛况。

八景文化的渊源学术界有不同的看法，一般认为始于宋代。我个人则认为，似可追溯到南北朝间。南朝梁朝大臣、文学家、史学家沈约（441—513年）创作了著名的《金华八景》（初称"金华八咏"），可视为八景文化的滥觞，其内容为：登台望秋月、会圃临春风、岁暮愍衰草、霜来悲落桐、夕行闻夜鹤、晨征听晓鸣、解佩去朝市、被褐守山东。一时间推为绝唱，世所效仿，开八景诗之风气。唐朝大臣、文学家、史学家韦处厚（772—828年）又创作了《盛山十二景诗》（盛山今在四川开县境内）；唐朝另一位文学家、哲学家韩愈（768—824年）也创作《虢州二十一咏》（虢州今在河南灵宝境内）。但是，"八景"编入地方志并成为方志固定一目的内容和形式，则始于南宋，时名画家宋迪创作的《潇湘八景图》：平沙落雁、远浦归帆、山市晴岚、江天暮雪、洞庭秋月、潇湘夜雨、烟寺晚钟、渔村夕照。这当为志书载"八景"的开山杰作。宋代大科学家沈括（1031—1095年）在其著作《梦溪笔谈》中收录了《潇湘八景》，于是各地方志纷纷效仿，"八景图诗"成为方志界和诗坛一道亮丽的风景线。但是，罗列"八景"，亦成为修志人的必修课，甚至走向它的反面——拼凑八景。物极必反，此后方志"八景"，名多不符、徒有虚名、无裨实用，而沦为陋习和新"八股"。往往列景必四言句，景致必为"八"，"八景诗"必七律诗等等。所以，至清代，"八景诗"已被文史家所诟病，大有被抛弃的趋势。这又走向了另一个极端，犯了"接生婆把婴儿与羊水一同泼掉的严重错误"，当然同样也要予以纠偏。

今天，我们应当恢复八景文化的本来面貌，彰显其积极意义，既要为赞美家乡而歌，又要为建设家乡、全面推进小康目标而服务，把写景致、传信史、咏乡贤结合起来，放大它的实用价值。这方面有人已做了尝试，如江苏省在"新金陵四十八景"之中就有中山伟陵（赞伟人）、阳山碑材（写特产）、存史警世（记历史，即把侵华日军南京大屠杀遇难同胞纪念馆作为一景，已达到存史的作用）、金陵兵工（记高科技产业园）等。不仅当代八景有此尝试，实际上在古八景中亦有例可举。如《曲阜八景》有"孔圣故里"（赞人和地），《阳信八景》有"甘泉驻跸"（赞明宣宗平叛驻地），《邹平十六景》有"古栗老友"（赞一颗老栗树），《梁邹三十二景》有"长白先生"（赞元朝大教育家张临，自号长白）、"书堂贤迹"（赞宋代名臣、大文学家范仲淹读书处）等等。前人创作"八景"和地方志门类例列"八景"，其目的是一致的。方志与史书有所区别，史者重垂戒，明前车之鉴；志者重扬善，赞美故乡。所以方志纳入"八景"，就是为了让人们了解家乡、认识家乡、热爱家乡，从而激发建设美好新家园的热情。正因为有这样的功能，故此"八景"应该是家乡自然环境、历史文化、建设成就和名优土特产等方面内涵的发掘、归纳、概括、总结和升华，即总汇一方优势全貌的一张闪光名片，从而将某个地域的山水之秀美、历史之悠久、文化之盛况、俊杰之辈出等，用点睛之笔、精炼优美的文字加以总结、命名，闪亮登场，展示给世人。

为了做好本次"宁夏新十景"的评选工作，是否有必要首先确立一个规范性的原则要求，我想大体上是否应包括这么几个方面（六性）：

第一，创新性。这次评选活动，是宁夏于新中国成立以来的第一次，当然应突出一个"新"字，要有"新"的表现。首先，要求我们必须在继承的基础上创新，以充分反映伟大的新时代、新成就、新景观、新风物、新变化。切不可泥古不化，不敢越雷池一步，陈陈相因，仿套旧"八景"，甚至在形式上也是"四、八、七"的僵化、八股化模型。其次，"新八景"是在改革开放的伟大时代中创作和评选的，因此更应当解放思想，开阔眼界，评出反映改革开放新时代精神和成就的"新景"来。比如宁东的建设成就、全区开放的新格局、河滨新区等，可否用"宁东蜃楼"、"丝路新驿"、"黄河金岸""沙湖渔歌"、"古堡新韵"等给予反映。但是老"八景"之中仍然息息生辉、继续扬名的景观，也要择优保留。如"沙坡鸣钟"、"贺兰晴雪"等。

第二，科学性。八景文化是经过检验的民族文化之优秀传统，必须首先要讲科学，而科学的起码要求是真实，即选景要揭示事物的本质属性，不虚假、不浮夸，不仅凭传说加以演义。特别是旧八景中往往有某些"虚誉"、"妄夸"的毛病，尤当注意规避。如"西山龙现"、"某处凤鸣"等。

第三，正面性。"八景"是地方志中的一个"目"（组成部分）。地方志可以称为"一方之全史"和"地方百科全书"，内容十分丰富。方志有三大功能——存史、资政、教化。加之方志自身具有一种基本的特点，即由"表彰帝乡"而产生的"表彰家乡"的扬善、溢美性质。但是方志的本质属性仍然是"史科"，古人历来"以史为鉴"，垂戒后世。史书被视为教育后人的科教书，而方志也当之无愧是乡土教材。教书育人是为了培养建设人才和改变家乡落后面貌的能人，其教科书当然很重要，应充满正能量。所以旧志"八景"中一些似是而非、封建迷信的内容同样要果断扬弃。与此同时，一些革命史方面的红色文化内容则要大胆呈现。比如反映红军长征的专题，可有"六盘红霞"、"六盘红旗"等。

第四，独特性。各地的历史文化中存在许多共性的东西，如边疆地区和少数民族文化中大多以"草原文化"为基础，沿黄河流域各省区都有"黄河文化"的内涵。宁夏地处北国边防地带，文化内涵兼内地农耕文化与边疆草原文化的双重属性，但也存在一些特有的文化，如回族文化等。中国的回族虽然有大分散、小聚居的特点，但是宁夏是全国最大的一块聚居地，而且宁夏又是全国唯一的省级回族自治区。所以"宁夏新十景"中，绝对不可缺少回族文化的内容。比如"回乡古镇"、"古寺新景"等。属于这种独特性的文化，还有黄河水利文化（天下黄河富宁夏，黄河百害唯富一套和塞上江南）、西夏党项文化等。比如"黄河扬帆"、"夏陵夕照"等。

第五，高端性。"新十景"应该是宁夏历史文化的品牌、名片，它的地位、品级、档次应有绝对的高度，具有"一览众山小"的位置。如远古文化中的灵武水洞沟旧石器文化内容当为首选，因为全国旧石器文化固然不少，但是水洞沟旧石器文化至少有三点可以证明它的身价不菲：一是我国最早发现、中外专家多次发掘并长期系统研究的旧石器文化遗址，它的首次研究报告也是由法国的专家完成并在欧洲发表，是"东西方文化交流的连接点"，在国际学术界有重要的地位。二是水洞沟的石器中约有三分之一的制品，其加工技术具有西方石器文化中莫斯特文化、奥瑞纳文化的特征，即有东西方文化混合体的表现，从而透漏出在远古时代，似乎就有一条所谓的"黄土之路"存在，西方先民的欧罗巴人可能早已沿着这条通道来到过东方的黄河之滨了。进而再联系到伏羲、女娲上昆仑山请示天神，可否兄妹婚配的传说和周穆王西游与西王母会见等故事，从而证明宁夏不仅是汉代张骞"凿空"的丝绸之路的要径，更是人类历史上早已存在的东西方交流的古老大通道的必经之途。三是水洞沟遗址经过八次发掘，发掘点有二十多处，揭露出五个文化层，出土石器数万件，既有旧石器文化内容，又有新石器文化表现，在地面上又与黄河文化和长城文化相结合，是十分罕见的人类远古文化的宝库。它堪称是宁夏地区文化的渊源，宁夏人远祖的发祥地，宁夏历史文化的第一扇大门，评选宁夏八景，舍此其谁也？所以选创一条"水洞圣光"列为"新十景"之首，当无可厚非。

讲高端性，还不能不提到固原地区。这里地处六盘山腹地，山水神奇，钟灵毓秀，历史悠久，文化厚重。地域文化的表现，无论是远古还是近现代都有惊天的大亮点。如六盘山古称陇山，陇山则是龙山的转音，龙山是中国历史上第一个以"龙"为图腾（族徽）的部落联盟驻地，其首领就是伏羲和女娲，二人是中华民族的共始祖。这个龙部落的原乡在六盘山，繁衍、生活的第一个落脚点在"湫渊"，所以六盘山是中华第一龙（祖龙）的发祥地，也是全中国人民的圣山。因此司马迁在《史记》中把"朝那湫渊"与黄河、长江、汉水并列为帝王级祭祀全国名山、名水的国家级祭点之一。为什么六盘山这一处名不见经传的高山荒湖，能有如此高贵的身份和高端的地位呢？原因就在于它是"龙之所处也"，即龙部落伏羲女娲的"所处"地——最早的生存地——羲里娲乡。正如人们常说"水不在深，有龙则灵"。按照八景文化的表现形式，应当有一条"中华龙乡"或"湫渊腾龙"之类的专项内容，位列"宁夏新十景"之前位是当之无愧的。再以现代为例，六盘山是中国共产党领导的中国工农红军二万五千里长征翻越的最后一座高山，毛泽东在六盘山上创作了一首传世名词《清平乐·六盘山》，内有"不到长城非好汉"的名句，已成为鼓舞宁夏回汉各族人民永远跟着共产党在社会主义康庄大道上奋勇前进的精神财富。所以为六盘山留下史笔，点一赞是不可或缺的。比如"六盘春晓"、"六盘雁阵"等，可以承传党的历史与无产阶级革命精神。

第六，多元性。多元性的内涵包括两个方面：一是要有自然景观、人文景观、重大历史、乡贤名人，甚至还要有土特名产等全景式重要内容的涵盖。因为"八景"之所以称为"景"，只不过是一种约定俗成的习惯，而并非唯"景"是取，只收景观内容而排斥其他。"八景"的功能是为了歌颂家乡，作为有"表彰故乡"作用的地方志看中了"八景"，收其为门类之一，就是要有这种全方位"表彰"的任务使然。表彰家乡当然不能只有景观一方面，更主要的内容，除了山河之美以外，还要有历史的贡献、人文的盛况、经济的发达等。如果"新八景"也是见景不见人，载景不载物，那么"八景"就达不到充分给家乡"点赞"，讴歌大美家乡的目的。二是要有区级综合内容和五市区域内容的全覆盖，当然也要实事求是，不必平均分配，没有"花大姐"偏要找"花大姐"，牵强附会，滥竽充数。

总之，评选"宁夏新十景"，并非为评而评，笔者想可能包括有继承、总结、服务六字的初衷。

继承：宁夏小省区有大文化，其中水洞沟远古文化、六盘山龙文化、塞上江南黄河文化、五湖四海移民文化、大家庭新兄弟回族文化、西夏党项文化等等，既是宁夏地域主流文化的表现，同时也是中华民族共有大文化的有机组成部分。我们评选"宁夏新十景"，一定要继承这些地域性的特色文化，使宁夏的文脉继续，薪火永传。

总结：时代在前进，历史在发展，在中国共产党的正确领导下，宁夏各族人民在革命斗争和社会主义建设的道路上，尤其是在改革开放的伟大新时代中，不断创造了一系列伟大新成就，"新十景"责无旁贷地要从文化的层面加以总结。如红色文化、新工业基地文化、扶贫文化、黄河金岸文化和社会主义新农村新文化等，都是新时代新文化的内涵，有待总结，传信于后辈。

服务：总结新的文化，归根结底还是为了很好地服务当今，服务于经济建设。历史的车轮滚滚向前，文化发展亦生生不息，每次"新八景"的评选，都是一座加油站，为建设新家园输送新能量。愿评选"宁夏新十景"活动，给宁夏全面建成小康社会起到鼓与呼的积极作用。

综上所述，"宁夏新十景"是否可考虑初拟如下：

（1） 水洞圣火（或水洞燧迹）

（2） 华夏龙乡（或湫渊腾龙）

（3） 六盘红霞（或六盘春晓）

（4） 回乡乐园（或真教星月）

（5） 兰山天书（或贺兰岩画）

（6） 黄河扬帆（或丝路新驿）

（7） 夏陵夕照（或承天塔影）

（8） 旱海驼铃（或沙坡鸣钟）

（9） 宁东蜃楼（或银河落天）

（10） 太西乌金（或夸父遇日）

附：

1. 明代《宁夏八景诗》（之一）

贺兰晴雪

嵯峨高耸镇西陲，势压群山培塿随。

积雪日烘岩冗莹，晓云晴驻岫峰奇。

乔松风偃蟠龙曲，怪石冰消卧虎危。

屹若金城天设险，雄藩万载壮邦畿。

汉渠春涨

神河浩浩来天际，别络分流号汉渠。
万顷腴田凭灌溉，千家禾黍足耕锄。
三春雪水桃花泛，二月和风柳眼舒。
追忆前人疏凿后，于今利泽福吾居。

月湖夕照

万顷清波映夕阳，晚风时骤漾晴光。
暝烟低接渔村近，远水高连碧汉长。
两两忘机鸥戏浴，双双照水鹭游翔。
北来南客添乡思，仿佛江南水国乡。

黄沙古渡

黄沙漠漠浩无垠，古度年来客问津。
万里边夷朝帝阙，一方冠盖接咸秦。
风沙滩渚波光渺，雨过汀洲草色新。
西望河源天际阔，浊流滚滚自昆仑。

灵武秋风

翠辇曾经此地过，时移也变奈愁何。
秋风古道闻笳鼓，落日荒郊牧马驼。

远近军屯连成垒，模糊碑刻绕烟萝。
兴亡千古只如此，不必登临感慨多。

黑水故城

日落荒郊蔓草寒，遗城犹在对残阳。
秋风百堞藓苔碧，夜月重关玉露凉。
枯木有巢棱野雀，断碑留篆卧颓墙。
绕城黑水西流去，不管兴亡事短长。

官桥柳色

桥北桥南千百树，绿烟金穗映清流。
青闺娟眼窥人过，翠染柔丝带雨稠。
没幸章台成别恨，有情灞岸管离愁。
塞垣多少思归客，留着长条增远游。

梵刹钟声

瓿棱殿宇耸晴空，香火精严祀大雄。
蠡吼法庭闻梵呗，玲鸣古塔振天风。
月明丈室僧禅定，霜冷谯楼夜漏终。
忽听钟声来枕上，惊回尘梦思无穷。

（出自朱栴《宣德宁夏志·题咏》卷下凝真《西夏八景图诗序》）

2. 清代《宁夏八景诗》（之一）

山屏晚翠

王永佑

万里风烟落照长，贺兰西峙色苍苍。
天从紫塞飞霞气，人在高楼望夕阳。
远树连村迷晚翠，片云孤岛荡山光。
于喁樵唱归沙径，柏叶松花一市香。

河带晴光

朱适然

青铜西望郁嵯峨，一道奔流走大河。
回带晴光沙岸阔，斜穿紫塞白云多。
春渠竞泛桃花水，汉史空闻瓠子歌。
正是升平休气塞，银川风物美如何？

西桥柳色

胡 琏

何处春风淑景饶，依依杨柳荫西桥。
绿云齐染青丝障，紫水斜穿锦带条。
雉堞晴光开画阁，龙宫祲晏簇琼箫。
游人络绎增佳赏，日暮踟蹰步马骄。

南麓果园

许德溥

塞城秋早果园熟，古道官桥试重寻。

低树亭童时碍马，高云磊落总悬金。

荔枝漫说来巴峡，卢桔空烦赋上林。

几处短篱开板屋，檐前风露晚香沉。

高台梵刹

任岳宗

花园细路指高台，闻说当年帝子来。

王辇春蒐留仿佛，香楼阁道剩崔嵬。

上方钟磬烟霞合，晴野川原日月开。

临眺不禁怀古思，聊凭象教咨徘徊。

古塔凌霄

王都赋

物外招提大野环，客来浑自敞心颜。

风铃几语兴亡事，宝塔遥传晋宋间。

极塞山河相拱揖，诸天云日总幽闲。

劫余正喜尖重合，努力凭高试一攀。

长渠流润

王都赋

长渠活活泻苍波，塞北风光果若河。
畎浍自分星汉水，人家齐饭玉山禾。
春村野甸鸣鸠唤，夏色凉畦浴鹭过。
漫道汉唐遗迹远，由来膏泽圣朝多。

连湖渔歌

杨　润

平湖如镜水清涵，山翠天光荡蔚蓝。
雪点低空翔鹭净，银刀映日跃鱼憨。
桃花春远团红坞，香阁秋橙出赭龛。
几听鸣榔归唱晚，浮家有客梦江南。

宁夏新十景评选笔谈

鲁人勇（宁夏文史馆）

一、意义

从厚重的历史文化和辉煌的当代新文化提炼出十大精品，集中体现宁夏山川的古今文化内涵，宣传宁夏人承前启后、不断进取的精神。既可宣传宁夏品牌，又可作为激励后人的教育基地。

二、评选标准

（1）既有深厚的地域文化内涵，又有美丽的实体景观。

（2）具有独特性或代表性，银川和4个市的山川景观都要兼顾。

（3）周边环境优良，没有无法治理的严重污染。

（4）注意文化与景致、古迹与新景、专家推荐与群众评议相结合。

三、推荐十景

（1）览山阅海，代表湿地文化和贺兰山雄姿。

（2）夏陵夕照，代表西夏历史文化。

（3）古渠新韵，在唐徕渠、秦渠中选一个，代表宁夏水利文化。

（4）千金艾依。

（5）高楼瞰河或"金岸河楼"。

（6）沙坡鸣钟或"旱海绿洲"。

（7）沙湖点翠或"沙湖翔鹭"。

（8）六盘云海或"六盘秋色"。

（9）佛佑丝路或"须弥丝路"。

（10）林海清源或"林海龙潭"。

张怀武（宁夏文史馆）

2014年10月，自治区党委宣传部启动"宁夏新十景"征集评选活动以来，各地各单位及社会各界纷纷响应，提出各自认为能够涵盖宁夏特色的景观，在社会上掀起了一股了解宁夏、宣传宁夏、热爱宁夏、建设宁夏的热潮，这件事抓得对，抓得好。我认为评选"新十景"的关键，首先要突出一个"新"字，时间界限可以是新中国成立后，特别是改革开放以来改造和新建的景观；其次要突出一个"特"字，强调"此景只能宁夏有"。

（1）六盘高峰或"盘山晓翠"。因毛泽东主席的《清平乐·六盘山》而享誉海内外。

（2）须弥之光。固原的须弥山石窟是古代丝绸之路的著名景点，其下的石门关是丝绸之路上的著名关隘。

（3）沙坡鸣钟。

（4）大寺斋情。同心清真大寺历史悠久，建筑风格独特。这里既是我国第一个回族自治政权——豫海回民自治政府驻地，又是红军长征结束后的三军会师地，红军西征纪念馆也在大寺之旁。

（5）古峡新韵。长江有三峡，黄河虽在青海、甘肃、陕西、山西等省有峡谷，但适合旅游且有丰富文化内涵的只有青铜峡。从水电站大坝到一百零八塔，沿途大禹纪念设施、青铜峡古镇、水利博物馆、黄河坛依次分布。需要提醒的是，黄河坛三大殿的纪念设施应尽快完成。

（6）楼瞰大河。黄河楼的建成为宁夏增添了一处非常好的景观。但有两处不足需要改正：一是生肖柱第二柱的"丑牛"写成了"醜牛"；二是《黄河楼赋》中说黄河楼的建成结束了黄河无楼的历史，那么唐代诗人王之涣的名诗《登鹳雀楼》："白日依山尽，黄河入海流。欲穷千里目，更上一层楼。"又该怎么解释呢？

（7）古堡影城。镇北堡影视城是改革开放的产物，是张贤亮留给宁夏的一份宝贵的文化遗产。

（8）岩画春秋。贺兰山岩画传承数千年西北游牧文化信息，在世界岩画史上占有重要地位，是系统反映我国西北游牧民族繁衍生息的历史画卷。

（9）夏陵夕照。西夏王陵作为我国保存较完整的帝王陵墓之一，承载西夏历史、文化、艺术、宗教、科技等多方面信息，是中华历史文化遗产的重要组成部分。

（10）沙湖翔鸥。沙湖集沙漠与湖泊美丽于一体，是"塞上江南"的生动体现，具有极高的景观价值。

胡迅雷（宁夏文史馆）

对于"新宁夏十景"的评选，我们首先要理清一个思路，那就是先确定景点，再定名称，然后撰写介绍文章和赋诗赞美。

其一，因为是宁夏的新十景，所以我们考虑宁夏五个市缺一不可，银川市、石嘴山市、吴忠市、固原市、中卫市都要有景观列入宁夏新十景中。

其二，考虑到宁夏是回族自治区、回族之乡，回族景观必不能缺。

其三，作为景观，当然少不了自然景观与人文景观。作为新十景，当然少不了新中国成立尤其是改革开放以来所取得的巨大建设成就和标志性建筑群。

如果从以上三方面考虑，有一个大致平衡的问题，特此提出"三三二二"的思路，即自然景观三、人文景观三、民族景观二、建设景观二。

（1）自然景观三。从北到南依次为：①石嘴山市的沙湖；②中卫市的沙坡头；③固原市的六盘山。

（2）人文景观三。从北到南依次为：①银川市西夏王陵；②银川市滨河新区的水洞沟、兵沟、长城、红山堡藏兵洞等，此外还应包括新建设的河东长城观景台等景观；③吴忠市黄河大峡谷——青铜峡中华黄河坛。

（3）民族景观二。从北到南依次为：①以中阿之轴、伊斯兰长亭为中心的中阿博览会永久性会址、览山、阅海、绿博园；②以中华回乡风情园为中心的明代纳家户清真寺、回族一条街等。

（4）建设景观二。因为古代是八景，当代新十景另外两景目前还没有考虑好，需要集思广益。

以上是本人对"宁夏新十景"评选的一点粗略想法，可能不一定成熟，至少我们对"宁夏新十景"评选所产生的社会舆论不是漫无目标，以自圆其说。

李宪亮（宁夏文史馆）

2014年10月，自治区党委宣传部提出推荐"宁夏新十景"文化活动，得到了全社会的广泛响应，全区各地掀起了推荐宁夏新十景文化的热潮。在不到半年的时间里，推荐的宁夏新十景和地方新十景达数百个，而且与之配的诗词歌赋、书画摄影作品也不断出现，形成了一项较大的文化工程。这项活动目前已经远远超出了景观评选范畴，对宣传宁夏、扩大影响、增强宁夏人对家乡的眷恋与自豪感、提升景观的文化与社会价值、促进宁夏旅游业与经济发展都起到了不可估量的作用。如何正确引导该活动并使之圆满完成，我有如下管见。

一、新十景与传统八景文化关系

评选宁夏新十景，是对传统八景文化的传承与延伸。既然是传承与延伸，就有必要弄清楚什么是传统"八景文化"。

（一）"八景"一词考源

"八景"一词最初是一个道教概念。其一指人的眼、耳、鼻、口、舌等主要器官，《玉清无极总真文昌大洞仙经》曰："八景、八门者，身中所具之门户，为神气之所出入。"另一指八个最佳行道受仙时间里的气色景象。这八个时间分别是立春、春分、立夏、夏至、立秋、秋分、立冬、冬至。由于八景与季节有关，所以古代有些文人还严格按照季节选取当地八景，形成了春、夏、秋、冬八种不同的景观。

（二）传统"八景文化"的形成过程

"八景文化"早在唐宋时期就已流行于文人骚客之间，但最早记载"八景文化"的是北宋沈括的《梦溪笔谈》："度支员外郎宋迪，工画，尤善为平远山水，其得意者，有'平沙雁落'、'远浦归帆'、'山市晴岚'、'江天暮雪'、'洞庭秋月'、'潇湘夜雨'、'烟寺晚钟'、'渔村落照'，谓之八景，好事者多传之。"宋迪所选八景虽然多为"晚景"、"暮景",但形式与格调逐渐成为后人模仿的典范,如明代分藩宁夏的庆王朱栴所选的"宁夏八景"与宋迪的"潇湘八景"形式上如出一辙。后来,全国地方志修撰者大多将"八景文化"列为方志必修科目。有的地方由于景观较多,又延伸出"十景"、"十二景"、"十六景"等形式。

(三)"八景文化"流行于族谱、家谱之中

"八景"作为中国传统景观概念的重要范畴,不但在记录一地之历史与地理的地方志中集中存在,而且在具有浓厚地方色彩和个性特质的家谱中也有非常突出的表现。在家谱中的艺文或诗文部分集中收录了本族人或族外人咏写该族所居地景观的诗文作品,景观的数量通常是八、十、十六、二十,都是偶数搭配。有些家谱先草笔绘出某地八景图,然后再以诗文形式说明各个景观的内容及意义;或者在其宗族祠堂图、里居图中标出各个景观所在的具体位置。八景在家谱中的这种反映形式与出现位置表明了其与文化艺术的天然联系。而八景词语与八景现象的产生过程更能反映出其在传统文化母体内的孕动情态。

二、如何评选"宁夏新十景"

评选"宁夏新十景",首先必须规范选择条件。俗话说,无规矩不成方圆,只有制定出科学的评选条件才能选出好的景观,更可以理服人。建议不要叫"宁夏新十景",改称"宁夏十大景观"。理由有二:其一,有"宁夏新十景"，就有旧十景，但宁夏历史上从未有"旧十景"之说；其二，既然要评选新十景，就有旧景不参评之嫌，有些传统景观就要排除在外。对此，笔者提出如下建议：

第一，自然景观与人文景观并举。因为宁夏自然景观最具地方特色，所以同等条件下自然景观优先。

第二，倡导"以文化景"。因为文化是景观的灵魂，不论自然景观还是人文景观，没有文化内涵，肯定没有生命力。所不同的是，自然景观注重的是发现文化；人文景观则偏重演绎文化。比如自然景观要注重生态、大漠、黄河等文化内涵；人文景观则要注重史前、西夏、回族、红色、边塞等文化内涵。

第三，适当考虑景观的地域与民族分布情况。首先考虑所辖五个地级市均有分布，其次考虑回族地区这一民族特点。

第四，注重景观的时代感与旅游（星级）价值。

第五，杜绝粗制滥造、虎头蛇尾、文不对题、篡改史实等景观入选。

三、"宁夏新十景"名称要求

纵观历代"八景文化"景观名称，四字概括者居多，这是因为四字名称具有简便、易记、美感和动听等文化特点。如明代宁夏后八景，贺兰晴雪、汉渠春涨、月湖夕照、黄沙古渡、灵武秋风、黑水故城、官桥柳色、梵刹钟声，闻之动听悦耳，读起来朗朗上口。"宁夏新十景"亦应按四字取名，具体要求是四字概括，既有新意，又有文化内涵，体现意境美：

首先，结构要规范。一般前两字指地名、方位，后两字指景观特色。如"月湖夕照"，"月湖"指景观所在地，"夕照"指景观特色。

其次，后两字指向要明确。比如"览胜"、"观景"、"美景"等过于宽泛、模糊的词不要用。

最后，名称要体现该景观的文化内涵与美感，比如前文提到的"潇湘八景"就有很强的借鉴意义。特别要注意的是有些景区很大，景点分布又特别广，景观取名不可能面面俱到，比如沙湖、水洞沟、六盘山等景区都存在这样的问题，方法是"借一点略知全豹"，抓住景区中最有代表性的景观。

四、"宁夏新十景"推荐

2014年9月，由宁夏文史研究馆主办的第二届"贺兰雅集"曾推出过"当代宁夏八景"评选活动。该活动从2014年年初就着手进行，参与推荐评选活动的成员有中央文史研究馆、宁夏文史研究馆和全国部分省市区兄弟文史馆的专家、学者，最终推出的"当代宁夏八景"为沙湖翔鸥、古堡影城、沙坡鸣钟、六盘风云、丹霞照壁、古峡新韵、回乡古镇、夏陵夕照。最后形成"当代宁夏八景"诗词书画长卷，受到社会各界好评。故此，我们对"宁夏新十景"推举提出如下建议，即在"当代宁夏八景"基础上再推荐两个景观（见2014年《宁夏文史》第二辑），共同构成"宁夏新十景"：沙湖翔鸥（翔禽、鸣翠）、古堡影城（影视城）、沙坡鸣钟（驼影、驼铃、革船、浮槎）、六盘风云（秋色）、丹霞照壁（火石寨）、古峡新韵（青铜峡谷）、回乡古镇（纳家户）、水洞燧迹、夏陵夕照、兰山天书（贺兰山岩画）。

柴建方（宁夏文史馆）

宁夏回族自治区党委宣传部发起的"宁夏新十景"征评活动，我认为这既是一件具有积极的现实意义和重要深远影响的事情，也是一项较为广泛的群众文化活动。因此，我完全支持，也十分乐意参加。去年10月，当我在《新消息报》上看到《"宁夏新十景"征集评选活动公告》后，立即对全区所有重要的自然和人文景观进行了梳理，初步列出了36个。根据《公告》的评选内容、原则和宗旨要求，从中选出了10个景点进行推荐。虽然我提交的"宁夏新十景"名单只是我的一孔之见，也许还是片面的，不料却是"全区首份推荐名单"，这是我不曾想到的。然而，我抛砖引玉的初衷却实现了。

我对于"八景"的情结始于1966年冬，在西安碑林里见到一块刻有"关中八景"的诗配画石碑。上面记有华岳仙掌、骊山晚照、灞桥风雪、曲江流饮、雁塔晨钟、咸阳古渡、草堂烟雾、太白积雪八景。碑上注明是清康熙十九年（1680年）朱集义画并诗。画为线刻白描，碑虽不大，却给我留下了极其深刻的印象。

当时我就想，不知我们宁夏有无"八景"之说？后来，在《嘉靖宁夏新志》中见到了"宁夏八景"：贺兰晴雪、汉渠春水、月湖夕照、黄沙古渡、灵武秋风、黑水故城、官桥柳色、梵刹钟声。这是明初宁夏藩封庆王朱栴亲自厘定并收入其《宣德宁夏志》中。庆王朱栴是朱元璋第十六子，洪武二十四年（1391年）册封为庆亲王，藩封宁夏。"宁夏八景"比"关中八景"石碑早200余年，有点让人自豪。

可喜的是，不久我又发现了清代的"朔方八景"：山屏晚翠、河带晴光、西桥柳色、南麓果园、高台梵刹、古塔凌霄、长渠流润、连湖渔歌。这是清初宁夏巡抚黄图安在"明八景"的基础上改定的，并且收入《乾隆宁夏府志》，故又称"清八景"。对比两者不难看出，"明八景"为实景，而"清八景"则为泛指。无论如何，它们都是昔日宁夏美好的记忆和象征，为我提供了书法、篆刻和摄影的创作素材。

1989年国庆四十周年之际，我在宁夏展览馆举办了个人的书法篆刻和摄影展。其中，我把"明八景"和"清八景"分别以行草书八条屏形式创作展出，同时以篆刻印屏，依次排列，以其阵容强大而引人注目。然而，我意犹未尽，随之又创作了"新编宁夏八景"：贺兰霁雪、古峡涛声、六盘烟雨、宝塔凌霄、夏陵夕照、沙坡鸣钟、须弥祥云、大寺斋情。我采用摄影图片形式，配以篆刻和自作诗，三位一体、生动醒目，受到时任自治区政府主席白立忱和来宁夏视察工作的国务委员陈俊生的好评。

历史上的宁夏"明八景"和"清八景"，虽然给人们留下了诸多美好的记忆，在宣传宁夏方面曾起到过重要作用。但因时过境迁，有些已湮没在历史的时空里而杳然难寻，应该说是"俱往矣"了。今天的宁夏已发生了翻天覆地的变化，是历史上任何一个时期都无法比拟的。新中国成立以来，尤其是改革开放以来，宁夏发展更是日新月异。自然景观和历史遗迹焕发出新的光彩，新的社会主义建设和人文景观如雨后春笋，民族团结和睦、社会和谐安定、经济文化空前地发展和繁荣，宁夏呈现出崭新的、独特的精神风貌和文化特色。所以，我们应该与时俱进。此时此地，进行"宁夏新十景"的征评活动，是及时的，也是必要的！

"八景"的形式简明生动，易于记忆也易于传播。我相信，此次评选的"宁夏新十景"，必将在宣传宁夏方面发挥良好作用，而且会传之久远！经过认真思考，在我提交的"宁夏新十景"基础上，现改定推荐如下：

（1）贺兰松涛（贺兰山苏峪口森林公园景观）

（2）六盘雁阵（六盘山）

（3）古峡揽胜（青铜峡黄河峡谷、黄河楼、黄河圣坛、一百零八塔等）

（4）夏陵夕照（西夏陵区）

（5）须弥祥云（固原须弥山大佛及石窟）

（6）岩画春秋（贺兰山岩画）

（7）沙坡筏影（中卫沙坡头及黄河羊皮筏子漂流等）

（8）沙湖翔鸥（沙湖碧波及观鸟）

（9）回乡古镇（永宁纳家户清真大寺及回乡风情园）

（10）影城觅踪（西部影视城）

踏暮行　陈长祥/摄

宁夏新十景的推荐与地域文化气质

鲁忠慧

俗话说，一方水土养一方人，一方水土孕育一方文化。不同的自然、人文环境不仅塑造了不同地域人的外貌特征，同时也塑造了不同地域人的独特精神气质和性格特征，从而形成了不同的地域文化，孕育了世界文化的多样性和多元性。地域文化是指特定人群在不同的空间范围内的思维方式和行为方式的总和，主要反映了地域中的自然环境、社会环境和人文环境三个层面，它们在一定程度上确定了地域文化的方向。所以，地域文化对塑造一个城市、一个地区的文化个性和文化气质起着不可或缺的重要作用。地域文化具体包括民间信仰、方言文化、民间建筑、饮食文化、移民文化、文化遗址和区域民族文化等，这些地域性文化元素的符号化被称为地域文化符号。一个城市、一个地区或者说一个地域的文化精神和文化气质体现在方方面面，很具象化，通过饮食习惯、当地方言、人的外貌特征、房屋建筑特点等这些文化符号让人感知，这些综合性文化元素由此也托起了不同地域之间的文化气质。一个地区、一个城市或一个人，之所以具有魅力和吸引力，就是因为其独有的地域文化气质、城市文化气质以及文化滋养出来的文化气息所致。伦敦人的绅士优雅、巴黎的时尚浪漫、北欧的静谧和谐以及巴西人的激情、德国人的严谨、日本人的认真等，这就是不同民族文化气质的典型体现。我国幅员辽阔，地区间的文化气质也是千差万别，异彩纷呈，江南的细腻柔美、东北的豪放、西北的粗犷、沿海的坚韧等，不一而足。文化景观作为地域文化气质的重要载体之一，是地域文化具象化的体现。在一定的地域环境中，文化与环境相融合，从而形成了具有不同地域烙印的独特文化气质。

一、宁夏新十景推荐活动对凝练宁夏地域文化气质起着重要的推动作用

伴随着时代发展的脚步，宁夏的地域文化内涵与气质也在发生着变化，现代文化特点和文化印记越来越鲜明，为提升新的具有文化内涵的自然地理、人文风貌和建设成就等现代文化景观的价值，充分体现当代宁夏的特色文化和特色自然景观的魅力，服务于开放、富裕、和谐、美丽宁夏建设，自治区党委宣传部开展的"宁夏新十景"征集评选活动，既是充分展示宁夏瑰丽多彩的自然风貌、人文韵致和优美的生

态环境，塑造宁夏文化景观品牌，引导国内外游客更加深入全面地了解宁夏之美，感受宁夏之美的必须之事，又是进一步增强宁夏人对家乡的认同感、自豪感，激发热爱家乡、建设家乡的热情的重要之举。

宁夏新十景推荐活动能激发人们对宁夏地域文化气质的思考。宁夏新十景推荐活动自2014年10月开始以来，热爱自己家乡的宁夏人和喜欢宁夏的外乡人都积极参与这次推荐活动。推荐活动本身对宁夏地域文化就是一个很好的宣传和推广，推荐活动的过程就是在持续传播宁夏。即便是没有按照活动相关要求投稿的人，相信他们心里也因此有了自己认可的宁夏新十景。此次活动一定会激发人们去思考，宁夏的自然之美、人文之美、和谐之美、发展之美到底要以怎样的文化景观集中表现出来。因为自明代开始，宁夏便有了黑水故城、夏台秋草、黄沙古渡、长塔钟声、官桥柳色、贺兰晴雪、良田晚照、汉渠春水的"旧八景"和贺兰晴雪、汉渠春涨、月湖夕照、黄沙古渡、黑水古城、官桥柳色、灵武秋风、梵刹钟声的"新八景"以及山屏晚翠、河带晴光、西桥柳色、南麓梵刹、古塔凌霄、长渠流润、连湖渔歌清朝"宁夏八景"。另外，还有关于宁夏"十景"乃至"十二景"的记录与传诵，富有时代气息的黄河金岸、艾依河畔、黄河圣坛等，从这些林林总总的文化景观中，通过推荐、遴选到最后的确定，就是对宁夏地域文化的重新认知与学习，从过往古人心中的宁夏八景，可以想象出宁夏历史的人文景象。因为有了这次活动，原本不知道宁夏历史上的所谓八景的人，现在知道了；因为有了此次的推荐活动，人们了解到了宁夏自然景观和人文景观的发展脉络，看到其中的变化，发现了其中的承继性，认真思考着能够真正代表和凸显宁夏地域文化气质的文化景观，潜移默化地影响着大家认识家乡文化、了解家乡文化的历史变迁，对于唱响宁夏地域文化具有重要意义，更显弥足珍贵。

二、文化景观与旅游业的互动性会使地域文化的气质得以提升

旅游业是与文化景观紧密度、相关度最高的产业，谈及文化景观就绕不开旅游这个话题。文化景观对游客的吸引力、魅力度，关乎整个旅游产业的发展前景。宁夏旅游资源丰富，类型多样，长期以来，随着旅游业的发展，得到了有效地开发利用，业已形成了自己独特的旅游产品和文化景观。从文化视角归纳，文化景观大致可分为回族文化类型，典型景观是中华回乡文化园；西夏文化类型，典型景观是西夏王陵；黄河文化类型，典型景观是沙坡头以及黄河金岸；红色文化类型，典型景观为六盘山；古人类文化遗址文化，典型景观是水洞沟等。这些文化旅游产品、文化景观已经成为推动宁夏旅游业发展的核心动力，产生了良好的社会效益和经济效益。宁夏旅游业近10年来游客接待量和旅游总收入连续保持10%~20%以上的增速。旅游业的发展让神秘西夏陵、中华回乡文化园、水洞沟、红色六盘山等有着历史文化

内涵的景观走进游客心里，宁夏独有的特色文化气质由此走向了全国，迈向了世界。

《宁夏旅游业发展"十二五"规划》中提出：到2015年，全区年接待国内外游客1600万人次，年旅游总收入达到168亿元人民币，旅游业年总收入相当于当年全区GDP的5%，旅游业占第三产业收入的比重达到12%，成为全区第三产业的龙头产业。为2020年旅游业成为宁夏国民经济的战略性支柱产业和人民群众更加满意的现代服务业打下良好基础。2012年的《宁夏内陆开放型经济实验区规划》提出要将宁夏打造成为特色鲜明的国际旅游目的地的战略目标。《国务院关于促进旅游业改革发展的若干意见》也为中国旅游业科学地设置了三大发展目标："到2020年，境内旅游总消费达到5.5万亿元，城乡居民年人均出游4.5次，旅游业增加值占全国GDP的比重超过5%。"世界旅游组织预测，2020年，中国将接待入境游客1.37亿人次，占世界市场份额的8.6%，居世界第一位。宁夏这些在旅游业发展方面的制度安排和规划以及旅游业发展的国内外大好环境、蓬勃的发展趋势就是宁夏文化景观进一步开拓自己的影响范围，增强自己的地域文化影响力的大好时机。旅游业以文化景观为自己发展的重要支撑点，同时景观的文化内涵、内在文化气质也会依托旅游这个载体，飞翔得更高更远。

三、宁夏新十景推荐的基本原则与地域文化气质的凸显

要凸显宁夏地域文化气质，新十景的文化内涵、内在蕴意显得举足轻重。理论上讲，景观分为自然景观和文化景观，但是，即便是自然景观在很大程度上也蕴含着文化意义。因此，景观应该说都属于文化景观。如黄山日出之美，只有人的审美意境赋予其文化意义，才有了其美的存在。纯粹地质地貌类的景观，因为有了人的审美意识和审美标准才能成为景观。因为景观所要体现的不仅仅是一种没有内涵的外在的形式、样式、技艺或景象，而是凝结着当时当地的文化、传统、历史与生活以及人们的审美意识。宏观而言，从景观、文化景观、地域文化景观的概念审视，新十景既要有普遍意义上的共性，还要有凸显地域文化个性气质的特点，更要凸显地域文化气质。因此，甄选新十景应该遵循以下几个标准和原则。

一是文化景观的独特性。文化景观的独特性是由文化景观的区域性所给予的一种特性。任何文化景观都存在于一定区域，并以区域为依托。文化景观是文化群体在利用自然环境的基础上形成的，决定文化景观独特性的正是形成文化景观的自然环境和人文环境。就宁夏而言，具有典型性的是水洞沟遗址与西夏王陵。水洞沟是中国最早发掘的旧石器时代遗址之一，被誉为"中国史前考古的发祥地"。蕴藏着丰富而珍贵的史前资料，向人们展示了距今3万年前古人类的生存画卷，是迄今为止我国黄河流域唯一经过正式发掘的旧石

器时代遗址。西夏王陵是中国现存规模最大、地面遗址最完整的帝王陵园之一，被世人誉为"神秘的奇迹"、"东方金字塔"，其建筑样式融入了汉文化、佛教文化、党项文化，陵园建筑风格别具一格。在我国119处国家重点风景名胜区中，西夏王陵是唯一以单一的帝王陵墓构成的景区。西夏陵是人们领略西夏文化、寻古探幽的旅游之地，以神秘与独特彰显出无限的文化魅力。此外，还有沙与河完美结合的沙坡头，体现出塞上江南的秀与塞北风光的粗犷。

二是文化景观的民族性。文化景观的民族性指不同民族在不同的自然地理环境中逐渐形成具有自己民族风格的生产生活方式和思想价值观念，从而塑造出各种形式的民族文化景观，深刻体现出民族性特征，如民族建筑、民族聚落、民族服饰、宗教信仰、民族风俗习惯等。一个民族具有某种共同的社会价值观、思想方式或宗教信仰必然会反映在景观上，从而形成有别于其他景观的文化特质。宁夏作为全国唯一的回族自治区，文化景观自然具有其民族性，而能映照出民族性的文化景观当属中华回乡文化园。中华回乡文化园是我国唯一以回族文化为主题的旅游景区，以展示伊斯兰建筑文化、礼俗文化、饮食文化、宗教文化、农耕与商贸文化为特色。中华回乡文化园是体现回族文化的重要窗口，具有民族地区地域文化的典型性。外在的建筑风格既有伊斯兰文化格调，又有回汉民族文化融合的文化基调，其内在的意义为展现出回族这个民族形成发展的历程。

三是文化景观的承继性。文化景观的承继性是说文化景观产生后，具有继续和保持下去的惯性作用，正是这种文化惯性作用使得文化景观不断得以继承发扬。承继是立足于历史过程及景观的认知、感受和判断，是未来景观发展的重要源泉。每一个时代的文化景观都是继承发展前一时期文化景观的结果，每个时代的文化景观都是当时人们价值观的体现，不仅反映了之前时代人们的价值观，也反映出此后时代人们对该文化景观的态度，即反映了前后时代人们的共同价值观。承继性是文化景观时代性的一种延续，正是由于承继性才使景观时代性的特征更加明显。从文化景观的承继性来讲，宁夏的黄河金岸最具典型性。它既是黄河文化的现代延续与解读，同时又丰富了地域文化内涵，体现了现代宁夏人民利用黄河、治理黄河，富裕百姓的时代性，呈现出"天下黄河富宁夏"历史承继性。

总之，推荐、甄选宁夏新十景，应以文化景观的独特性、民族性和承继性为基本原则，将宁夏的人文景观、自然景观、传统的历史文化景观、知名的自然生态景观和人文民俗风貌以及现代文明成果作为主要内容，用回族文化、西夏文化、黄河文化以及红色文化这四条文化主线串起能真正代表宁夏新十景的景致。将新十景的独特性、唯美性和标志性作为对外传播宁夏文化的窗口，展现宁夏地域文化特有的文化气质，体现地域文化特色、文化内涵和内在魅力。

宁夏的文化品格与"宁夏新十景"

郭勤华

　　宁夏历史悠久，文化多元而积淀丰厚。从宁夏历史文化背景的视角审视，依托宁夏景观文化认识和研究的历史成就，对宁夏地域内贺兰山、六盘山及黄河宁夏段自然景观和人文景观的系统梳理，体现出宁夏文化品格中的民族关系实质、东西文化交流、宁夏人在历史进程中所凝练的精神品质、丰富多彩的民俗文化和中国共产党的民族理论政策的成功经验等新特点。

　　宁夏的文化品格就是在宁夏自然形态、文化内涵和人文精神的基础上，倡导并发扬宁夏深层次的优秀文化品质和文化气质，使生活在这片土地上的人们生生不息，引以为荣。正所谓"观其人文，以化成天下"，在改造客观世界过程中使万物带上人文的性质，改造了的客观世界又反作用于人，以文化的形式培育人、提高人。

"宁夏新十景"是宁夏文化品格形成的关键内容。溯源历史，宁夏得黄河的滋润，贺兰山、六盘山的雄威，从唐代诗人韦蟾笔下的"贺兰山下果园成，塞北江南旧有名"，到生成于明代、兴盛于清代的宁夏"旧八景"，无不凝固了那个时代宁夏景观的自然形态、文化内涵和人文精神。千百年来，宁夏人民改造世界的智慧烛照，宁夏历史文化必将焕发出新的文化内涵。基于现实，人与社会、人与自然和谐发展，涌现出诸多时代特色鲜明、文化底蕴深厚的新景观、新景致。党和政府提出建设创新型、力量型和智慧型的"宁夏新十景"，引导文化发展，提高整个宁夏的精神气质，使宁夏的历史文化与现代文化发展相得益彰。

一、从一个新的视角看待"宁夏新十景"的历史文化背景

从整体上认识和研究中国西部就会发现，从某种意义上讲，宁夏是我国西部的典型代表。一方面表现出经济欠发达、生态环境恶化的西部特点；另一方面，生活在宁夏的人又离不开宁夏，始终眷恋着这里，并以宁夏为骄傲。因为宁夏的历史、民族、文化积淀深厚，这是拴住人们情感最根本的东西。如果说经济发展是基础，是实力的象征，那么文化发展就是形象，是信心的象征，凡能产生情感的都是地方的文化景观。"宁夏新十景"抓住了宁夏资源的一个重要方面，促使人们重新认识宁夏，认识完整的宁夏，在宁夏的开

发中发掘文化资源，真正把文化作为一种软实力开发出来。它将使宁夏人民热爱宁夏，并更有感情，更有自信心、自豪感；使外面的人更加了解宁夏，对宁夏"刮目相看"。这就是一种发展动力，一种宝贵的无形资源。

二、宁夏景观文化的认识和研究在取得很多成果的同时，需要更加深入系统地研究，提炼特色，树立品牌

研究宁夏新景观不能局限在宁夏看宁夏，而要放在整个西部和全国的背景下审视，发掘出最具特色的内容，认识其地位和作用。从这个角度，笔者将宁夏新景观的特色内容概括为"一府两沙，一路两山，美丽宁夏"。

"一府两沙"指的是新天府和沙湖、沙坡头。新天府涵盖了卫宁平原到湖滨大道宁夏黄河平原，历史上所谓"天下黄河富宁夏"说的就是这一带。新天府囊括了卫宁平原中包括水洞沟遗址、沙湖、北塔、西塔、中华回乡园、沙坡头等黄河宁夏段的各种自然文化景观，展现出一幅美丽的塞北江南景色。

水洞沟遗址位于灵武市临河镇境内水洞沟西南崖壁上，从20世纪20年代开始，国外专家就对水洞沟旧石器时代文化进行了发掘。20世纪60年代，由中国科学院古脊椎动物与古人类研究所组成的考察队对水洞沟遗址进行再次发掘，发现了大量石器，确定了其文化时代。水洞沟是中国最早发掘的旧石器时代文化遗址，被誉为中国史前考古的发祥地和

最具中华文明意义的百项考古发现之一。这里的藏兵洞、明长城、红山堡等共同构成了我国古代保存最完好的长城立体军事防御体系。独特的雅丹地貌鬼斧神工地造就了魔鬼城、摩天崖、大峡谷等奇绝景观，它们和蓝天、碧水、断崖、芦苇、鸳鸯、野鹤共同构筑了宁静怡然的世外桃源。

沙湖位于平罗县西南，南沙北湖，湖润金沙，沙抱翠湖，湖水如海，柔沙似绸，天水一色，以自然景观为主体，汇鸟类资源、沙漠资源和水资源为一体，构成了独具特色的秀丽景观。沙湖有白鹤、黑鹤、天鹅、灰鹳、大鸨、丹顶鹤、中华野鸭等鸟类198种，其中国家一级、二级保护动物20余种，鸟类总数达到100多万只。春夏之交，各种鸟类归去匆匆，美不胜收。沙漠资源主要分布于沙湖南侧，形成固定和半固定沙丘围笼在湖水周围，既沙又湖，相得益彰。沙湖水资源属黄河水系，是宁夏最大的半咸水湖泊，其东部及北部分布有块、片状的芦苇丛，水产资源极为丰富，不但有鲤鱼、鲢鱼、草鱼、鲫鱼等常见鱼类，而且还有北方罕见的武昌鱼、娃娃鱼（大鲵）和大鳖等珍稀水产。早在1996年，沙湖就被列为全国35个王牌景点之一，现为国家旅游局首批评定的5A级旅游景区，自然景观和资源优势有很大的发掘价值。

西塔始建于西夏第二代皇帝嵬名谅祚天祐垂圣元年（1050年），是一座中国传统古建院落，现存五佛殿、佛塔、韦驮殿、卧佛殿等建筑，韦驮、卧佛二殿两侧建有南北向配殿。殿宇之间以重檐砖雕垂花门和围墙连接，形成四合院式的院中院。坐落在外院的五佛殿与佛塔同建在一条东西向的中轴线上，外院院落宽阔，古树参天，松柏长青，肃穆宁静。朱元璋第十六子庆王朱㮵分封宁夏后所称赞的"宁夏八景"之一的"梵刹钟声"说的便是西塔。

据史料记载，大夏国王赫连勃勃（407—427年）重修海宝塔，因与西塔遥遥相对，故俗称北塔。海宝塔与承天寺塔遥相呼应，是宁夏八景之一，素有"古塔凌霄"之誉。沉溺于宗教的宦游发心供养，虔诚礼佛；许多俗家信徒在佛节望日，士女骈阗，走进塔宇，或联袂畅游或反省人生。西塔和北塔，已经成为展示宁夏景观文化中佛教文化、传统风俗的重要组成部分。

中华回乡文化园矗立于永宁县纳家户清真大寺北侧，依托古老的纳家户清真大寺和回族风情浓郁的纳家户村所建，以展示伊斯兰建筑文化、礼俗文化、饮食文化、宗教文化、农耕与商贸文化为特色，是中国唯一一处回族文化习俗展示场所。中华回乡文化园和古老的回族社区纳家户清真大寺交相辉映，"看历史、听邦克、品回宴、赏歌舞、逛回街"，感悟回族与时俱进的创新精神，领悟回族对华夏文明的贡献。

沙波头地处宁夏中卫市城西，是宁夏、内蒙古、甘肃三省区的交接点，南靠山峦叠嶂、巍峨雄奇的祁连山余脉香山，北连沙峰林立、绵延万里的腾格里大沙漠，奔腾而下的黄河横穿而过，在沙与河之间形成一片郁郁葱葱、滴翠流红的古朴园林——童家园子。这里既是卫宁平原的代表，又是亚欧大通道——古丝绸之路的必经之地。沙坡头的腾格里沙漠景观、沙生植物和野生动物是中国第一个具有沙漠生态特点并取得良好治沙成果的自然保护区，是干旱沙漠生物资源开发利用的杰出代表，具有重要的科学研究价值。

"一路两山"，指丝绸之路和贺兰山、六盘山。丝绸之路东段北道穿过固原二百余公里，是丝绸之路主要通道，不仅具有重要的交通意义，而且留下了丰富的文化遗产和内涵，以须弥山为核心的石窟建筑、古城关隘遗址和其他文物，东西方文化交流及民族关系源远流长的文化史迹等。20世纪90年代，我国专家在日本进行丝绸之路文化交流时就以宁夏固原李贤墓出土的从中亚传来的玻璃碗为例证，阐述丝绸之路对东西文化交流的重要性以及宁夏南部固原地区在丝绸之路上的重要地位。须弥山博物馆展示的内容不仅充分展现了佛教文化在中国北方传播过程中与中原文化交融而生根，而且把须弥山石窟文化和建筑艺术放在全国乃至世界石窟文化和建筑艺术的大背景下来展示，成为丝绸之路文化在宁夏的象征，是国务院公布的全国重点文物保护单位。

火石寨国家地质公园地处宁夏西吉县城以北15公里处，以奇特的丹霞地貌、碧绿茂盛的天然次生林以及美丽传说而得名。由于其所处地域封闭，迟迟不为外界所知。"丹霞"地貌有丹崖、丹峰、怪石等奇特景观，造型景观独特且岩土为红色。外在形态是丹霞地貌明显区别于一般红色丘陵的主要特征，是地球变化环境保护最完整的实物"标本"。据专家介绍，这种地貌出现在我国西北实属罕见，奇山、岩层、茂树、洞窟，堪称"四绝"，富有科考和开发利用价值。

　　贺兰山作为我国一条重要的自然地理分界线，既是宁夏平原成为"塞北江南"的生成者，也是季风气候和非季风气候的分界线。山势的阻挡削弱了西北高寒气流的东袭，阻止了潮湿的东南季风西进，遏制了腾格里沙漠的东移。还是我国草原与荒漠的分界线，东部为半农半牧区，西部为纯牧区。从军事意义上讲，历史时期的贺兰山是阻挡北方少数民族南下的一道天然屏障。贺兰山是古代少数民族纷争的见证，贺兰山明长城见证了鞑靼、瓦剌和明朝军队持续180多年的军事对抗。贺兰山的地理位置如此重要，对宁夏影响至深，有很多值得发掘的内涵。

　　贺兰山东麓的西夏王陵被称为亚洲腹地的"金字塔"群，是富有传奇色彩的西夏王朝的帝陵。与宋、辽、金先后鼎立的西夏王朝留给后人跨越时空的无限神秘与传奇遐想，成为研究西夏王国的重要实物元素，吸引着世界各地的学者去探寻这个神秘王国的脉络。早在1988年，西夏王陵就被国务院公布为全国重点风景名胜区。

　　六盘山古名陇山，俗称鹿盘山。秦皇出巡，西逾陇山。武帝登临，固邦巡边。成吉思汗驻跸，奠定元朝统一大业。六盘山西接边关，联通丝绸之路。毛泽东的《清平乐·六盘山》遗篇，成为千古绝唱。六盘山除了历史上的大事件，大人物也不少，红色文化颇具代表性。

　　关于"美丽宁夏"，要解读一个重要的文化现象，一个是新天府展现的是塞北江南的自然风光，演绎着从历史到现在的"天下黄河富宁夏"的基本事实；一个是六盘山生态演变给我们提供的历史启示。历史上的六盘山地区和西部许多地区一样，贫困和落后是从生态恶化开始的。生态恶化的宁南山区是贫困落后的代名词，有自然、人为两个方面的因素。在自然条件较为稳定的时期，人为因素就具有决定性，如近现代的民族关系恶化、战争破坏、不适当的生产方式、滥垦等，人类的开发起了破坏作用。如今恢复生态从改变人的观念出发，从"人定胜天"、"征服自然"的口号中吸取教训，树立科学观念，以人为本，顺从自然，善待自然，还牧还林还草，与自然和谐相处。正如恩格斯在《反杜林论》中所叙述的那样，当人们为掠夺自然的胜利而陶醉的时候，没有想到自然很快就报复了人类，把干旱、贫困洒向人间。一旦人们觉悟了，对自然环境采取了敬重和保护的态度，并具体落实到各种行为和措施上，用政策和制度加以约束，生态的重建和恢复并非十分遥远。六盘山的生态恢复给我们提供了一个证明和启示，协调人与自然的关系才能真正恢复生态面貌，才会有今天的绿色固原。无论从历史、生态、旅游哪个因素考虑，六盘山的历史内涵都极为丰富，值得深入发掘。

三、宁夏新十景"所体现的宁夏景观文化特点

一是从历史渊源上，体现宁夏多民族交流融合的民族关系实质。任何人文景观都是特定历史条件的产物，是时代的文化符号。一处景观常常记录着一段历史、一个故事，象征

和代表着一种意义和价值。景观因为附着的历史人文价值而有意义，富有生机和活力，其内涵首先在于发现、保存和丰富这种意义和价值，体现某种历史时期的民族关系实质。宁夏处在农耕民族和游牧民族的交界地带，位于农耕文化和游牧文化交融的中心，民族关系同时存在两种形态，既是军事争夺的要地，又是贸易往来之地。民族关系紧张时期打仗争夺，民族关系和睦时期互通商贸。互通商贸是民族间在经济关系上的一种反映，反映的是民族关系的实质。只要在经济上满足了民族间的相互需要，相互得以依赖，战争烟火就消失了。民族关系最根本的是经济上的联系，历史上民族关系的本质在宁夏通过景观文化得到了最好的见证。

二是从文化符号上，体现东西方文化交流。景观文化是某种意义和理念的载体，这种理念和意义通过一系列外在符号表现出来。从景观的楼台庭院、楹联铭赋、字画碑刻乃至布局陈设等都可看作一个个具体符号，正是这些符号构成了景观的固态文化内涵。在宁夏景观文化中，既能看到包括佛教文化在内的来自西域和中亚等外来民族文化的影响，又能看到中原文化向北、向西推进的历史轨迹，反映出中华多元文化一体格局的形成和深远影响。

三是从景观文化的人文素养和行为规范上，体现宁夏人在历史进程中所凝练的一种精神、一种品格，通过总结经验逐渐认识到与自然和谐相处的重要性，为可持续发展奠定了思想基础。"不到长城非好汉"的六盘山精神，就是宁夏历史传统所孕育的。宁夏的文化品格，在很大程度上要通过景观文化的人文素养和精神风貌来体现。

诗颂心中的"宁夏新十景"

叶长青

为了参与"宁夏新十景"征集评选活动，充分展示宁夏瑰丽多彩的自然风貌、人文风情和优美的生态环境，笔者立足宁夏特色文化内涵，放眼发展成就，着笔于"开放宁夏、富裕宁夏、和谐宁夏、美丽宁夏"建设，通过诗歌形式吟颂黄河金岸、六盘梯田、紫色长廊、萧关通衢、沙屏草格、山野薯香、湿地鸟驿、移民新村、朔方稻浪、杞乡嫣红等心目中的经典景观，将宁夏原有的自然景观（沙坡头、丹霞地貌、青铜古峡等）、人文景观（水洞沟遗址、贺兰山岩画、西夏王陵等）点缀在"新十景"之中，尽量使新景点既含历史风韵，又显时代特色。

黄河金岸

千里金堤翠欲流，黄河明珠一望收。
商贸繁兴通丝路，产业集群聚龙头。
城乡共济创佳境，经济联袂争上游。
特色景致收眼底，发展战略冠神州。

　　宁夏加快沿黄经济区建设，着力打造"黄河金岸"，是推进区域城镇化和城乡一体化、促进全区经济社会跨越式发展做出的重大举措。"黄河金岸"是宁夏的精华地带和经济发展的龙头，既是呼包银经济区、陕甘宁革命老区和能源化工"金三角"的重要组成部分，又是黄河上游地区发展条件最好的区域之一。目前，宁夏沿黄城市带经济区被列为18个国家级重点开发区之一，将沿黄经济区建设上升为国家发展战略，进一步提升了沿黄城市带的战略地位和作用。

六盘梯田

梯田修到白云边，晨耕吆牛惊天仙。
翠带飘曳叠千层，绿浪逶迤染万巅。
乡间小路云绕树，农家院落柳含烟。
若能赊得山头月，好借清辉看远山。

宁夏梯田是六盘山区群众为解决生存问题而创造的一种农耕方式，同时也孕育了一种风光，一种独特的人文景观画卷。梯田如链似带，从山脚盘绕而上，层层叠叠，高低错落，其线条如行云流水，潇洒柔畅，规模壮观，气势恢宏。磅礴大气与细腻爽洁的点线相谐，形成妩媚潇洒的曲线世界，具有面积大、线条好、形状美、立体感强等特点。位于六盘山腹地的隆德县被国家水利部授予"全国梯田建设模范县"，泾源县梯田入选中国国家地理"最美观景拍摄点"，彭阳县旱作梯田入选"中国美丽田园"。

紫色长廊

贺兰山东葡萄园，紫气氤氲香满天。
中西合艺酿美酒，国际大赛折桂冠。
酒庄相望八百里，主人留客醉青山。
支柱产业新培育，文化长廊泛紫澜。

宁夏贺兰山东麓是我国三大酿酒葡萄"原产地保护区"之一，独特的光、热、水、土等条件使其成为世界上少有的几个能生产高端葡萄酒的绝佳产区之一。这里可用于开发种植葡萄的土地有150万亩，是全国最大的葡萄酒国家地理标志产品保护产区。近几年来，贺兰山东麓葡萄酒在国际国内葡萄酒大赛上获得100多个奖项。根据《中国（宁夏）贺兰山东麓葡萄产业文化长廊发展总体规划》，到2020年，宁夏葡萄种植规模达到100万亩,建成100家以上高品质酒庄,实现1000亿元综合产值,带动10万人就业,把贺兰山东麓打造成世界一流葡萄酒产区和独具特色的文化旅游长廊。

萧关通衢

丝绸古道系嵯峨,辙迹犹存隐薜萝。

高桥叠空架坦途,隧洞一线越山河。

车马骈阗物流涌,人烟辐辏贾肆多。

今到萧关赋新诗,激情如翻大海波。

萧关位于宁夏固原市东南,作为古代中原王朝与西北少数民族政权的分界线,在汉唐时期既是抵抗匈奴、突厥、吐蕃等游牧民族侵扰的险关要隘,又是丝绸之路上最重要的交通要道,历代文人墨客都曾诗咏萧关,留下许多脍炙人口的边塞诗词。萧关雄峰环拱,深谷险阻,易守难攻,具有独特的地理优势,而且有泾水南出弹筝峡三关口,是萧关由南向北天然形成的一个防御体系。而今中宝铁路、银武高速、312国道等道路四通八达,输气、输水、输电管线立体交织,昔日万夫莫开的关隘变成天堑通衢。加之当地春来山花烂漫、夏季翠黛欲滴、秋天层林尽染、冬日银装素裹,四季溪水潺潺,自然环境优美,是穿越时空、赏景怀古的绝佳旅游地。

沙屏草格

人类奇迹见宁夏，巧织缂丝锁黄沙。

列车远骋披朝晖，林带静风惹晚霞。

湖边兜售沙漠鲤，路旁叫卖石头瓜。

长河落日意犹在，大漠孤烟境已狭。

以草方格作为固沙屏障，是宁夏治沙人发明的新技术，已成为世界治沙史上一项重大技术突破，被国际社会赞誉为"人类治沙史上的奇迹"。治理的重点区域即腾格里沙漠边缘的中卫市沙坡头和毛乌素沙漠边缘的灵武市白芨滩。如今的沙坡头已是国家5A级景区，吸引着国内外游客，昔日令人谈之色变的千里黄沙已经成为人们向往的旅游胜地。

山野薯香

气序萧凉西海固，香溢田野马铃薯。

风静碧天挂紫幕，雨洗白银遍地铺。

优良品质树名牌，强势产业起宏图。

寄语游人莫问俗，深山薯香沁肺腑。

马铃薯是宁夏的特色优势农作物，种植和加工基础条件较好，已成为中南部山区优化种植结构、增加农民收入的主导产业。地处宁夏南部的固原市马铃薯种植面积稳定在200

万亩左右，是全国重要的马铃薯育种和种植基地，所辖西吉县被命名为"中国马铃薯之乡"，"西吉马铃薯"商标被国家工商总局认定为"中国驰名商标"。

湿地鸟驿

关关雎鸠满汀洲，袅袅烟柳弄晴柔。

鹤鹳鹅雁浴征尘，鲤鲢鳙鲫戏钓钩。

追风快艇惊莲动，冲浪飙车涌沙流。

湿地文化最滋润，塞北江南赋壮游。

宁夏为加强湖泊湿地资源保护、发挥湿地生态功能，对鸣翠湖等31处湖泊湿地实施永久性保护，湿地总面积已达400多万亩。每逢早春或晚秋季节，鹳鸣鹤舞，天鹅翔集，百鸟争鸣，声闻数里，蔚为壮观。将湿地文化与黄河文明融为一体，使湿地保护与生态旅游、回乡文化有机结合，成为宁夏黄河旅游的新看点。目前，沙湖湿地自然保护区已是国家首批5A级景区，名列国家35个王牌景点和中国十大魅力休闲旅游湖泊。

移民新村

宁夏移民最为先，整合资源促发展。

人文荟萃新福地，生态修复旧乡关。

村落整洁鳞栉比，社区服务功能全。

今有广厦千万间，移民安居尽开颜。

宁夏是全国最早采取异地扶贫搬迁方式探索生态移民的地区，自20世纪80年代至今，移民总数已超过100万人，约占自治区总人口的六分之一，别致新颖的移民新居遍布全区各地。宁夏通过生态移民，极大地改善了贫困群体的生产、生活条件，拓宽了移民群体的脱贫致富空间，有效推进了生态保护和建设，较好地实现了"移得出、稳得住、能致富"的战略目标，为西部贫困地区实现经济发展、脱贫致富、生态改善多赢目标探索出了一条成功之路，积累了宝贵经验。

朔方稻浪

平原膏腴稼穑饶，朔风吹送稻花飘。

历代帝王御驾到，首选珠米贡皇朝。

稻浪翻滚卷金波，渠水潋滟映碧霄。

登眺晴岚千里秀，步履阡陌万重涛。

宁夏平原的开发始于秦汉时期，水稻种植始于南北朝，元、明时期所产水稻成为宫廷贡米。宁夏水稻的优良品质得益于优越的气候条件，故宁夏引黄灌区是全国少有的水稻高产优质生产区，现种植面积稳定在120万亩左右。每值夏秋季节，朔色长天，稻浪翻滚，金光闪烁，美不胜收。

杞乡嫣红

中宁枸杞天下闻，树若仙杖抹嫣红。

滋肝补肾益明目，养生保健精气通。

杞乡六月无闲人，老少拎篮进茨丛。

待到中秋杞酒熟，邀客聘怀酹蟾宫。

宁夏既是世界枸杞的发源地和正宗原产地，也是中国枸杞主产区和新品种选育、新科技研究推广开发区，有600余年的枸杞栽种历史，是国务院命名的"中国枸杞之乡"。国家医药管理局将宁夏定为全国唯一的药用枸杞产地，列入全国十大药材生产基地之一。明代杰出医药学家李时珍在所著《本草纲目》中将宁夏枸杞列为上品，称"全国入药杞子，皆宁产也"。

"宁夏新十景"与
宁夏旅游的国际形象塑造

孙颖慧

　　"八景"文化发源于先秦，萌芽于魏晋，成熟于两宋，繁荣于明清。"八景"是中国旅游景观文化和地域文化的重要内容，多指一地具有代表意义的自然或人文或二者交融的景点。它包含和传承了中华民族深厚的文化底蕴和审美色彩，拥有悠久的历史和广泛的人民基础以及地域文化意义和旅游特质。

一、"八景"文化是推介旅游的重要方法

　　尽管传统的"八景"文化并无多少功利意义，古人认为"山不在高，水不在深，而皆以胜概得名，故志山川则必志名胜"。但是，"八景"文化既是"模山范水"的典例也是对地方人文的彰显，既是地方美景的再现也是基于自然的文

化创造，并由此而延伸出的诗词、绘画、游记、散曲、戏剧等非物质文化遗产，以及壁画、屏风、折扇、瓷器等物质文化的遗产，都是中国文化的瑰宝。景以文名，文因景显，这些诗文、绘画与各种记载的流传对旅游资源起着非常重要的宣传推介作用。所以，"八景"文化是古代中国最具号召力的推介旅游产品的重要方法。

盛世修志，繁荣立景。随着中国经济、旅游热潮的一再高涨，"八景"越来越受到人们的重视。由宁夏回族自治区党委宣传部主办的"宁夏新十景"征集评选活动，是国内首次举办的省级区域的景观文化评选活动。在《"宁夏新十景"征集评选活动公告》中，开宗明义强调了活动主旨："充分展示宁夏瑰丽多彩的自然风貌、人文韵致和优美的生态环境，深入挖掘宁夏景观文化内涵，打造宁夏文化品牌，引导国内外游客更加深入全面地了解宁夏之美，感受宁夏之美；进一步增强宁夏人对家乡的认同感、自豪感，激发热爱家乡、建设家乡的热情，为建设开放宁夏、富裕宁夏、和谐宁夏、美丽宁夏贡献力量。"

"八景"文化内涵主要体现出地方精神的文化认同和传播。用当代美国著名人文地理学家段义孚的观点看：地方感十分有利于人们的恋地情结，从纯空间向强烈的人文空间的转换。

传统"八景"文化是古代中国最具号召力的推介旅游产品的重要方法，当下的"新八景"、"新十景"则更应成为地域旅游名片。

二、"宁夏新十景"与宁夏旅游推广

（一）建设国际旅游目的地的现实需要

2002年9月10日，国务院正式批复建设宁夏内陆开放型经济试验区，设立银川综合保税区，并将宁洽会暨中阿经贸论坛正式更名为中国—阿拉伯国家博览会，确定宁夏银川为中阿博览会永久举办地，为把宁夏打造成为中国向西开放的重地奠定了坚实的基础。

中共宁夏回族自治区第十一届三次全委会明确提出"建设开放宁夏、富裕宁夏、和谐宁夏、美丽宁夏，实现与全国同步进入小康社会"的奋斗目标，并把开放宁夏作为首要任务提出，充分体现了宁夏回族自治区党委进一步深化改革、扩大开放，推动宁夏经济社会又好又快发展的决心和信心。

在国务院批复的《宁夏内陆开放型经济试验区规划》中，"建设国际旅游目的地"是"八大基地"建设的首要任务。《规划》提出："充分发挥宁夏集大漠风光、塞上江南、西夏文化、回乡风情于一体的旅游资源优势，编制旅游目的地建设总体规划……制定穆斯林旅游服务标准，争取便捷的出入境政策，建立中阿旅游交流合作机制……打造特色鲜明的国际旅游目的地。"

（二）"一路一带"战略新机遇

习近平主席于2013年9月和10月分别提出"丝绸之路经济带"和"21世纪海上丝绸之路"的战略构想，激发了国内外对丝绸之路旅游的广泛关注，为丝绸之路沿线地区旅游发展提供了难得的历史机遇。2014年11月8日，习主席在加强互联互通伙伴关系会上，进一步指出，"应该发展丝绸之路特色旅游，让旅游合作和互联互通相互促进"。

宁夏回族自治区党委书记李建华指出，按照"政策沟通、道路联通、贸易畅通、货币流通、民心相通"的要求，充分发挥宁夏与阿拉伯国家和穆斯林地区文化相通的优势，努力打造面向阿拉伯国家同时也包括其他国家和地区对外开放平台，建设丝绸之路经济带战略支点。

古丝绸之路横贯亚欧，为沟通东西文化、促进商贸往来发挥了不可替代的作用，也为后人留下了经久不衰、享誉世界的旅游精品线路。有专家认为，"一带一路"是个高度概念化的国家战略，如何让这个概念深入人心，又能让每个国民都感觉跟自己有关系？唯有通过旅游。因为旅游是每个人的生活方式，是人人都能参与其中的精神体验和经济消费活动，它在营造社会氛围，达成发展共识方面，有着无可替代的催化作用。

三、"宁夏新十景"与宁夏旅游国际形象塑造

阿拉伯国家游客来中国旅游首选地多为北京、上海、广州、西安、义乌等城市，宁夏通常不会在他们的旅游计划中。这里面就有怎样让游客知道宁夏，进而向往宁夏的问题。

发展旅游，关键要做好三件事，一是怎样让游客知道，

二是怎样让游客进来，三是怎样让游客满意。对于宁夏而言，这三个问题都很严峻，尤其是第一个问题。宁夏旅游局局长杨柳曾说："为什么很多人去了各个地方，就是没有到宁夏，因为宁夏缺乏宣传。"其中不容置疑的是，"缺乏宣传"不仅仅是"怎么宣传"，更多的是"宣传什么"。

2014年9月，第三届北京香山旅游峰会中国旅游入境市场分论坛上，世界旅游城市联合会专家委员会成员德村志成说，若想真正吸引某一国的游客，首先要充分了解该国游客对目的城市最为熟悉的认知点，才能有针对性地进行推广。世界旅游组织（UNWTO）专家委员会成员徐汎指出，目前的入境游市场已逐渐从访客经济转变为体验经济，越来越多的游客希望以当地人的方式融入到一个陌生的城市，去亲身体验一座城市原汁原味的生活方式。

四、旅游推广的国际认知差异

2013年初，美国《纽约时报》评选出全球2013年"必去"的46个最佳旅游地，宁夏和巴黎、里约热内卢、卡萨布兰卡等世界著名旅游景地一起名列其中，排名第20位。在称赞宁夏独特的美景之余，《纽约时报》特别强调，在宁夏可以酿造出中国最好的葡萄酒。在此次《纽约时报》的评选中，我国仅有两地入围，除宁夏外，还有长白山入选，排名第27位，其入选理由是"这里是亚洲超大型的滑雪胜地"。

从"塞上江南神奇宁夏"到"没到过宁夏，就不算走遍天下"，近年来宁夏在推广旅游产品及品牌塑造方面不断加大资金、创意和活动投入，不遗余力地推崇宁夏的大漠风光、黄河文化、西夏文化、回族文化、红色文化等元素，但在美国《纽约时报》评选全球最佳旅游地中，却因"一瓶葡萄酒"走红，还有长白山的"亚洲超大型的滑雪胜地"入选理由，都体现出中西方思维方式在旅游认知方面的差异。西方思维方式具有"拆零"的技巧，从已知向未知、由细节到整体，所以将一个复杂的系统分解为最小的单位去认识和解构。中国式的思维方式则是系统式的，将环境看成一个整体，并赋予其生命的含义，所以在特定区域内，"八景"、"十景"……巧妙组合出一个区域的综合意象，且每一个"景"都是其整体形象的分解要点。

"八景"名称多为四字，用词优美、充满诗情画意，强调感官愉悦与心理愉悦的统一性。卢善庆将厦门二十四景的命名规律总结成三种模式：所在地+动宾短语，所在地+景象，所在地+景物。现在人们普遍这样定义"八景"，它是一个地方典型自然和人文景观的集成，一般由八种最具地方特色的景观组成，多以"四字格"命名。即，每两个字一个意义，前两个字通常为地点场所，后两个字为景致，并列成一个景观。如明代"宁夏八景"中的"贺兰晴雪"，"贺兰"指所在地贺兰山，"晴雪"是景致，两者合成为初夏时节晴空下贺兰山巅上醒目的积雪景观。再如清代"宁夏八景"之"山屏晚翠"，同样是在贺兰山，"晚翠"指贺兰山山势险峻、流水潺潺、葱茏林茂，"人在高楼望夕阳"，苍翠欲滴，景色如洗，别有一番景致。

西方的景观意象与中国式景观意象，从本质上讲是两种文化的差异和城市规划理念的差别。中国"八景"文化的意象与西方景观意象有着四大不同：第一，"八景"文化更强调历史的传承，中国历史悠久、文化深厚，所以在"八景"中许多都是具有深厚的历史积淀，甚至从某种意义上讲，反映了一个地区的历史变迁；第二，"八景"更强调与外部环境的融合，体现出中国文化道法自然、天人合一的哲学思想；第三，"八景"文化更强调对物质文化和精神文化的建构；第四，"八景"更强调人文性，在其定名和选择建构中，士人和文人起到了至关重要的作用，所以"八景"带有十分明显的诗情画意。

从世界文明进程和科学文化发展长河的历史来看，其科学与文明发展因地域而异，其间不停地交流与融合、淘汰与创新。时至今日，其思维方式，归根结底无非是两大源头。一是西方的源头，它有一套建立在分析、抽象、归纳、演绎之逻辑基础上的思维方式与科学方法；另一是东方的文明，它也有一套取象比类、心物感应、象、数、理、气等的思维模式，认识天、地、人之间有机关系的系统。

所以，为"引导国内外游客更加深入全面地了解宁夏之美，感受宁夏之美"服务的"宁夏新十景"征集评选，必须注重和彰显国际化，并寻找和表现具有国际认知关键点的构成元素。

五、宁夏景观文化的国际元素

就宗教信仰、生活习惯、饮食习惯而言，宁夏拥有接待阿拉伯穆斯林十分方便的条件。中国社会科学院刘月琴认为阿拉伯人及其他地区的穆斯林，渴望了解中国穆斯林的生活状况，宁夏作为我国唯一的省级回族自治区，有"回族穆斯林省"之称，是世界穆斯林旅游最好的选择。

（一）世界穆斯林了解中国的便捷通道

从心理学角度来看，"天下穆斯林皆兄弟"是伊斯兰教义中的重要思想之一，这就奠定了阿拉伯人及其他穆斯林地区人民与中国穆斯林交往比非穆斯林交往更容易，宁夏的伊斯兰文化氛围毫无疑问地提供了便利和亲近感，特别是宁夏的回乡风土人情、观光穆斯林村庄以及清真寺等，可以使穆斯林游客有宾至如归之感。更为可贵的是，灿烂的汉唐文化、神秘的西夏文化、醇厚的黄河文化、亲近的伊斯兰文化，使宁夏旅游资源具有中国文化和伊斯兰文化的双重内涵。

（二）沙漠景观对阿拉伯人的特殊感情

宁夏处于东部季风区与西北干旱地域的过渡地带，有着与阿拉伯地区相似的沙漠风光。特别是沙坡头、沙湖等景区，集沙漠、河湖、绿洲于一体，更有治沙防沙方面的工程创举，对阿拉伯人极具亲和力与吸引力。

（三）回乡特色清真美食

宁夏回乡清真饮食在国内非常有名，拥有"中国清真食品穆斯林用品产业基地"、"中国清真美食之乡"的美誉。但"清真"是伊斯兰文化或制度中的基本标准，我们在宣传宁夏清真饮食时不宜笼统处理，若直接挑选其中的特色美食进行包装推广，比如在"宁夏新十景"的评定中为"回乡手抓"、"回族油香"、"九碗十三花"等宁夏特色美食留出空间，从非物质景观的空间挖掘整理可传播、能体验的文化信息，经过推广后，力争将其与阿拉伯国家的"手抓饭"、"阿拉伯大饼"一样，列入世界穆斯林普遍认可的美食，其吸引力和美誉度将得到极大的提升。

（四）世界最佳葡萄酒产区

宁夏贺兰山东麓葡萄酒产区已经成为世界葡萄酒王国的明星，在法国《葡萄酒评论》杂志举办的"中国优秀葡萄酒2012年度大奖"评选活动中被评为"明星产区"；2013年获胡润百富榜"2013年至尚优品全球优质葡萄产地新秀奖"。国际资深葡萄酒评论家吉姆·博伊斯在接受法国《葡萄酒》杂志专访时称，"中国只有一个真正意义上的葡萄产区，那就是宁夏"。

伊斯兰文化是链接中国与阿拉伯国家及世界其他穆斯林地区人民最好的纽带，宁夏在面向阿拉伯国家和世界其他穆斯林地区旅游市场的开发中，需要超前调研主要客源地的旅游文化，研究其民族心理特点，在包括评定"宁夏新十景"等宣传推广中找到最佳结合点。

挖掘历史文化传承精神财富：
宁夏"新十景"评选

吴晓红

　　"四个宁夏"建设是2013年12月自治区党委十一届三次全会提出的指引未来一个时期宁夏深化改革推动经济社会发展的行动指南，它向全区人民铺开了一幅美丽的画卷。为了实现"四个宁夏"的宏伟目标，近两年来，宁夏各族人民在自治区党委和政府的坚强领导下，锐意进取，昂首前行，使宁夏各项事业发生了显著的变化，取得了巨大的成就。2014年10月，自治区党委宣传部联合宁夏新闻网、宁夏对外文化交流中心在全国范围内开展"宁夏新十景"征集评选活动，旨在充分展示宁夏瑰丽多彩的自然风貌、人文风貌和优美的生态环境，深入挖掘宁夏景观文化内涵，打造宁夏文化品牌，引导国内外游客更加深入全面地了解宁夏之美，感受宁夏之美。

　　宁夏的"八景"文化是地方文化一道独特的风景，浓缩了明清时期的历史内涵和文化底蕴。随着时代的发展，原有的"八景"文化已经不能涵盖宁夏美景、反映宁夏新貌。随着自然环境和经济条件的变化，不断发展中的宁夏需要有特色的新景来展现自己独有的地域特色和人文历史。作为全国闻名的十大"新天府"，人与社会、人与自然和谐发展，民族团结，宗教和顺，评选出富有时代特色和文化底蕴的新景观、新景致，其目的就是让世人深刻认识宁夏之变，重新发现宁夏之美，用代表宁夏历史文化的十大景观承载宁夏的文化底蕴，用代表宁夏旅游未来发展的景观体现宁夏的生活品质，从而充分展现新时期宁夏的发展水平与文化软实力。

一、"新十景"评选有利于继承和发掘"八景"文化的历史价值

"八景"是旧志书的传统内容，无一地或缺，具有浓厚的地方色彩，大致可以分为历史遗迹、地方风光、奇闻轶事、神话传说等种类。宁夏从明代初年开始，就有了关于宁夏"八景""十景"乃至"十二景"的记录与传诵，"八景"名称都很文雅，且富有诗意。如"贺兰晴雪、汉渠春涨、月湖夕照、黄沙古渡、灵武秋风、黑水故城、官桥柳色、梵刹钟声"等。清代志书也有"山屏晚翠、河带晴光、西桥柳色、南麓梵刹、古塔凌霄、长渠流润、连湖渔歌"八景的记载，古代八景至今仍可找到历史遗存，而且由每一景观衍写的诗词至今流传。

　　"八景"文化是当地文化的象征，也是人们热爱祖国、热爱家乡、热爱大自然纯真感情的具体体现，作为一个地域文化的重要组成部分，已成为地方的文化名片，这都归于古人对"八景"的总结。"新十景"评选是对宁夏历史上重要文化遗产的梳理和发掘，不仅要有自然风光、人文历史、地方名人，还要有鲜明的时代符号，用它们一起来展现新宁夏的基本面貌。

二、"新十景"评选百姓认同参与和传承很重要

　　近年来，宁夏新增了很多标志性的景观建筑，有黄河坛、黄河楼、军博园、黄河水镇等沿黄景观，也有绿博园、阅海湾中央商务区系列景观等，尤其是阅海湾中央商务区的中阿之轴则融汇了中国传统文化和阿拉伯文化的精粹，是中阿文化交汇的城市窗口。科技、环保、艺术成了现代化城市景观中的一部分，对提升城市生态环境和城市品位具有积极意义。依托景点集休闲、娱乐、食宿为一体的生态园、度假村等也深受城市年轻人的喜爱。笔者认为，"新十景"的评选注重景点的文化内涵与历史积淀很重要，只有文化内涵深刻的景点，才能让人流连忘返，引人万千思绪。过于"以新代旧"就无法体现历史脉络，其生命价值就会受到影响。比如，银川北塔、大武口武当山、青铜峡牛首山、固原须弥山直到今天仍然传承着为数不多的庙会、端午赛龙舟、重阳登高、冬至过大年等民俗节庆活动，民俗、节庆是一个地方文

化的重要载体，深受百姓认同，群众的参与和传承成就了这些景点的影响。所以新旧景点打包发展，既显现民俗传统又反映人文景观的创新，让其更具有创造力、再生力和可持续发展力。

三、"新十景"评选形式深入人心，结果才具备真正的内涵

这次"新十景"评选形式具有很强的创新特色，全区各县市区先评，五大市再评选，每个市评选的10个景观都各有所长，最后统一报送自治区集中评选。银川市根据评选要求，率先评选出"银川新十景"，分别是：双陵岿然、中阿之轴、水韵战舰、贺兰晴雪、黄河古韵、山屏晚翠、贺兰飞瀑、横城古渡、黄河水车、峡谷兵城。"银川新十景"既有自然文化精髓，也有现代化的大银川景致。固原市是宁夏旅游资源最富集的地区，也是宁夏传统文化遗存最集中的地方，也不甘示弱地评出了"固原新十景"，分别是：龙潭天影、荷花映日、六盘云蒸、须弥佛光、古岭雁鸣、丹霞翠色、耕读弥新、朝那遗韵、古道迢迢、旧隘新曲。各大新闻媒体不吝版面推出专题报道，发动文史专家、商贾政要、新老宁夏人等走进景区、实地探访、专家点评，吸引全社会广泛参与。宁夏社科文史界专家、学者以宁夏景观历史文化为范畴，积极开展学术探讨和研究，呼吁征集评选"新十景"要解放思想，放宽眼界，注重景观的独特性，在继承中创

新，不但要体现时代精神，还应该是宁夏地方历史文化的品牌、名片，其地位、品级、档次应具有绝对的高度，具有"一览众山小"的文化地位，要向国内外展示当代宁夏之美，提升宁夏的知名度，推动宁夏旅游产业快速发展，增强宁夏人对家乡的自豪感和建设家乡的热情。社科界专家还撰写理论文章近30篇，为活动开展提供了有力的理论支撑和智力支持。自治区旅游局组织旅游行业各单位和个人参与征集评选作品的推荐工作，共组织报送了宁夏"新十景"评选推荐作品136件，附图739张、诗词书画文学作品228篇幅，视频歌曲11个。这些作品充分展示了宁夏瑰丽多彩的自然风景、人文风貌和优美生态环境，激发了市民对家乡的认同感和自豪感。

四、"新十景"评选对于建设"美丽宁夏"、打造宁夏旅游新版图具有重要价值

在全区范围评选，涵盖很广，评选的过程本身也是一个整合的过程，这个整合既包括景区间的整合，同时也包含了业界资源的整合。有的景点目前还不具备大规模游客接待能力，但是未来必将是宁夏旅游版图的重要组成部分。评选只是一个梳理的过程，旅游要发展更重要的是找准方向，做出精品线路，打造品牌，加速提档升级，这样才能增加景点的厚度和深度，拉长旅游的链条。评选的景观不应是单一、片面的一景一观，从旅游片状发展的模式看，各景点可以捆

绑成为景观带，借此机会抱团发展，共同合作打造与开发建设，不仅可以囊括很多内容，也不会产生遗憾。所以宁夏的旅游开发建设从静态和景观单纯的展示向综合性大型景观转变，从单纯的景观空间向蕴含着感情、文化和精神的景观场所转变，这样才会发展成为商业文化和历史文化传承的景点。

五、"新十景"评选不论花落谁家，其意义远大于结果

"新十景"评选指标有限，最后的结果是几家欢乐几家失落。所以参与评选的心态很重要，人们应该清楚，景点评选重要的是过程，传播的是精神。随着"新十景"评选活动的深入开展，各景区积极参与自荐，镇北堡西部影城推荐的月魂夕照、黄沙古渡推荐的双湖印月、金沙岛推荐的浪漫金沙、鸣翠湖推荐的车水排云、水洞沟推荐的水洞燧迹、火石寨推荐的丹霞照壁、沙湖推荐的水绕沙丘、西夏陵推荐的陵塔霞光、中华回乡文化园推荐的邦克回响、中卫市旅游局推荐的沙坡鸣钟等，这些景点在旅游业内知名度很高，既是景色，更是很好的旅游产品，有着很大的市场经济效益。景区自荐的同时，也以各种宣传促销活动激发市民参与评选的热情，"银川市民越野徒步走畅游宁夏新十景"、"2015年银川市西夏陵定向越野行走挑战赛"、"宁夏人游水洞沟免门票"，银川市贺兰山岩画管理处特举办"岁月失语，唯石能言"——贺兰山岩画、拜寺口双塔最美景色摄影、美术、

文学作品征集大赛等活动。增强景区提档升级的信心，以达到激发宁夏旅游争先创优、自我完善、重新发展的目的。积极参与"新十景"评选对外是建设全区的文化体系，打造全区的文化名牌，成功与否，都是奉献力量。对内是将地方历史文化重新挖掘，提高老百姓认识文化和发现文化，享受文化的过程，这才是评选活动的目的。没有入选的景点不代表其影响力就低于入选景点，每个景点都有自己的优势和影响力，虽然榜上无名，但评选的过程，不但可以引起人们的关注，也对景点今后加强可游性和可赏性建设及文化传播能力起到了很好的借鉴与宣传。

宁夏"新十景"评选是为了传承祖国方志"八景"文化精髓，打造地方文化品牌的新创举，当选的景点将是以宁夏境内的人文景观、自然景观和建设成就为主要对象，包括传统历史文化景观、知名的自然生态景观、人文民俗风貌以及现代化建设成就等当代文明成果，代表着宁夏最强的文化载体，显现出的是宁夏的生活品质、文化品位和精神品格，也希望"新十景"立足于旅游产业，兼顾完善配套服务，推动宁夏旅游产业有更创新辉煌的发展。我们相信，"新十景"的文化贡献必将对"四个宁夏"建设产生重大影响。

工业遗迹与宁夏新十景

马宝妮

宁夏新十景的提出既是对历史上景观文化的传承与发扬，又是对地方景观文化的充实与创新，其创新之处首要在景观文化内容的抉择上。在当代，随着人类活动对自然界的持续改造，一方面，旧有的景观得以修缮和开发，焕发新的生机；另一方面，新事物、新景观不断涌现，更加丰富了景观文化的内容。特别是近代以来，随着工业化的发展，相伴而生的工业遗迹逐渐被接纳为人类文明遗产之一，同时由于工业遗产在时间概念上的距离并不遥远，其自身更是承载了人们对过往岁月的追思与眷恋，这是一道别具特色的景观文化。在宁夏，譬如分布在贺兰山脚下的三线建设时期的工业遗址，即可以作为景观文化之一，加以保护、开发和利用。

一、景观文化是家乡景致的靓丽名片

景观文化是地方志中重要的组成内容，是对一个地方典型自然和文化景观的集称，一般有八景、十景、十二景等组合形式。在景观文化的塑造中，文人墨客往往选取有典型意义的自然景观或生产生活场景等来表达情感、生活理想与价值观念，赋以景观意趣盎然的名称，并将之相互关联，形成某一地区"八景"、"十景"、"十二景"等。独特的景观冠以唯美的文字名称，恰如赋予之唯美的生命。文学之外，有时更融入绘画、美学等人文内涵来满足审美需要，更加引人入胜。

方志中景观文化的描述往往又便于后来者按图索骥。如明末地理学家徐霞客即在游记中记载有，客游阳朔时，至县治"遇一儒生，以八景授"，并按照其指点游览了其中的"白沙渔火""状元骑马"与"龙洞仙泉"等，后来，"名人巨公，莫不乐购其遗编，当'卧'游胜具"。《徐霞客游记》中还有许多类似的记录。在今天看来，地方的八景（景观文化）即是徐霞客的一个旅游指南，而其所游所记又对地方景观文化起到了一定的宣扬作用。景以文名，文因景显，方志中的"八景"或"十景"等的记载正是宣扬家乡美的靓丽名片，承载着人们对这方热土的无限向往和憧憬。

自景观文化形成以来，不同时期，随着社会变迁和自然景观的变化，景观文化的内容也有所不同，在宁夏就有明

"八景"和清"八景"的区别，这种变化一定程度上反映了自然景观和人文景观的历史变迁，是契合时代要求的。因而，随着宁夏自然的或人文的新景观、新景致的不断涌现，及时寻访新时期更具代表性的景观，总结和挖掘这些景观的人文价值，打造新的彰显宁夏特有的地域特色和人文历史的新名片，是顺势而为的明智抉择。

二、工业遗迹作为景观文化的保护范例

自20世纪末以来，工业遗产在全球范围内受到了越来越广泛的关注，相关的遗存保护和研究工作也相继展开。作为记载工业文明历史的特殊类型的文化遗产，工业遗产在反映历史、科技、美学、经济、教育和精神等价值方面都有其不可替代的作用。一些工业化国家在工业遗产保护方面已经积累了许多有益的经验，其中最常用的做法就是将工业遗址改建成博物馆、景观公园和综合开发利用三种典型模式。

在国内，北京、上海、广州等城市率先在工业遗产的保护和再利用方面做出了有益尝试。北京的798艺术区和上海的苏州河沿岸仓库都是艺术家的自发聚集地，已通过自身的演变，成功实现了功能的转化与外溢和规模上的扩大。如今，它们既是当地独具特色的文化艺术资源，也是独具魅力的旅游资源，是工业遗产保护与利用的成功实践。在广州，近年来不断加大工业遗产的转化利用，如依托广州水利水电公司旧址改造成的信义国际会馆，由五仙门电厂改建的太空

餐厅和酒吧及广州增埗公园、深圳华侨城OCT-LOFT创意产业园区等等。其中增埗公园不仅保留了民国初期具有岭南园林传统风格的黄冠章院落建筑群，还保留具有广州工业发展历史符号的两座工业塔楼。而深圳华侨城尽可能地保留了陈旧的厂房建筑，从而将工业时代的印记保留下来，使得城市发展各个阶段的形成都在社区中得以共存共荣，十分难能可贵。这些实践表明，工业遗迹遗址完全可以作为一种景观文化，通过保护利用，与城市共生共容，并成为城市别具一格的文化旅游资源。

三、贺兰山脚下的三线工业遗迹

在宁夏，现代工业极其落后，新中国成立之初，仅有屈指可数的工业遗存，基本上是手工业作坊（遗憾的是，这些初级的工业遗迹随着社会的发展大都已荡然无存）。宁夏回族自治区成立以来，特别是20世纪60年代至70年代三线建设时期，国家将大批沿海等大城市工厂成建制搬迁中西部。在宁夏，有一批工业企业选址在贺兰山脚下。如出石嘴山市区西南沿110国道一路向南，在潮湖村及大水沟之间分布的原西北煤机一厂、二厂、三厂及西北轴承厂等，均按照三线建设"靠山、分散、隐蔽"的建厂原则建设在贺兰山脚下戈壁滩上，西依贺兰山，东向银川平原。建厂搬迁而来的不仅仅是机器设备，按照当时的国家政策，相当一批人员举家迁移，在宁夏安家落户。在当时的体制下，工厂不仅仅是一个机器生产的单元，更是一个麻雀虽小、五脏俱全的小社会。随着经济的发展，社会的变迁，这些工厂大都因生产需要或另择厂址，或经企业改制后更新厂房及设备等，原有建筑设施已所剩无几。其中如1965年由辽宁瓦房店迁至石嘴山大水沟的西北轴承厂，由于厂址先天不足，亏损严重，20世纪90年代迁至银川，原厂址随即废弃。而今大水沟原址处仍留有高大的厂房及旧式居民小楼等建筑物，风吹日晒，破败不堪，还有附近的居民利用厂房圈养家畜家禽，遗址破坏十分严重，昔日风景已不复存在。

而另有部分当时建成的三线工厂企业至今仍在原址开展生产，厂区与生活区都保存较为完善，如石嘴山市大武口区原西北煤机一厂、二厂等。西北煤厂机械一厂即现在的宁夏天地奔牛集团公司，公司在原厂东北约一公里外新修大门，并新修通往110国道及市区的道路，恰巧较为完整地保留了原来厂区建筑，包括厂房、厂区铁路、家属区及社区生产生活设施等等，这一带基本保留着20世纪80年代的面貌，稍加整饬即可还原旧貌，完全可以作为适宜怀旧及体验20世纪70—80年代生活的休闲观光区加以开发利用。只是近年来，随着国家棚户区改造工程的大力推进，多数居民正搬离旧址，原来的建筑群目前正处于拆迁之列，工业遗迹的保护已迫在眉睫。这一地区西倚贺兰山，东临110国道，远离城市主轴，又与城市保持相对距离，保留工业遗迹原貌并不影响城市化的迅速推进，二者间不应该存在矛盾。在宁夏，保护、开发和利用旧有建筑，实现资源利用价值已有成功范例，如镇北堡西部影视城就由两个古旧的明清时代的边防古堡，保持并利用古堡原有的奇特、雄浑、苍凉、残旧的自然景象，突出了其原始化、民间化的审美内涵，而逐渐发展成今天享有"东方好莱坞"之誉的影视拍摄基地和5A级旅游景区。这也不妨作为工业遗迹保护的有益借鉴。

我们在选择命名新十景时，有一个重要的原则就是赋予景观新的生命力，它不仅是现在为人们熟知的设施完备的观光景点，也不仅是业已成熟的著名景观，对于历史遗留的诸多形式的景观，都应该适当地入选景观文化，从而使其为人们认知和熟悉。创造性地将景观描述与遗产保护结合起来，将更富有深意，更具未来眼光。早在2003年，在俄罗斯举行的国际工业产协会全体大会即宣称："工业活动的营造物和建筑物，曾经使用过的生产流程和设备，所在的城镇和外部环境，以及所有的其他有形的和无显示物都意义重大，它们应该被研究，它们的历史应该被讲述，它们的意义和内涵需要深究并且使每个人都明了，最具典型意义的实例应该给予鉴定、保存和维护。"当代的工业遗产就是这样一个需要重视并倍加珍爱的文化景观。倡导将其入列新十景，以期带给人们并不遥远的深刻记忆，将是宁夏开展工业遗产遗迹保护的良好开端。这对于新十景的确定和工业遗迹的保护二者而言，可谓相得益彰。

"八景"可以看作是一种景观（景点）塑文化模式，具有旅游资源开发、保护及旅游宣传与指南的功能。一方面，它因根植于传统文化而富有生命力，并发挥着文化传承的作用；另一方面，"八景"模式下的景观又因切合传统生活理想、价值观念与审美情趣而成为有吸引力的旅游资源。

宁夏新十景

艾依春晓

负有强

城市因水而显得灵性。像很多城市一样，行走在银川市金凤城区东西方向的任何一条街上，总会经过一条南北方向的水系，那就是与银川人相伴为宾的艾依河。艾依河正如她美丽动听的名字一样，像一个缓缓行走着的回族少女，左顾右盼，婀娜多姿，楚楚动人，从南到北，穿城而过。河水清澈平缓，或宽或窄，岸边多垂柳、杨树、沙枣树、榆树，以及各种绿化灌木和松柏。每逢初春，各种植被在春风吹拂下开始复苏，慢慢地开始变黄，泛绿，出芽。随着春的脚步加快，植被芽叶逐渐伸展繁茂，树叶枝条随风浮动，影映在艾依河水面中，倒影清晰如画，微风袭来，水面微波粼粼，袅娜动人，让人如痴如醉。人们行走在岸边，嗅闻万物复苏的气息，看着河边休闲的垂钓，间或有不知名的鸟叫声传来，不经意间便被这春的景致感染了，恍惚间人在画中行。宁安大街艾依河桥、亲水大街艾依河桥、艾依河陶然水岸等河段都是感知艾依春晓的绝好去处。

艾依河到底什么来头呢，还得从2003年说起。当时，为了把银川建设成"城在湖中，湖在城中"的塞上湖城，宁夏在充分考虑了银川城曾经的"七十二连湖"历史，从现有水资源的实际出发，因地势疏导，开工建设了今天的艾依河。艾依河充分利用黄河水、天然降水和银川湿地、湖泊等水资源优势，南起唐徕渠永家湖退水闸（永宁县境内），北至平罗县沙湖，沿途连接阅海、沙湖等数十个湖泊湿地，接引了银川防洪的六个拦洪库和两个滞洪区。艾依河建成后在改善沟道水质、调节地下水位、提高城市防洪排水标准、保障湖泊湿地、提高水资源利用率等方面发挥了巨大作用，同时美化了人居环境，成为银川市一道亮丽的风景线。

回顾河道建设初期，当时，人们还为这条人工河的命名讨论了一番，到底是叫艾依河还是叫爱伊河，大家争论不休。总之，叫哪个都觉得有道理呢。可喜的是，2005年艾依河阅海段正式开始通航运营，人们闲暇之时泛舟艾依河，游览观看银川美景，别是一番感觉。今天，艾依河早已成为"银川平原绿色飘带"，成为大银川建设中最为耀眼的一颗"明珠"。

古堡新影

贾虎林

　　坐落在银川市西夏区的镇北堡是明清时期的边防要塞，由"老堡"和"新堡"两座坐西朝东的黄土夯筑的古堡组成。"老堡"始建于明代弘治年间，距今已有500多年。相传修建"老堡"时，风水术士为择址走遍贺兰山麓后才选中此地，修建了这座要塞。1738年宁夏府大地震中，"老堡"被摧毁，后在"老堡"北面修筑了"新堡"。历经风吹雨打，至20世纪初成为废堡。著名作家张贤亮先生在20世纪80年代初将镇北堡介绍给电影界，后以两座古堡为基础创办了镇北堡西部影城，揭开了镇北堡历史新的一页。

　　镇北堡西部影城在中国众多影视城中以古朴、荒凉、原始、粗犷、民间化为特色，展示了往昔中国西北乡镇风情，既是中国三大影视城之一，也是中国西部唯一的著名影视城，是中国西部片和古装片的最佳影视外景拍摄基地之一，享誉海内外。西部影城引起了许多电影艺术家的浓厚兴趣，被称为"神秘的宝地"，获得国内外大奖的《牧马人》《红高粱》《黄河谣》《黄河绝恋》《老人与狗》以及《新龙门客栈》《大话西游》《嘎达梅林》《书剑恩仇录》《逆水寒》等数百部影视剧在此地拍摄。这里摄制影片之多、升起明星之多、获得国内外影视大奖之多，皆为中国影视城之冠，故被称为"中国一绝，西北大观"。西部影城为新时期中国影视业做出了独特贡献，获得了"中国电影从这里走向世界"的美誉，驰名中外。

在西部影城游览，体验新鲜而奇特，"在游乐中增长历史知识，在玩耍中领略古人生活"，真是不虚此行。西部影城不但保留和复制了在此拍摄的140多处著名影视场景，还保存了拍摄部分影片的原景和道具，供游人观赏。西部影城有展现中国文化艺术的各种展厅、电影资料馆、放映厅等影视服务设施，古装摄影、骑射、姓名作诗等多种娱乐活动，剪纸、泥塑、布艺、刺绣、糖画、草编、活字印刷、烫画、皮影、拉洋片、捏面人、魔术、杂耍等民间艺术表演，"马缨花"休闲中心、宁夏风味的"食神府"餐厅等多种休闲娱乐服务。游客可以利用影视剧组留下的场景道具服装体验角色扮演，制作MTV、影视短片、模仿秀表演，让每一位游客"来时是游客，走时是明星"。

镇北堡西部影城是人文历史景观与现代影视艺术相结合的产物，在传承中发展，在发展中创新。"借影视艺术之体，还民俗文化之魂"，再现了祖先们的生活方式、生产方式和游乐方式，已逐渐成为中国传统北方小城镇的缩影。以"继承中华传统，弘扬民族文化"为主线，逐步实现了从"出卖荒凉"向"出卖文化及历史"的跨越。这座数百年沧桑历史的古堡传承文明与发展创新并举，必将绽放出新的活力，展现出新的魅力！

古道驼铃 吴惟珺/摄

贺兰晴雪

贠有强

在晴好的天气里，伫立在银川街头或其他任何一个视野开阔之地，抬头向西望去，一座巍峨的山脉映入眼帘，那便是银川平原的天然屏障——贺兰山。贺兰山地处宁夏西北，是我国为数不多的南北走向山脉，长约200公里，宽约30公里，最高海拔3500多米。山体巍峨壮观，峰峦叠嶂，崖谷险峻，松涛澎湃。如果定睛细看，特别是在初秋至仲春，人们会惊奇地发现山脉之巅随山势走向呈现出一抹蜿蜒的白色，整个山头如少女披絮一般，难道是积雪吗？没错，这便是贺兰山上的积雪，宁夏大地上著名的"贺兰晴雪"景观所在。

早在明代，就藩宁夏的庆王朱栴在其主持编修的《宣德宁夏志》中记载了旧西夏"八景"，其中"贺兰晴雪"位列首景。庆王朱栴最有才华的儿子朱秩炅曾赋诗描述贺兰晴雪胜景："贺兰西望矗长空，天界华夷势更雄。岩际云开青益显，峰头寒重雪难融。清光绚玉冲虚白，秀色拖岚映夕红。胜概朔方真第一，徘徊把酒兴无穷。"民间也有"贺兰积雪六月天"的说法，外地人初来宁夏常有"举目不望贺兰雪，错把银川当江南"的地域错觉。今天，随着气候变暖，贺兰山上的积雪虽没有过去那样厚重，但仍能看到积落于山巅松柏之上的雪白。仲春之际的银川平原已是花红柳绿，山上却依然积雪不融。人们抬头远眺，不由被眼前的晴天雪景和身边的盎然春意所吸引。

现在，随着旅游业的发展，游人欣赏"贺兰晴雪"后或可深入贺兰山探寻山巅积雪下的美景，领略每个山口的奇特风姿，感悟沧桑历史的丰厚底蕴。在这里既可游览滚钟口马鸿逵避暑山庄、拜寺口西夏双塔、苏峪口原始森林、贺兰山岩画等，还可一睹贺兰山下神奇的东方金字塔——西夏王陵的历史云烟，接受历史与人文的双重洗礼。

回乡风情

王晓华

　　当你来到塞上回乡宁夏，立刻会被回族的悠久历史和独特文化深深吸引。回族的历史是怎样的呢？这还要从遥远的古代说起。早在唐宋时期，众多西域各国"胡商""蕃客"伴着丝路悠扬的驼铃来到中国，谱写了中西方友好交往的动人篇章。蒙元时期，蒙古人的金戈铁马横扫西域，东西方交通豁然开朗，众多信仰伊斯兰教的中亚各族人民跟随着东归的铁骑，追逐着先辈的梦想，来到遥远的东方，散居到全国各地。他们像随风飘荡的蒲公英，随处生根发芽，茁壮成长。平坦无垠的银川平原、沟壑纵横的六盘山区，建筑宏伟的清真大寺拔地而起，民风淳朴的回回村庄散布四方。回族与汉族及其他民族互相通婚，世代繁衍，互为邻里，同甘共苦，成为土生土长的宁夏人。

　　无论你来到吴忠的回族新村，还是固原的乡间小院，都能感受到回族服饰的独特魅力。回族年轻小伙喜欢戴平顶或六棱形的圆帽，上面刺绣着精美的图案，充分显示出男子的阳刚之气；年老男子则爱穿白色衬衫，外套黑坎肩，显得精神矍铄。妇女们常戴色彩多样的盖头，已婚女性的盖头多为白色或黑色，显得庄重大方，气质高雅；未婚女孩的盖头就鲜艳多了，像色彩斑斓的蝴蝶翩翩起舞在花丛中，把女孩们的脸庞映衬得更加美丽动人。回族人民热情好客，当你随意来到一户回族人家做客，远远就能看到主人热情洋溢的笑脸，他们会拉着你的手说"色俩目"，把你迎进屋后，主人会端出各种各样、新奇美味的清真食品让你大快朵颐，酥脆可口的馓子、色泽亮黄的油香、香辣扑鼻的羊杂碎、肉质鲜嫩的羊羔肉，还有手抓羊肉、羊肉泡馍……不要说尝了，就是闻一下，也会让人垂涎欲滴，胃口大开。回族的"盖碗茶"也非常好喝，茶碗里放着红糖、白糖、红枣、柿饼等多种辅料，清香可口，沁人心脾。吃完美食，饮完香茶，你一定会口齿留香，赞不绝口。宁夏回族讲究卫生，每天都要沐浴净身，打扫庭院，把屋里屋外收拾得井井有条。回族主要节日有开斋节、古尔邦节、圣纪节等，每当节日来临，回族穆斯林从四面八方汇集到清真寺参加会礼。会礼结束后，大家还要前往祖先墓地，为逝去的亲人诵经祈祷，许多回族穆斯林在节日期间举行婚礼，更加增添节日喜庆气氛。

作为一个历史悠久、文化积淀深厚的民族，回族的非物质文化遗产像天上璀璨的星辰一样夺目。"花儿"旋律高亢豪放，曲调悠扬婉转，让人听完后有余音绕梁、不绝于耳的美妙感觉；口弦音调柔美深沉，节奏多变，似枝头鸟雀欢噪晨晖，又如丝路驼铃叮咚作响；剪纸体裁内容丰富，生活气息浓厚，无论在窗户上、墙壁上、顶棚上，还是箱柜上，都可以见到回族妇女创作的"五谷丰登"、"农家乐"等作品；刺绣精美多样，争奇斗巧，盖头、枕套、鞋垫、坎肩上刺满了各种花纹图案，真可谓百花盛开，多姿多彩；建筑翘檐斗拱、庄重肃穆，中伊合璧，美不胜收，将中国传统的建筑风格和伊斯兰装饰艺术巧妙地融为一体，每一块制作精美的砖雕，每一座用来宣礼的邦克楼，都印证着历史的沧桑；武术流派众多，风格独特，民间素有"张家的枪，何家的棍，马家的软功，赵家的劲"之说，踏脚由回族武术"弹腿"发展而来，对抗性很强，茶余饭后，踏脚者在空地上你踏我躲，你攻我守，围观者呐喊助威，鼓掌喝彩，直到分出胜负方才尽兴而散。

回乡处处好风景，风情万种把客迎。相信你来到宁夏，一定会流连忘返，乐而忘归。

黄河金岸

负有强

黄河从甘肃进入宁夏，出峡谷而进平地，土地辽阔，水流缓稳，形成了肥沃的卫（中卫）宁（中宁）平原和银川平原。这里物产丰富，水稻种植、枸杞栽培、名贵中药材生产驰名中外，尤其每逢水稻收获季节，绿浪翻滚，稻香扑鼻，蔚为壮观。黄河流经宁夏397公里，由南到北，顺黄河而下，沿岸依次排布着沙坡头、黄河圣坛、一百零八塔、青铜峡大坝、黄河楼、黄河大桥、滨河新区、黄沙古渡、石嘴子等景观与工程。不管是站在黄河楼上远眺，还是乘坐飞机向下俯瞰，都会看到河水灌溉良田的美丽景观，看到沿黄河依次分布的城市、景点，让人不由得感叹"天下黄河富宁夏"果然名不虚传。

"黄河百害，唯富一套"，宁夏黄河自流引灌已有2000多年的历史。秦始皇统一中国后，派兵在此屯垦，开始了引黄灌溉的历史。两汉"募民徙塞下屯耕",大兴水利,修建汉延渠等灌溉渠道,农耕经济相当繁荣。据《太平寰宇记》记载,北周宣政元年(578年),陈将吴明彻被打败,北周政府把3万战俘迁到灵州,"其江左之人尚礼好学,习俗相化,因谓之塞北江南"。据考证,至唐代宁夏开始大面积水稻栽培。唐代诗人韦蟾曾赋诗曰:"贺兰山下果园成,塞北江南旧有名。"经过汉族移民和当地少数民族的共同屯垦开发,使自然风貌与文化特征双重交融,打造出了久负盛名的"塞北江南"。明代封藩宁夏的庆王朱栴编纂的《宣德宁夏志》收录的旧西夏"八景",就以"良田晚照"、"汉渠春水"这样的景观描述了宁夏黄河岸边的情景。清人张金城编纂的《乾隆宁夏府志》中记载有"长渠流润"的引黄灌区风光。可见,昔日黄河岸边的农业生产景观是何等壮观。

进入新的历史时期,生活在宁夏这片热土上的回汉儿女,立足实际,把握区情,不失时机地提出了打造"黄河金岸"、推进沿黄城市带建设的战略构想,赋予了"天下黄河富宁夏"新的时代内涵。经过人们的努力建设和不懈奋斗,已经能够清楚地看到黄河金岸的轮廓。沿黄两岸由南向北延伸的滨河大道宽阔平坦,像一条金色的珠链将银川、石嘴山、吴忠、中卫、平罗、青铜峡、灵武、贺兰、永宁、中宁等城市连为一体,城市集群作用正在发挥出来,必将在当前如火如荼的"一带一路"建设中重新焕发出勃勃生机。城镇间保留的农田、林地、水面等绿色空间,与城市相得益彰,互为映衬,构成了一幅现代自然与人文和谐相处的图景。

六盘烟雨

负有强

　　登临宁夏南部著名的六盘高峰，这里的云海烟雨会给人留下极为深刻的印象。当地气候受山势影响降水充沛，四季雾气笼罩，水雾交融，互为映衬，甚为美妙。雨水细如烟雾，近观山体郁郁葱葱，翠绿欲滴，远眺烟雨蒙蒙，如诗如画，似置身人间仙境，让人流连忘返。雾气来临时，蔚蓝的天空、高峻的山岭、苍翠的树木、蜿蜒的公路、湍急的溪流顿时朦朦胧胧，如梦如画。雾气散尽时，村落、农田、绿树、鲜花又如水墨画般由浅至深逐渐清晰，群峰峻岭、山花碧草一览无遗。"六盘烟雨"绝美胜景油然而生，明人陈棐曾赋诗盛赞这壮美景象："出城路如砥，过涧山若倚。微雨凌清晨，草间流弥弥。翠岭排空开，蓝舆驾山起。举头看导骑，先入烟雾里。"

　　南北走向的六盘山不但是北方重要的分水岭，而且是关中平原的天然屏障。作为西北地区重要的水源涵养林基地，泾河、清水河、葫芦河等黄河水系河流均发源于此。六盘山山路曲折险狭，因须经六重盘道才能到达顶峰而得名。《宣统新修固原州直隶州志》所载的固原"八景"中就有"六盘鸟道"，客观反映了六盘山山路崎岖艰险、道路难行的现实。六盘山自然风光独特，旅游资源丰富，荟萃了野荷谷、胭脂峡、老龙潭、凉殿峡、二龙河、鬼门关、大雪山、白云寺等八大景区的70多个精华景点，具有雄、奇、俊、秀之特点，集北国风光之雄浑，兼江南水乡之灵秀。

六盘山古称陇山、鸡头山，是华夏文明的重要发祥地之一。西吉县境内的葫芦河畔至今仍流传着伏羲女娲兄妹成婚的传说，是中华民族人文始祖的诞生地。六盘山地灵人杰，先后涌现了东汉大书法家梁鹄、魏晋名医皇甫谧等英才。六盘山沿线自古就是关中通往西域的咽喉要道，古丝绸之路上的声声驼铃、丰富多彩的出土文物无不向人们展示着昔日的繁华。六盘山地处中原农耕文化与北方草原文化的交融地带，自古以来就是拱卫关中、北控塞外的战略要地，受到中原王朝高度重视。秦始皇曾途径六盘山北巡边疆，汉武帝刘彻六出六盘巡视边塞、炫耀军威，唐太宗李世民、成吉思汗、忽必烈等也都在六盘山留下了历史足迹。明朝修复了六盘山脚下的故原州城，改名固原城后将其作为陕西三边总督驻地，统领陕甘军政。随着清代大一统局面的出现，六盘山虽成为内陆地区，但烟雨更浓，风雨更烈。1935年10月，毛泽东率领中国工农红军经过长途跋涉后翻越六盘山到达陕北，实现了二万五千里长征的伟大胜利，谱写了著名的《清平乐·六盘山》，使六盘山的历史更加辉煌。

俱往矣，数风流人物，还看今朝。今天的宁夏六盘山区树立了回汉民族团结的典范，回汉儿女同心同德，扶贫攻坚、退耕还林、生态移民、特色种植、旅游开发，合力建设美丽六盘。各民族丰富的节庆活动、民族服饰、清真饮食和口弦、"花儿"、刺绣、剪纸、雕刻等非遗艺术共同构成了一幅多彩的各民族风情画卷，与壮美的自然景观相得益彰，表现出无穷的地域魅力。追昔抚今，六盘山的历史云烟与大美景观交相辉映，大气磅礴地展示着气贯如虹的精神风貌，"不到长城非好汉"的六盘精神不断激励后人奋勇向前。

沙湖苇舟

薛正昌

沙湖旅游区位于平罗县姚伏与西大滩之间。沙湖,作为沙丘与湖水的结晶,是由碟形洼地经多年积水而形成的自然湖泊。沙湖具有特殊的价值和意义,是自然资源与人文荟萃的结果。初为渔湖,后因水源的变化而改变了这里的生态环境,湖里开始生长出丛丛芦苇,也引来了珍奇候鸟在这里栖息。沙湖的形成很早了,沙湖的得名亦历史久远,明代《嘉靖宁夏志》里已有"沙湖"的名字并约定俗成,文化的融入渐趋丰富。湖水的南岸,是4平方公里面积的沙丘地貌。沙湖的水与其相邻的沙丘环绕相融,构成了它们独特的世界,湖光沙色,造就了它们奇特的景观。与沙湖相邻的"沙丘",是贺兰山前洪积扇地貌形成过程中的沉积物——砂、砂砾和少量土相融,在洪积扇下缘出现的沙丘,是在新生代第四系时期形成的。有史以来,这里呈现的就是原始状态。

清道光九年（1829年）修成的《平罗县志》，在写到平罗名胜时说，"平罗地处沙砾，人迹罕至"，"山河外一片黄沙"，独沙湖为荒漠中一泓碧水。

河水改道的后果就是破坏与创立。即使小的水系发生改道，同样会带来局域性的地理变化。水域的变化，形成了沙湖的生态格局。水是生命之源，湖水的聚增会改变周围生态。裸露了年代久远的沙丘，当源源不断的水源浸润这里后就孕育了它的灵性。现在我们看到的沙湖，芦苇摇曳，蒲草茂盛，水波潋滟，粼粼闪烁。湖中一丛丛芦苇与湖水相拥，沙丘与湖水相环；湖水映衬着束束芦苇，映衬着起伏的沙丘……远山近景皆和谐有序并以独特的视角展示给游人。蓝天白云的日子，湖水、绿色、沙丘相融，将江南的水乡与北方的沙丘有机地融在一起，再现的是江南的清秀与塞外的雄浑。沙湖之秀，秀在这里；沙湖之奇，也奇在这里。

泛舟湖中，是一大赏心悦目之事。碧绿的芦苇，随风阵阵摇曳；清澈的湖水，波光涟滟而闪动，偶尔还有沙湖大鱼跃出水面，给游人一个惊喜，那瞬间的感觉在别处是很难寻觅得到的。冲锋舟，享受的是快感；大龙舟，品味的是秀水丛苑。无论哪种方式，都会让游人陶醉。多种画面与意象的结合，都会让游人在这个天地中享受天南地北的景致。

沙湖美景的生成，除自然因素外，主要是人的因素。人发现了这里的美，创造了沙湖之奇。1986年，自治区政府将沙湖及周围地带列为重点保护区并实施禁渔保护。1989年将这里辟为旅游景区后，以沙湖为中心的沙漠文化开发已浮上水面，而且发展很快，一年以后沙湖得以正式命名。虽然在明代史料里已有"沙湖"的称谓，但作为一种旅游文化意义上的"沙湖"的命名意义更为重大。1991年6月，时任中共中央总书记的江泽民视察沙湖时题写"沙湖"二字，揭开了沙湖发展的新时代，为沙湖文化注入了新的文化内涵并提升了其文化品牌。历史写就了这样辉煌的一笔，既为沙湖文化的发展描绘了美好明天，也为沙湖的历史留下了丰厚的文化遗产。正缘于此，沙湖赢得社会认可的牌子越来越多，层级越来越高，作为国家5A级景区、35个王牌景点之一，既是十大魅力休闲旅游湖泊，也是十大湿地之一。

沙坡鸣钟

张玉海

沙坡鸣钟也叫"金沙鸣钟"，位于中卫县城西16公里，腾格里沙漠最南端，黄河第一入川口处的世外桃源——沙坡头。这里山沙夹河，景观奇特，融雄山、长河、奇沙、绿洲于一体，兼具西北雄奇之风与江南秀丽之美，被誉为"世界垄断性旅游资源"、"中国最美的地方"。

"游遍中国万里路，长忆宁夏沙坡头。"黄河自黑山峡排空而下进入中卫后，水势平缓，用一个大"S"把巍峨香山与金黄沙洲连接成一个罕见的包含"阴阳双鱼"的"太极图"。清晨，沙海日出，凫鸥戏波；黄昏，"大漠孤烟直，长河落日圆"。远眺沙海长河，恍惚间似能看到诗人王维正骑着毛驴从盛唐缓缓行来。即使是万物凋零的冬季，这里也是分外不同：雪落沙坡，冰覆河川，远山兰黛，日落驼峰。一股天阔地远，万古悠悠的沧桑伴随着悠悠鸣沙，让你的眼、你的心瞬间宁静澄澈。

沙坡头是世界上少有的集自然景观、人文景观和治沙成果于一身的综合旅游景区。新发现的几段丝路古道遗址就位于沙坡头区迎水镇至甘塘地区，至今车辙犹存。这里首创以草格沙障为代表的"五带一体"防风固沙体系，用最经济、简洁、原始的方法，成功驯服了沙魔，实现了人进沙退的梦想，谱写出人类治沙史上的奇迹。1994年，被联合国授予"全球环保500佳单位"称号。世界上第一条沙漠铁路——包兰铁路穿越沙海，畅通无阻，与铁路两侧绵延几十千米的绿色屏障，形成"铁龙穿沙"、"沙岭笼翠"的新景观。

当然，最奇特的还是享誉天下的"沙坡鸣钟"。这座会唱歌的沙丘，高达100米，呈月牙形伫立在黄河拐弯处，长2000多米，呈鳞片状分布的沙浪之中。自丘顶下滑，沙飞声起。天清气爽时，其声像杂技演员抖空竹那样琤琮脆响；雾重风大时，由于特殊的地理环境的地质结构，其响声又像洪钟巨鼓，沉闷浑厚。《弘治宁夏新志·祥异》说："沙关钟鸣，城西四十里，沙关朝暮有声如钟，天雨时益盛。"相传，沙丘下是座一夜间被风沙淹埋的古城。沙响，其实是城门悬挂的神钟在不停地示警。沙丘下的泪泉，是城中人哭泣的泪水汇聚而成。

沙坡鸣钟是我国四大鸣沙和中卫八景之一，早在1500多年前就已闻名天下。北魏曾在这里设立鸣沙镇，后世历有沿革而鸣沙之名从未有变。顾祖禹《读史方舆纪要》称，"元志：鸣沙河，即宁夏中卫鸣沙山南黄河也"。飞沙直下声如雷，索道横空渡长河。今日，这里已经建成我国最大的天然滑沙场。黄河索道、泛舟漂流、沙漠冲浪、驼铃远足，让你可以尽情地飞翔在黄河之上、沙海之中。就连穿沙而过的火车声，仿佛都化作了新的沙坡鸣钟，飘荡在天地之间。

金岸良田　张春荣/摄

神秘西夏

保宏彪

当你来到银川市西郊35公里的贺兰山东麓，一定会被广阔戈壁滩上矗立的9座高大的黄土夯筑而成的圆锥形巨冢所深深震撼，迫切想要知道它们是何人所修、建于何时、有什么用途。参观西夏博物馆内容丰富的藏品后，你会欣喜地得知，这些巨大的黄土冢丘便是享有"东方金字塔"美誉的西夏王陵。西夏这个湮灭千年的神秘古国的沧桑历史支离破碎，辉煌文明直到19世纪才为人所知，为人们留下了太多未解之谜。庆幸的是，随着西夏学者探寻的脚步，西夏王朝的神秘面纱正在慢慢掀开，越来越多的历史密码得以破解。

1804年，清代著名学者张澍无意间在武威清应寺发现了封闭数百年之久的碑亭，不顾"开启必有祸端"的劝阻打开了第一块封砖，一座刻有奇异字体的巨碑赫然矗立。这些文字体形方整，乍看似曾相识，细看则无一字可识。学富五车的张澍诧异不已，通过碑体背后的汉文得知其修建于"天祐民安五年"。石破天惊，张澍查阅史书后欣喜若狂，这正是史籍阙载的形似汉字、构字独特的西夏文！这个偶然发现犹如一声春雷，唤醒了西夏这个沉睡千年的神秘古国。1905年，当沙俄探险家科兹洛夫从掩埋沙漠之下千年之久的原西夏军事重镇黑水城盗掘出一批批弥足珍贵、精美绝伦的西夏文经卷、佛像、工艺品后，西方汉学界无不为之欢呼痴狂！

西夏是由党项首领李元昊所建立的以今宁夏中北部为中心的少数民族地方割据政权，通过融合党项文化与中原文化创造了富有民族特色的西夏文化，6000多个构思独特的西夏文字是其典型代表。西夏文作为一种已经消亡的、无人可识的古老文字，原本只存在于那些尘封许久的西夏文献中。随着大批西夏文物的发现，国学大师王国维、罗振玉和苏联西夏学先驱聂历山、索夫洛诺夫等筚路蓝缕，日本学者西田龙雄与俄罗斯西夏学专家克恰诺夫毕生致力于西夏学研究，中国学者李范文历时半个世纪编撰完成了被誉为"破解西夏文字金钥匙"的《夏汉字典》，使西夏文这一失传千年的死文字重新焕发出勃勃生机。

魏晋南北朝末期，尚未开化的党项羌还在今青海省东南部河曲一带从事原始游牧业。他们民风彪悍，尚武好勇，按姓氏结为部落，拓跋氏位列党项八部之首。隋唐时期逐步内迁至陇东和陕北，揭开了党项崛起的大幕。经过李继迁、李德明、李元昊三代人的不懈努力，雄踞西北的"大白高国"赫然屹立。西夏立国190年，传承十代帝王，疆域最广时"东尽黄河，西界玉门，南接萧关，北控大漠，地方万余里"，先后与宋、辽、金呈三足鼎立之势。勤劳智慧的党项人民创造了独具特色的西夏文明，不但在文学、艺术等领域留下诸多历史印记，而且在科学技术领域工艺高超，寒光逼人的夏国剑、光莹坚韧的冷锻甲、可穿洞札的神臂弓、发石如拳的旋风炮无不令人艳羡。西夏凭借纵横驰骋的铁鹞子、步履如飞的步跋子、驼峰用炮的泼喜，与宋、辽、金、蒙古长期对峙交锋，一代天骄成吉思汗也曾饮恨长叹，六次征讨才攻灭西夏。国破家亡的恐惧笼罩在西夏遗民心中，他们为躲避蒙古铁骑而不得不四散分离，或南下返回最初居住地，或被俘后征调戍守河南、安徽、河北等地，或逃亡青藏高原成为所谓的"夏尔巴人"。党项这个曾经在中国古代历史舞台活跃了一千多年的古老民族就这样随着历史云烟悄然消逝，只留后人面对诸多谜团怆然长叹。

回首西夏这个神秘古国的千年沧桑，仿佛瞬间进入悠深的历史长廊。当年叱咤风云的党项民族和特色鲜明的西夏文化早已隐没在历史深处，融入中华民族与华夏文明，留与后人凭吊。在当前如火如荼的"一带一路"建设中，古老的西夏重新焕发出蓬勃生机。大型历史纪录片《神秘的西夏》的持续热播，使隐藏在历史深处的西夏走入广大民众，娓娓讲述悠远历史与古老传奇。

水洞兵沟

贾虎林

位于银川市东南的水洞沟经历了千万年的风沙雕蚀，形成了独特的"雅丹地貌"。大自然的力量鬼斧神工地造就了魔鬼城、旋风洞、摩天崖、卧驼岭、断云谷、怪柳沟等二十多处奇绝景观，或原始古朴，或险峻奇绝，或苍凉怪诞，或悠远宁静，充满了原始底蕴的神秘和历史积淀的厚重。水洞沟的神奇在于它不仅是"中国史前考古的发祥地"，而且还是我国目前保存最为完整的明代长城立体军事防御体系。

三万年前，一群远古人类生活在水草丰美、鸟兽众多的水洞沟。随着气候变化，时代变迁，水洞沟逐渐湮没在历史深处。直到20世纪，远古人类的遗骸和打制石器才被发掘出土。水洞沟是我国最早发掘的旧石器时代文化遗址，举世瞩目。经过近百年的考古发掘，现已出土上万件石器，是中外考古学家们的钟情之地。水洞沟遗址博物馆是我国西部地区唯一展示旧石器时代面貌的主题博物馆，以超大型半景画、实景、幻影成像等展示形式真实再现远古人类的生产生活场景，震撼人心。水洞沟凭借遗址独特的人文光环和大自然魔力所打造的奇特美景，远近闻名。当你来到这里，或在遗址博物馆欣赏古人类影像，或在野外徒步寻觅先人遗迹，或乘船领略湖光峡谷的美景，或驰马品味天地的辽阔，或坐滑索、跳蹦极体验高空惊险刺激。

五百年前，明朝将士在水洞沟枕戈待旦，长城、沟堑、城堡、峡谷及开凿于绝壁之上的藏兵洞共同组成了明代立体军事防御体系。站在残损的土夯长城上放眼眺望，北边的毛乌素沙漠和南边的水洞沟景区一览无余。在沟壑纵横的红山堡大峡谷中，多处土洞隐藏于悬崖峭壁之上。洞内岔道左盘右旋，庞大的地下工事犹如迷宫，这便是民间传说中的藏兵洞。洞内设计巧妙，机关、瞭望台、兵器库等设施一应俱全。北方的鞑靼、瓦剌虽能突破明军防守寇掠宁夏地区，却无法攻入红山堡，这应该就是藏兵洞立体防御工事的积极作用。

水洞沟让我们感受到历史的沧桑和岁月的悠长：从三万年到五百年；从史前文化到边塞军旅文化；从大漠边关到江南秀色。如此美景，令人难以忘却！游人在此不但可追溯远古人类的生活场景，还可登临长城远眺塞北壮景，感悟红山堡的历史时空，参观藏兵洞的诡秘神奇。漫步在沟底古道，欣赏断崖、碧水、芦苇、野鸭共同构成的宁静幽谷，放飞心情，忘却城市喧闹，享受世外桃源的乐趣。

绽放　凌旭东/摄

经典景观

萧关丝路

薛正昌

萧关，是著名的古关。这里两山夹一水（泾水），狭窄处只容单车经过，有一夫当关之险峻。《史记》清楚记载了东函谷、南武关、西散关、北萧关，有了这四关才有了关中。萧关是拱卫关中的西北屏障，方位在固原东南三关口至瓦亭峡一带，后人给三关口起了一个很雅致的名字——弹筝峡。秦汉时期，这里驻守着北地郡最高军事武官，负责防守清水河通道。古代北方游牧民族骑兵经常南下侵扰，甚至进入关中。汉文帝十四年（前166年），匈奴14万铁骑攻克萧关，军事长官孙印战死，匈奴兵锋直达关中，朝野震惊。东汉末年，著名文学家班彪沿丝绸之路来固原寻访萧关、凭吊孙印，写下了著名的《北征赋》。

萧关，是丝绸之路穿越的地方，也是文化传递与商贸往来的通道。有了萧关，便有了萧关道。汉代以后的萧关军事防御色彩渐淡，但因萧关而畅通的萧关道却成了丝绸之路的另一种称谓，体现着多重价值与意义。泾水南下与渭河相接，清水河北上汇入黄河，两条水系将宁夏与关中连接贯通，萧关道承载着丝绸之路这条文化之舟。秦汉时期的萧关维护了关中政治中心地位，在中国历史上影响深远。汉唐时期的萧关道缘萧关而来，不但与丝绸之路相伴相依，而且成了文人描绘的对象。著名诗人往来于萧关道，留下了大量描写萧关与萧关道的诗歌，不少诗文成为千古绝唱。"萧关陇水入官军，青海黄河卷塞云"（杜甫），"回中道路险，萧关烽侯多"（卢照邻），"凉秋八月萧关道，北风吹断天山草"（岑参），"萧关逢侯骑，都护在燕然"（王维），"蝉鸣空桑林，八月萧关道"（王昌龄），无不浓缩了诗人们途经萧关、萧关道的经历和感悟。萧关有幸，看惯了僧侣、使节们穿梭在丝路古道上的身影，听惯了弹筝峡里的山水琴韵。诗人们有缘，体验过穿越萧关时的险峻，聆听过丝路古道上的驼铃之声，更写下了行走在萧关古道上的亘古情怀。

今天，丝路文化大放异彩，丰厚的历史文化遗产彰显着萧关古道的悠久，"一带一路"建设正酣，将再创丝绸之路的辉煌！

堡影夕照

贾虎林

　　漫步在贺兰山东麓的国家5A级旅游景区——镇北堡西部影城中，宛如置身梦幻般的电影世界，仿佛仍能感受到昔日金戈铁马的壮观场面。身临其境，那荒凉、粗犷、古朴、沧桑的西北风情，使人流连忘返。夕阳西下，落日余晖，晚霞如血，"月亮门"巍然屹立，孤寂高峻，好像还飘荡着电影《红高粱》中那激扬慷慨的《酒神曲》，残垣断壁诉说着昔日故事，几百年的岁月洗礼，磨砺出北国特有的苍劲韵味。

　　镇北堡用黄土夯筑，原是明代为防御北方游牧民族侵扰而营建的边防要塞，也因此得名。历经岁月侵蚀，至20世纪初成为废堡，被附近农牧民占用，居住放牧。后来，著名作家张贤亮发现了镇北堡潜在的文化魅力，并以两座古堡废墟为基础，创办了镇北堡西部影城，《牧马人》《新龙门客栈》《大话西游》等数百部电影由此走向观众，巩俐、斯琴高娃和周星驰等明星亦由此呈现了非同寻常的演艺风格。西部影城为当代中国影视业做出了巨大贡献,获得"中国电影从这里走向世界"的美誉,驰名中外。

西部影城可谓张贤亮倾心书写的另一种立体"文学巨著","步步呈胜景,处处有文化"。在张贤亮的潜心经营下,按照"修旧如旧"的原则修缮了废堡,尽可能地保留了其独特价值,保持并利用了原有的奇特、雄浑、残旧、衰而不败的景象,突出了荒凉感、黄土味及原始化、民间化的审美内涵。"明城"、"清城"和"老银川一条街"构成了影城的主要景观。"明城"俗称"老堡",始建于明代弘治年间,距今已有500多年的历史。相传修建"老堡"时,看风水择址,风水术士走遍贺兰山麓,选中此地,说这里有一条"龙脉"从贺兰山延伸下来,有"卧龙怀珠之势",驻此地可以震慑朔北,遂将要塞修建于此。清乾隆三年(1738年)"老堡"被地震摧毁,后来在距"老堡"北面不远的地方修筑了"新堡",即今"清城"。两堡一南一北,均坐西朝东。"明城"内部主要展示影视拍摄场景,"关中城门"、"盘丝洞"及"招亲台"等都极具特色。"清城"内部主要以民间工艺表演及民俗为主,"影视一条街"的民间表演项目,藏式"百花堂",中西合璧的"都督府",明清古董家具等让人印象深刻。前几年修建的"老银川一条街",再现了银川城的旧貌和民俗,让人们感受到往昔的生活方式和文化传承。

豫海古寺

王晓华

同心清真大寺位于同心县城西郊。从远处看去，大寺雄伟壮观，气势恢弘，整体建筑呈现出一个倒卷帘式的布局，将中国传统的建筑风格和伊斯兰装饰艺术巧妙地融为一体。每一块镌刻花卉图案的砖雕，每一面书写精美阿拉伯文《古兰经》的墙壁，都印证着历史的沧桑。这里是伊斯兰教重要的宗教场所，每天都有数以千计的穆斯林在大殿内虔诚礼拜，悠扬的诵经声传递着信仰的力量。

这是一座古朴的清真寺。该寺始建时间约在明代，由于战火和地震的摧残，历史上曾三次重修扩建。明清时期，回族先贤们不远万里、风尘仆仆到此研习经典、传道授业，将伊斯兰文化与中国传统文明紧密结合，开启了回族经堂教育的智慧之光。

这是一座英雄的清真寺。1936年，中国历史上第一个县级回民自治政权——豫海县回民自治政府在这里成立。1988年，同心清真大寺被国务院公布为第三批全国重点文物保护单位。2006年，政府拨款维修清真寺，并在寺旁新建红军西征纪念馆。当人们参观馆内陈列的革命文物时，仿佛又看到红军指战员和回族同胞同心同德、共赴国难的画面，仿佛又听到回民自治政府主席马和福庄严宣告回族新生和解放的声音。

这是一座精美的清真寺。当你漫步寺中，仔细欣赏砖雕照壁上的大幅"月桂松柏图"，轻声赞叹镌刻阿拉伯文和花卉图案砖雕的精致之美，抬头仰望翘檐斗拱、庄重肃穆的礼拜大殿时，都会被古寺典雅庄重、中阿合璧的艺术之美深深折服。

水绕沙丘

保宏彪

宁夏虽然地处干旱少雨的西北内陆，但位于平罗县西大滩的沙湖却拥有万亩水域、五千亩沙丘、两千亩芦苇、千亩荷池等众多水体景观，犹如镶嵌在塞北大漠上的生命绿洲和璀璨明珠。得天独厚的生态环境和优美独特的自然风光使沙湖成为闻名遐迩的百鸟天堂和游人乐园，荣膺国家首批5A级景区、35个王牌景点和中国十大魅力休闲旅游湖泊。

在人们的印象中，沙与水无法并存，但沙湖最令人赞叹的却是沙水相依的奇观。连绵起伏的沙丘呈现着特有的粗犷与豪放，波光粼粼的湖面蕴含鲜活、灵秀之态。沙漠与湖泊浑然天成，相映成趣，湖水碧波荡漾，沙海金浪滚滚。水围绕着沙，沙环抱着水，仿佛一对天造地设的佳偶相互偎依，低声倾诉。面对沙湖沙水共生的盛景，塞上诗人秦中吟赞叹道："平湖万顷望中收，不尽风光画意稠。芦荡频将南国绣，轻舟竞向碧空游。三秋暑化甘露爽，香气尘消气色柔。勘与西施相媲美，置身此境复何求。"

沙湖中芦苇翠绿挺拔，星罗棋布的茂密苇丛成为白鹤、黑鹤、天鹅等众多鸟类良好的栖息繁衍地，百万只鸟儿流连盘旋堪称一绝。春季来临，芦丛中鸟巢无数，鸟蛋散布其间。初夏时节，清风徐来，郁郁葱葱的新苇绿影摇曳，悠闲嬉戏的鸟儿若隐若现。秋季，伴着落日的余晖和摇曳的芦花，群鸟飞过时遮天蔽日，聚集时形似云霞，颇有"落霞与孤鹜齐飞，秋水共长天一色"之韵味。冬季降临后，银装素裹的沙湖仍不失风采，滑冰、滑雪、冰上垂钓等娱乐项目如火如荼，四方游客纷至沓来。

蓝天、白云、绿树、翠波、金沙、秀苇，这一切构成了沙湖风光的全部。在这里，黄沙与绿水和谐于兹，粗犷和细腻和谐于此，在塞上大漠的腹地无不显得和谐自然，无不凸显旖旎珍奇。游览于此，你可领略大自然的神奇，寻找前所未有的新奇。三五朋友相邀，或泛舟苇湖，或嬉戏沙山，别有洞天，另有情趣。

鸣翠踏浪

保宏彪

在银川周边众多度假胜地中，位于兴庆区掌政镇的国家4A级旅游景区鸣翠湖国家湿地公园是广受银川市民欢迎的休闲之地。这里既承载了古老的黄河灌溉文化，又体现了塞上江南水乡特色，享有"中国最美的六大湿地公园之一"的美誉。整个公园占地一万余亩，内设"水车苑"、"芦苇迷宫"、"野生垂钓"、"观鸟赏花"等众多水上旅游项目，游人至此无不在这如诗如画的美景中乐而忘返。

并排矗立的两轮高大的木质水车是鸣翠湖的标志性景点，上下翻转的水车与波光粼粼的湖水交相辉映，成为"塞上江南"的一道亮丽风景。作为昔日宁夏平原自流灌溉农业发展历程的缩影和见证，水车展示了黄河文化的古朴雄浑与博大精深。在骄阳似火的夏日，水车卷起的细密水雾随风飘散，阵阵清凉将滚滚热浪一扫而净，飞溅的点点水珠在阳光下折射出一弯如梦如幻的美丽彩虹。道光年间诗人叶李曾赋诗吟诵黄河水车之妙："水车旋转自轮回,倒雪翻银九曲隈。始信青莲诗句巧,黄河之水天上来。"现在,鸣翠湖又增加了四架石质水车和一架木质脚蹬水车,构成了"车水排云吐氤氲"的盛景,永不停歇的水车踏着雪白的浪花,笑迎四方宾客。

鸣翠湖茂密的芦苇丛是鸟类理想的栖息地,中黑鹳、中华秋沙鸭、白尾海雕等众多国家一级保护鸟类在此繁衍生息。初夏,郁郁葱葱的新苇如茂林修竹,你可在此遥看群鸟嬉戏的美丽场景,它们时而像移动的乌云在天空中彼此追逐,盘旋萦绕,时而像乌黑的墨汁在宣纸上尽情渲染,星点不一。荡舟进入迷宫般的翠绿苇丛,欣赏众鸟翱翔的壮阔场面,静闻百鸟齐鸣的天籁之音,非亲临其境不得其乐。

鸣翠湖国家湿地公园的三百亩荷花塘遍植荷花,单瓣的、千瓣的不一而足,白的、粉的争奇斗艳,颇有"接天莲叶无穷碧,映日荷花别样红"之美。此情此景,使人产生"人在画中游"的错觉。

今日,这里已建成大型水上乐园。海啸冲浪、潮汐漂流、泛舟激流、摩托踏浪等众多水上娱乐项目让你可以尽情地在黄河之滨放声欢笑,让自己的激情与快乐回荡在鸣翠湖的沧浪碧波之中,飘荡在天地之间。

水洞秘境

薛正昌

　　水洞沟位于灵武市临河镇横山堡村西的边沟两岸。3万年前，一拨远古人群顶着凛冽的西伯利亚寒风，踏着鄂尔多斯漫漫黄沙来到这里，眼前丰美的水草、宽阔的湖泊，还有那隐约可见的成群野马、野驴和羚羊吸引着他们。因为喜欢这里天然的生存环境，于是他们放下行囊开始了新生活。就是这拨人群及其在这里的生存经历，留下了影响中外的旧石器时代晚期水洞沟文化遗址。

　　最早发现这处凝聚和记载远古人类文明史的人，是比利时传教士P·肖特。20世纪20年代初，他在水洞沟东边的黄土状岩石断崖中发现了一具披毛犀的头骨和一件石英岩石器。披毛犀头骨的发现，既印证了数万年前宁夏平原温暖湿润的气候，又反映了早期人类活动过程。1923年，法国古生物学家桑志华、德日进在水洞沟进行了第一次发掘。1928

年，他们共同发表了《中国的旧石器》的考古报告，认为水洞沟遗址中至少有三分之一的石制品可以同欧洲、西非、北非的石制品"相提并论"，尖状品、刮削品、钻头等同相当古老的奥瑞纳文化的石制品形状接近。奥瑞纳文化是欧洲旧石器时代晚期的文化类型，年代距今约3.4万至2.9万年，其石器主要由石叶制成，以刮削器、尖状器为代表，装饰类主要有穿孔兽牙和贝壳之类，石器与装饰器同水洞沟遗址出土大致吻合。至此，"中国没有旧石器文化"的论断终于成了历史。

1960年、1963年、1980年、2003年、2005年、2007年，中国考古工作者先后对水洞沟古文化遗址进行过多次系统发掘。从出土的动物化石的种类看，有野驴、犀牛、羚羊、转角羊、鸵鸟等，还获得了数万件石器材料和石器。在发现的大量石器中，一类以长石叶为毛坯、两侧经修理左右对称、背面有脊梁的三角形尖状石器能与欧洲典型的莫斯特尖状器相媲美，在中国旧石器文化体系中独具特色。另一类以长石片为毛坯，一端修理出半圆形刀刃状的刮削器，它们是水洞沟石器中最具代表性的器物，制造技术和形状与我国同时期的其他石器时代遗址迥然不同。以鸵鸟蛋壳为原料制成的圆形穿孔装饰物，其边缘略加雕磨，成为最精美的环状装饰品，极大丰富了水洞沟文化内涵，说明当时的磨制艺术已经萌芽，显示人类早期审美意识的成因，在人类工艺发展史上是一个划时代的进步，或者说是中国旧石器艺术发展水平的一个标志。更让后人惊叹的是，水洞沟遗址旧石器时代人类已经掌握了热处理技术，会烧石煮食，结束了"茹毛饮血"的时代。传说中燧人氏钻木取火已不再是神话，它已进入了水洞沟先民们的生活之中，旷野里的篝火熏烤着鲜美的嫩肉，蓝天白云映衬着水草丰美的茅屋，水洞沟先民们就生活在这样一个原始亘古的环境中。

水洞沟是个奇险的地方，明朝在其北边修筑了防御蒙古兵锋南下的长城，沟谷挖掘有藏兵洞，台地修筑有驻守军队的红山堡城。而今，它们既是历史的见证，也成为独特的旅游资源。游人可在这里追溯3万年前远古人类的生存环境，可登临长城远眺塞北的壮景，体验藏兵洞的诡秘，感悟红山堡的历史时空。历史与现实在这里融会，生命与未来在这里交替，成为游人难得寻觅的精彩世界。

寺口听风

王晓华

　　在中卫市宣和镇南20公里，有一个以险、幽、奇、绝著称的旅游景区，这就是寺口子。此处东接平原沃野千里，南依香山重峦叠嶂，西临大漠黄沙漫漫，北望黄河浊浪滔滔，真乃兵家必争之所，虎踞龙盘之地。景区以山体浑圆的绣球山为界，天然分为东西两个风格迥异的景区，东景区是溶洞密布、峡谷幽深的典型喀斯特地貌，西景区是怪石嶙峋、奇峰突兀的红色丹霞景观，尤以"一线天"大峡谷和"苏武牧羊"、"丹崖佛光"等景点为最。寺口子景区无山不秀，无景不奇，历史与风光融为一体，文化与自然巧妙结合，真正是造化神秀，妙趣天成。

　　中卫素以"风"景闻名，从黄恩锡《乾隆中卫县志》收录的清代"中卫十二景"诗中，既能领略"秋城河外锁斜晖，风卷晴沙拂地飞"的雄浑之势，又能欣赏"香山高与碧云齐，万里风烟树影迷"的秀美之态。寺口堪称中卫"风"

景之首，冠绝一时。当风和日丽，微风拂面，寺口树影婆娑，空山静谧，风拂巨岩，云蒸霞蔚，使人把酒临风，乐不思归；当山雨欲来，雨骤风急，寺口松涛阵阵，空谷回响，孔穴萧鸣，如闻天籁，又使人神清气爽，感叹不已。

这里是休闲度假的"圣地"。"一线天"、"通仙谷"，凉风习习，天穹湛湛，是避暑纳凉的绝佳去处；米钵寺、苏武庙，松柏掩映，鸟语盈耳，是逃避世俗的桃源仙境。徜徉于天井山原始森林，漫步在大峡谷山野沟壑，奇景会让你目不暇接；晚宿在农家乐四合小院，享受着山泉水清炖羊肉，美食会让你胃口大开。来到这里，使人顿生"久在樊笼里，复得返自然"之感。

这里是寻幽探奇的"圣地"。山谷小溪中，典故趣闻随处可见，古寺石窟内，神话传说顺手可拈。苏武牧羊、苏武庙、苏武栖身石窟等一系列遗址，无声地诉说着这位爱国名臣的丰功伟绩。赤脚大仙下凡显圣留下的高达九米的"神仙左右脚印"鬼斧神工，吕洞宾输棋后怒削山崖留下的"剑壁"浑然天成，让人感受到大自然的神奇魅力。这里战场遗址、栈道碉堡比比皆是，古刹名庵、石窟睡佛俯拾可得，真不愧为"历史博物馆"。

这里是探险攀岩的"圣地"。寺口子景区风光旖旎、气候宜人，百米多高的丹崖高度适中、孔穴众多，是北方难得的自然攀岩场所，被誉为中国西北攀岩之最。内有青少年攀岩场、业余攀岩场和专业攀岩场，每年都吸引大批中外攀岩爱好者前来挑战切磋。寺口子还有云栈飞渡、吊桥索道，奇峰怪石，曲径幽谷，无疑是绝佳的探险之地。

杞乡丹韵

保宏彪

　　中国是世界枸杞发源地，而宁夏则是其正宗原产地，尤以中宁枸杞名甲天下。中宁作为中国枸杞主产区和全国唯一药用枸杞产地，因拥有百万亩枸杞种植园而被国务院命名为"中国枸杞之乡"。每到收获季节，漫山遍野的枸杞树挂满亮晶晶的红色浆果，家家户户忙着在庭院中晾晒红彤彤的赤色玛瑙，火红的枸杞海洋一望无际，赤如晚霞，灿若云霓，美不胜收。

　　枸杞富含硒、锂、锗等微量元素，具有滋补肝肾、益精明目之效，主治虚劳精亏、腰膝酸痛、眩晕耳鸣、内热消渴、血虚萎黄、目昏不明等症。唐朝著名诗人刘禹锡曾赋诗赞誉枸杞的补益功效："枝繁本是仙人杖，根老能成瑞犬形。上品功能甘露味，还知一勺可延龄。"中宁西依巍巍泉眼山，北临滔滔黄河水，沐塞北之寒霜，润天地之灵气，得天独厚的自然环境赋予了枸杞驰名天下的美名，使其长期以品质纯正、产量丰盈位居全国之冠。中宁枸杞栽培历史至少已有五百年，明弘治年间被列为"贡果"进献宫廷。明代著名医学家李时珍将中宁枸杞列为上品，在《本草纲目》中称"全国入药杞子，皆宁产也"。清代中卫知县黄恩锡赋诗盛赞中宁枸杞种植园："六月杞园树树红，宁安药果擅寰中。千钱一斗矜时价，决胜腴田岁早丰。"据清《中卫县志》记载："枸杞宁安一带（今宁夏中宁县）家种杞园，各省入药甘枸杞皆宁产也。"《朔方道志》对中宁枸杞推崇备至，不乏"枸杞宁安堡者佳"之类的记载。

中宁枸杞具有色红、粒大、皮薄、肉厚、籽少、味甜等特点，品质超群，闻名遐迩。枸杞树每年结果两次，按照采摘季节分为"夏果"和"秋果"。鲜枸杞色泽艳红，似纺锤形，壮如枣核，甘甜如蜜。当你在夏秋之际来到中宁，一定会被眼前如火如荼的红色枸杞园所震撼，红色的波浪不时随风起伏，清香扑鼻，韵味悠长。精神抖擞的采摘女工犹如翩翩起舞的蝴蝶穿梭其中，引人无限遐思。果农将采摘的鲜果在艳阳下铺晒开来，仿佛一匹匹红色锦缎缓缓织就，美味的枸杞干果就在这片红色天地中逐渐形成。

中宁枸杞美名传，杞乡丹韵回味长！

回乡博园

贾虎林

在永宁县纳家户村，有一座展示回族文化的主题公园，这便是闻名遐迩的中华回乡文化园。纳家户村是元代穆斯林高官赛典赤·赡思丁之子纳速剌丁的后裔繁衍生息而形成的回族聚居村，并以其姓名命名，是中国典型的回乡。历史悠久的纳家户清真大寺距今已有近500年的历史，据寺院内的匾额记载："吾家弃秦移居西夏，吾寺起建于明嘉靖年间。"纳家户清真大寺、中华回乡文化园和中华回乡第一街比邻相守，连为一体，充分展示了回乡的风土人情和生活方式。来到中华回乡文化园游览，参观回族历史文化与伊斯兰文明的陈列展示，鉴赏回族文物，仿佛行走在浩瀚的历史长廊，可以从中领略回族伊斯兰文化的源远流长和博大精深。

中华回乡文化园是一座典型的伊斯兰风格建筑群，其构思布局体现了伊斯兰建筑庄严肃穆的特点。当你来到这里，迎面是高大宏伟的主体大门，借鉴了印度泰姬陵的造型，白色基调，穹顶饱满，装饰华美。大门西侧的圣洁广场和东侧的民族大团结广场都是举行大型文化演出和盛大集会的场所。进入大门，映入眼帘的是呈"回"字形布局的回族博物院，这里收藏着丰富的回族伊斯兰文献与文物，是全国最大的回族博物馆，你可以在此详细地了解回族的经典、历史源流和杰出人物，感受伊斯兰文化的魅力。博物院后面的金色礼仪大殿气势恢弘，是目前国内最大的供示范礼拜和观赏的多功能礼拜殿，展示了庄重的伊斯兰礼拜仪式，游客进入都要脱鞋，女士要戴上头巾，观看阿訇带领诵经的场景，体验宗教的神圣感。民俗村展示了回族民间艺术等非物质文化遗产。阿依莎宫演艺大厅内有大型回族歌舞上演。曼苏尔宫提供了伊斯兰风味的美食佳肴，各种特色清真菜和回族风味小吃。待景区二期扩建工程完成后，届时将有沙特馆、水上剧场和一千零一夜主题公园等更多美景供人观赏。

"华夏永宁纳福千家万户，朔方久安集贤五湖四海"，中华回乡文化园是展示和弘扬中国回族文化、体现民族团结、宗教和顺的文化景观，是当之无愧的"回乡博园"，在这里你将感受回族的建筑之博、文物之博、礼仪之博、民俗之博、歌舞之博和饮食之博。

阅海览山

保宏彪

在享有"塞上明珠"美誉的银川市北部有一片被喻为"银川之肾"、"城市绿肺"的巨大湖泊，与东岸郁郁葱葱的览山相映成趣。这便是位于金凤区的阅海湿地公园，因风光旖旎而成为广大银川市民休闲娱乐、度假游玩的好去处。

占地12000多亩的阅海是"塞上湖城"的重要水体景观，使银川市民不用亲临海边就可领略大海的无限魅力，实现"阅海听涛"的美好心愿。水域广阔的阅海公园生物资源十分丰富，翠绿欲滴的芦苇丛星罗棋布，种类繁多的鱼儿在碧波中尽情畅游，数十种珍稀鸟类因迁徙中转而在此驻足停留。当你在夏季来到阅海公园，可以亲身体验休闲垂钓、苇丛观鸟、龙舟竞赛等各类水上休闲娱乐活动，享受泛舟环湖、百舸争流的乐趣。当你在冬季来到阅海公园，一定会被竞道滑雪、冰上自行车、雪地摩托车等特色娱乐项目所深深吸引，感受雪地排球、冰面陀螺、冰湖垂钓的无穷魅力。孟春时节，满眼新芽翠绿；仲秋时分，遍地金黄。漫步湖边，一定可以找到春意盎然与闲庭信步的感觉。

位于阅海公园东岸的览山公园占地35公顷，由景观山和露天剧场两部分组成。景观山树木葱茏，仿佛一块巨大的绿色翡翠矗立在阅海东侧。露天剧场主体造型呈扇形，仿照古罗马斗兽场风格，可容纳21600名观众同时观看表演，规模位居世界第三，亚洲第一。当你来到览山公园，绿意盎然、鸟语花香，登临山顶放眼四望，近处阅海碧波荡漾、水鸟嬉戏，远处贺兰山似一匹黑色的骏马横卧凤城西侧。碧水青山与蓝天白云连成一片，贺兰秀色、阅海风光一览无遗，塞上美景尽收眼底，这也许就是其得名"览山"的原因。夏日夜晚的览山更是别有一番风味，在凉风习习中欣赏迷人月色，近观湖映星辉，远眺贺兰岿然，真是如诗如画，美不胜收。

现在，览山公园通过兴建浮桶码头贯通了与阅海公园的水上旅游线路，为银川市民近距离感受塞上江南、领略湖城美景提供了另一种绝佳方式。风和日丽的周末与家人朋友一起泛舟游荡，品味阅海览山的湖光山色，真是无比惬意。

岩画天书

贾虎林

岁月失语，唯石能言。岩画是远古先民在漫长的岁月里运用写实或抽象的艺术手法，在岩石上绘制或凿刻的图画。历史上的贺兰山曾经是北方游牧民族驻牧狩猎、繁衍生息的地方，留下了丰富的文化遗存，岩画就是其重要的表现形式之一。在南北长200多公里的贺兰山腹地，有岩画遗存20多处。岩画刻制方法分凿刻和磨制两种，先民们用双手刻制了数万幅岩画，笔法简洁，造型粗犷，构图朴实。贺兰山岩画以其数量之多、分布之广及内容之丰富为国内所少见，以古朴洪厚、造型优美、内涵丰富而著称于世，堪称一座艺术宝库。

贺兰山雄浑壮丽，山势巍峨峥嵘，树木苍翠葱茏，气候湿润阴凉，岩画就分布在绵延起伏的山岩石壁之间。岩画记录了远古人类祭祀、战争、放牧、狩猎、舞蹈、交媾等生活场景，马、驴、羊、牛、虎、豹等多种动物图形，人手、人脚、飞禽、狩猎和重环等抽象图案宛如"天书"，今天的人们很难理解其涵义。岩画中的动物栩栩如生、惟妙惟肖，既粗犷又细腻，仿佛就在眼前，它们或悠闲踱步，或疾速奔跑，或慢慢咀嚼，不禁让人赞叹远古先民竟然有如此高超的艺术手法，触发了我们的怀古幽情。在众多的贺兰山岩画中，贺兰口的"太阳神"岩画值得特别关注，岩画中的太阳神双目圆睁，头部绘有放射形线条，体现了先民们对太阳的崇拜。位于贺兰山岩画景区内的银川世界岩画馆是世界上规模最大的岩画主题博物馆，馆前的太阳神广场中心矗立着贺兰山岩画的代表——太阳神的立体雕塑。

堪称"天书"的岩画保存了远古先民的历史记忆，是了解古代社会的一把钥匙。先民们将生产生活场景凿刻在贺兰山的岩石上，表现了对美好生活的向往与追求，再现了当时的审美观、社会习俗和生活情趣。岩画记录了贺兰山的自然生态，记录了先民们的生活和信仰，揭示了其自然崇拜、图腾崇拜、祖先崇拜、生殖崇拜的文化内涵，散发着永恒的生命力。我们除了惊叹远古先民卓越的艺术水平，更多的是看到了人类在进化过程中的心路历程。人类的生存与发展从初始起，除物质基础外，还需要精神意识，这是人类区别于低级动物的根本标志。岩画不仅是先民们生活的记录，还是他们之间的信息交流传播，更是人类艺术情怀的初露端倪。

凤城湖光

王晓华

塞上古城银川，又称"凤城"。传说很久以前，有只凤凰从遥远的南方飞临此地，见这里风景怡人、山川秀丽，就落在这里不愿离去，化为城池护佑百姓。银川物华天宝，人杰地灵，自古以来就有"塞上江南，鱼米之乡"的美誉，是国家级农林牧渔生产区。这里山川相缪，景色秀丽，贺兰山拔地而起，赋予了凤城山的豪情，黄河水奔腾不息，赋予了银川水的灵秀。远眺银川平原，只见黄河如玉带穿境而过，灌渠如蛛网纵横交错，农田如刀裁整齐划一，湖泊如碧玉镶嵌大地，真乃旱涝保收、五谷丰登的丰饶之地，民族和睦、国泰民安的富贵之乡。唐徕渠、汉延渠、惠农渠、西干渠等干渠如祥龙飞舞，阅海湖、鸣翠湖、鹤泉湖、北塔湖等湖泊如碧玉凝成。发达的引黄灌溉，造就了银川媲美江南的湖光山色；悠久的农业历史，绘成了宁夏秀美绝伦的灌区风光。

清代《乾隆宁夏府志》曾赞叹道："洪流分注，喷瀑溅涛，绣壤连畦，瞬息并溉，洵斯民之美利，即此地之胜观。"对银川平原的水乡风光给予了高度评价。

银川，吸纳水的灵气，充盈诗的气息。历朝历代众多文人雅士饱览水乡美景，无不流连忘返，诗情满怀；无数迁客骚人面对湖城风光，无不纵情山水，寄托乡思。唐代诗人韦蟾的"贺兰山下果园成，塞北江南旧有名"，李益的"绿杨著水草如烟，旧是胡儿饮马泉"，元代诗人贡泰父的"太阴为峰雪为瀑，万里西来一方玉，使君坐对贺兰图，不数江南众山绿"等诗，皆为吟诵银川湖城风光之佳句。明清方志中"月湖夕照"、"汉渠春涨"、"西桥烟柳"、"官桥柳色"、"大河春浪"等描绘银川湖城风光的"八景"诗篇更是比比皆是，俯仰可拾。

银川，饱含湖的神韵，传承水的基因。宁夏地方文献上首次出现"银川"一词，约在明末清初。一些江南籍官吏、文人思乡心切，故土情深，面对宁夏平原烟波浩渺、银光潋滟的美景时，开始用"银川"形容这里水映如画、湖泊珠连的秀美景色。清康熙年间宁夏水利同知王全臣写道："曾闻河源来自天，一曲伏流路几千。或是天吴聊小试，暂移鳅穴到银川。""银川"一词开始有了指代地域的地名含义。由此可见银川与水之间剪不断、理还乱的地名文化渊源。

银川，独享河的恩惠，尽占水的福泽。历史上银川素有"水抱城"之称，周围众多的湖泊被称为"七十二连湖"。数不清的湖泊如众星拱月，围绕着塞上凤城；赏不完的美景似山水国画，描绘着古城银川。但银川平原所谓的"七十二连湖"不过是一种泛称，正如诗人田霈诗中所言："闻说连湖七十二，沧波深处聚鱼多。不知罢钓何村宿，一棹青蘋欸乃歌。"历史上银川平原上的大小湖泊绝不止七十二个，仅宁夏史志资料中出现的较大湖泊就有金波湖、南塘、千金陂、高台寺湖等近七十处，名不见经传的小型湖沼湿地更是星罗棋布、数不胜数。银川历史上"七十二连湖"之说，恰好印证着银川大地湖光山色一览无余、山川秀景尽收眼底的古今风貌。

百塔映波

廖 周

108塔是我国现存的大型古塔群之一，位于青铜峡水库西岸崖壁之下，塔群坐西面东，依山临水。山不在高，有塔则灵，青铜峡谷若无古塔的映伴，想必会少了许多灵气。古塔与牛首山隔岸相望，黄河奔流至此，只能在两岸的高山下夹行，河面变窄，水势汹涌。新中国成立后在古塔下游修建了水库，高峡出平湖，碧波荡漾，白色的古塔映照其上，轻舟涟漪，宛若天上人间，古有诗云："青铜峡口过轻舟，百八亭亭塔影浮。"山、水、塔相连，构成青铜峡黄河上游第一峡谷独特的景观。

佛塔是佛陀涅槃的象征，修塔是信众对佛的供奉与崇拜。108塔是国内罕见的三角形巨大塔群，其随山势凿石分阶而建，排序规则。宝塔均为实心喇嘛塔，塔心正中竖立木，内填土坯，外包砖，表面抹石灰并加饰彩绘。塔基下曾出土西夏文题记的帛书和佛帧，可能建于西夏时期。塔阵自上而下按1、3、3、5、5、7、9、11、13、15、17、19的奇数排列成12行，最顶端一座高3.5米，其余的均高2.5米。塔基、塔体设计独具匠心，因行而异，变化规律，蔚为壮观。

108塔的由来在当地还有不同的说法，一说108塔是穆桂英的"点将台"，是"天门阵"，另一说是为纪念明朝初期抗击敌人而壮烈殉国的勇士，这些传说和民间故事都为古塔增添了神秘色彩。108是个神秘的文化数字，佛教认为人有108种烦恼与痛苦，游客在饱览峡光塔影时，也就和塔结了缘分，所以只要时间许可，定会逐级数塔，数一个塔即除一种烦恼，如能一口气数清所有的塔，则人生烦恼尽除。

在古塔景区，有被誉为"候鸟天堂"的鸟岛。每年春季，数以万计的候鸟从南方迁徙而来，给古老寂寞的塔群增添了无限生机。风和日丽之时，邀三五好友泛舟水面，两岸起伏变化，河中水鸟翔集，鸣声清脆，浮游其中，人间烦恼涤荡一清。若登塔顶远望，塔影碧波，峡谷河山，大气磅礴，顿有天人合一之感。正是：佛塔戏波垂倒影，沙洲候鸟掠峭崖，登高望远烦恼去，人间仙境在青峡。

须弥佛光

薛正昌

须弥，是佛教用语；须弥山，是佛教文化里的圣山。缘何将须弥山的桂冠赠与固原须弥山，是留给人们想象中的难解之谜。中国的佛教，是中国化的外来宗教，丝路文化东西往来的过程中，丝路沿线的石窟开凿及其造像也发生着变化。丝绸之路由长安沿泾水北上，经萧关道进入固原。出固原沿清水河谷地穿越石门关经过海原地界后在甘肃靖远渡过黄河进入河西走廊。石门关与须弥山相依，既是丝绸之路必经之地，也是唐代著名关隘之一。丝绸之路的畅通，为佛教文化在须弥山落地生根提供了必要的条件。

须弥山，是黄土地上生长出来的石山，学名丹霞地貌。四周黄土护绕，山体虽然不高，但洞窟的开凿与佛教造像却独具特色。北魏，开须弥山石窟造像的先河，是须弥山石窟的开创期。北周，是须弥山石窟开凿的重要时期。古丝绸之路的畅通成为须弥山石开凿造像的直接成因，关陇统治集团重要人物宇文泰家族迎合了当时丝路佛教文化东进的强劲势头，为须弥山石窟的开凿提供了经济实力与物资储备。北周武帝宇文邕时期，须弥山石窟的开凿进入全盛，北周洞窟造像尤其是装饰性图案已显得十分华丽。原州（固原）地方势力的代表李贤，是宇文泰统治集团的中枢人物，30年前固原考古发掘出土的丝路重要文物，见证了他和家族的辉煌经历。北周武帝保定二年（562年），李贤出任瓜州（敦煌）刺史期间倾心于佛教文化，在敦煌洞窟壁画中以供养人的身份留下了他在敦煌的影子。谁能料到，他没有在须弥山石窟的开凿过程中留下自己的虔诚与佛缘。

唐代，是天朝大国，经济繁荣，文化发展，四域通达。原州，是固原历史上一个重要时期，与大唐盛世文明相一致，开凿了高达20.6米的须弥山大佛，成为须弥山石窟的象征。大佛开凿年代正当武则天时期，大佛造像与洛阳龙门卢舍那大佛有相似之处。卢舍那大佛是武则天的化身，须弥山大佛造像也受时代风气之影响。在造像风格上，佛与人的距离拉近了，佛教造像的世俗化特点在大佛身上得到了长足体现。须弥佛光，在很大程度上指大佛所承载的时代特点与审美风格。

须弥山石窟对佛教文化的发展有两大影响：一是对日本佛教文化传播有一定的影响。须弥山石窟所在的地理位置，正当丝绸之路东段北道必经之地，这条通道与北方草原丝绸之路相衔接。须弥山佛教文化东传日本，就是通过绿洲丝绸之路与草原丝绸之路的对接完成的。二是对中国佛教造像艺术发展具有重要影响。石窟造像艺术在中国化的过程中有一个演变过程，在雕刻手法上分泥塑和开凿两种，即由最初的泥塑彩绘过渡到石雕开凿。新疆拜城克孜尔石窟为泥塑，敦煌莫高窟为泥塑彩绘，炳灵寺大多为彩塑或石胎泥塑，麦积山仍以石胎泥塑为主；大同云冈石窟、洛阳龙门石窟造像均为石雕，须弥山石窟造像正处在这个由西往东的转换带上，成就了石窟造像的刻凿手法，影响了石窟造像艺术的东传。因为，石刻造像艺术是在须弥山石窟完成的。

艾依映翠　王保安/摄

青铜锁秀

薛正昌

青铜峡，是黄河进入宁夏平原之前最后一道天然屏障。这里两山相夹，黄河穿峡而过，地理形势十分险要，"银川锁钥此称雄"。青铜峡，又名峡口，得名应在明代以前。《水经注》"谓之上河峡"，《大明一统志》记载"峡口山一名青铜峡"。黄河青铜峡段是古代黄河水运的重要通道，在元代得到大规模开发和利用。传说上古时期，黄河流过沙坡头后聚而成一片汪洋。大禹西上积石由此经过，劈开了一条峡谷，黄河水才得以穿越宁夏平原。大禹这一劈留下了神奇的牛首山峭壁，生成了远古神话，孕育了青铜峡的名字。现在人们看到的青铜峡崖壁如刀削斧劈一般，崖石青黑里泛黄，夕阳映照时宛如青铜铸就。

黄河水穿青铜峡而过，孕育了银川平原富庶的农业文明。无坝引水灌溉，是宁夏平原黄河灌溉的奇迹。秦汉以来，在青铜峡身后，先后开挖了秦渠、汉延渠、汉伯渠、唐徕渠、大清渠、惠农渠等，各条渠道的进水口都在青铜峡以北左右河岸，宁夏平原阡陌纵横、塞北江南的景象持续两千多年，皆缘于穿青铜峡而过的黄河灌溉。1958年，青铜峡水利枢纽工程的兴建结束了两千年无坝引水的历史。同时，提高了水位，扩大了灌溉面积，既使数百万亩农田灌溉受益，又可发电防洪，历史进入了新的一页。

以青铜峡为中枢，在峡后有著名的文化遗产一百零八塔（国家级重点文物保护单位），建在青铜峡黄河出口处陡峭的山坡上。明代《大明一统志》里称"（青铜峡）上有古塔一百零八座"。顾祖禹《读史方舆纪要》记载，青铜峡是"两山相夹，黄河经其中，《水经注》谓之上河峡……上有古塔一百零八座"。这里只记塔数，并未涉及塔名。明代《嘉靖宁夏新志》称其为"一百八塔寺，在峡口内，以塔数名。"说明明代中期有了"塔寺"的名字，一百零八塔的名字已约定俗成。此外，还有著名的董府（国家级重点文物保护单位）和近年新建的黄河楼。峡口前建有规模宏大的黄河圣坛，成为黄河金沙湾的盛景。十里长峡将两边的文化景观紧密地连在一起，成为旅游意义上的文化长廊。

青铜锁秀对于青铜峡来说，是个多重含意的表述。一是青铜峡的自然景观，青铜般的峡谷景色与十里长峡的平静水面所形成的特殊审美视角。二是青铜峡水利枢纽工程，扩大了银川平原黄河灌溉面积，提升了灌溉能力，为塞北江南带来了更多绿色。三是青铜峡峡口南北的著名文化遗产与景观。这些，共同筑就了青铜锁秀的多元文化格局。

长河落日

廖　周

　　长河漾余晖，涟漪涌金光，几乎每个摄影爱好者都喜好用相机去定格唯美的自然之景，奢望能有几张落日余晖的意境之作做为骄傲的资本。若要追求唐朝诗人王维"大漠孤烟直，长河落日圆"的极致景色，莫过于中卫沙坡头了。沙坡头是古丝绸之路的必经之地，这里南靠重峦叠嶂、巍峨雄奇的香山，北连沙峰林立、绵延千里的腾格里大沙漠，中间被奔腾而下、一泻千里的黄河横穿而过，沙坡头的摄人心魄之处，在于浪漫沙海的奇幻瑰丽，在于大河奔流的侠骨柔情。

　　在沙坡头旅游区欣赏"长河落日"最令人心神荡漾。傍晚时分，玫瑰色的霞光温柔地洒在舒缓的河面，光影焯烁，一半泛着粼光，一半沉寂着暗红。远处，羊皮筏隐约在水面漂荡，岸边的沙丘上驼铃阵阵，河风吹来，让人不禁把脚丫踩进沙里，炙热的沙子到了傍晚却如此温暖。夕照下的金色鳞波渐变灰暗，分秒中万物都在发生着变化，在光阴的移动中由盛向衰，由衰又重新走向新生。长河与落日搭配是长与短的相互映衬，是瞬间与永恒的相互补偿，因为有了落日才显示出长河悠长的生命力，也因为有了落日才让人们品味长流不息之中持久岁月的光芒。

"九曲黄河万里沙，浪淘风簸自天涯。"嫣红的落日、斑斓的河面、悠闲的皮筏、温暖的沙丘、孤独的烽燧和渐远的驼队，这些生命中不多得的体验虽是一瞬，但却是天地间光明与黑暗变幻莫测的一瞬，如同绚烂芬芳的爱情一样美丽。见过沧海日落的壮观，高山晚阳的雄奇，平湖夕霞的宁静，更觉长河落日在黄河与黄沙的映衬下，余晖如血，如诗如画，在恍若铁马金戈的沧桑中悟得人生的豁达与哲思。

日出日落、长河不息是母亲河给予人们最大的启示，而她给予宁夏这片土地的恩惠更多。长河绵延下的灌渠纵横交错，千百年来滋润着沃野千里的银川平原，描绘出一幅"天下黄河富宁夏"的图景，日出日落、生生不息之间与日俱新，在这片沃土上持续创造着奇迹。

火石丹霞

郭勤华

　　火石寨，位于西吉县火石寨乡境内。这里的丹霞地貌独具特色，因其砂岩石质为红色，且石峰林立，故以火石丹霞相称。在总面积约98平方公里的黄土地上生就的丹霞地貌群峰，座座相连，织成一片，蔚为壮观；丹崖、丹峰、怪石等自然风景构成优美的天际线，让我们用双眸聚焦她鳞次栉比和突兀优美的"雄、奇、秀、险、幽、奥"，用心感受自然形成于远古神奇而恢弘的沧桑史诗。

　　火石寨丹霞地貌，与须弥山是同一个山系。单就地貌特征看，石头是红色的砂岩，而且造型奇特；如果把"寨"拉出来琢磨，就有背后的故事。早期的寨，与军事有关，与战争有关。火石寨，也不能例外。唐代安史之乱后，固原境内的大片地域为吐蕃军队占据，火石寨就是当时一个驻扎军队的地方。现在所说的火石寨，是一个相对较大的地域概念，包括扫竹岭、石寺山、禅佛寺、石城等景观在内。影响最大的历史故事，就是明代发生在石城的满俊起事，对当时产生了重要影响。

扫竹岭，原为西吉县八景之一，称其为"云台叠翠"，群峰环抱。夏日紫丁香扑鼻，秋天树叶殷红摇曳。这里的石窟虽已失去佛像，但仍感觉得出曾经的辉煌，玉皇阁、牛王殿、万寿宫等洞窟遗址清晰可辨。火石寨丹霞地貌造型奇特，有的像飞来石，在尖尖的山顶上另置一石，有的像匐地的狮子，俯视着周围的景致，有的像楼房，敞开着各类造型的窗户……

石城，造型规模宏大，依附的故事也让后人惊叹！满俊，是元朝平凉万户巴丹的孙子。巴丹早就归顺明朝，到满俊时已是牛羊遍野的殷实人家。但由于各种原因，满俊拉起队伍以石城为根据地与明朝军队抗衡，明史里已清楚地记载着"石城"的名字。石城之战，明朝政府先后多次出兵围剿，都以重大失利而撤兵。无奈，朝廷重新组织了一个以项忠为首的指挥班子，以陕西巡抚督御史马文升协助围剿。同时，统调大军实施了一个六路进兵的军事计划，而且准备动用御林军。经过艰难的军事进攻才攻克石城堡垒，石城也因满俊据此对抗明军而闻名。

2002年，政府筹资建成的火石寨国家地质公园是一个以保护黄土高原丹霞地貌地质遗迹为主的自然遗迹类自然保护区，此后还建有火石寨地质博物馆。保护区内除独特典型的丹霞地貌地质外，动植物资源十分丰富，是黄土高原丹霞地貌环境下形成的典型的山地森林草甸生态系统的基因库，也是古丝绸之路上的丹霞地貌景观。

河楼映月

保宏彪

　　黄河是哺育中华儿女的母亲河，在流经宁夏的过程中不但孕育了发达的灌溉农业，而且造就了"塞上江南"的富庶与奇秀，更在宁夏地域形成了以黄灌农业、水利开发、农耕文明与游牧文明交流融合为特色的黄河文化。为充分挖掘和展示宁夏博大精深的黄河文化，一座高大巍峨的仿古建筑在青铜峡市黄河西岸拔地而起，这便是远近闻名的中华黄河楼。每当夜幕降临，飞檐斗拱直冲天际，蜿蜒黄河宁静安详，一轮明月映照在波光粼粼的河面上，与黄河两岸璀璨的灯光交相辉映，美不胜收。

　　中华黄河楼是宁夏着力打造的黄河文化系列标志性建筑之一，高达108米，分为地上九层和地下两层。楼体采用仿明清塔楼式古建风格，主色调是中国红和富贵黄，屋面为金黄色琉璃瓦，顶部造型为具有地方风格的重檐十字屋脊。黄河楼主入口的牌楼正面镌刻着"大哉黄河"四个大字，背面则是"美哉黄河"四个大字，意为"大哉黄河，自强不息，厚德载物；美哉黄河，国泰民安，河清海晏"，表达了感恩母亲河、建设新生活的美好心愿。作为宁夏黄河金岸的点睛之笔，中华黄河楼内设黄河中国历史文化展览馆、黄河宁夏历史文化展览馆、黄河印象展览馆、黄河文化演艺厅，是全方位展示中国五千年灿烂文明和黄河文化汇聚宁夏的重要载体，农耕文化、西夏文化、回族文化在此得到了淋漓尽致的表现。通过深入挖掘黄河文化内涵，再现了从大禹治水到开发黄河的数千年历史，充分展示了"黄河大文化"。

当你乘坐电梯登顶后可远眺滚滚黄河，感受大河奔流的波澜壮阔，发思古之幽情。"天下黄河富宁夏"，黄河为宁夏两千多年农业灌溉与开发黄河留下了深厚的文化积淀。康熙西征噶尔丹期间曾在横城渡口举行了隆重的祭河仪式，渡河时被金沙绿原、长城古堡、烽燧长河的塞外美景所陶醉，即兴写下"历尽边山再渡河，沙平岸阔水无波。汤汤南北劳疏筑，唯此分渠利赖多"的诗句，对宁夏平原引黄灌溉赞誉有加，充分彰显了黄河文化。

对于黄河楼来说，最为美丽迷人的景致是皓月当空的夜晚，只有此时才会真正体会"危楼高百尺，手可摘星辰。不敢高声语，恐惊天上人"的真谛。当你在夜幕降临后登楼远眺，一轮皎洁的明月高悬天际，银色的月光倾泻而下，均匀地映照在灯光点缀的黄河楼上，与熠熠生辉的点点星光相互交织，令人神往陶醉。华灯初上时的黄河两岸，璀璨灯火犹如两条蜿蜒的巨龙守护着半明半暗的黄河，明月的倒影在河面上随风摇曳，让你尽情欣赏"千江有水千江月"的盛景，使人不禁想起唐朝诗人刘禹锡《浪淘沙》中的名句："九曲黄河万里沙，浪淘风簸自天涯。如今直上银河去，同到牵牛织女家。"此情此景，颇有"天下三分明月夜，二分无赖是扬州"的美妙韵味。

夏陵夕照

保宏彪

在银川市西郊35公里的贺兰山东麓广阔的戈壁滩上矗立着9座高大的黄土夯筑而成的圆锥形巨冢，这便是享有"东方金字塔"美誉的西夏王陵。作为"中国20世纪100项考古大发现"之一，西夏这个湮灭千年的神秘古国使西夏王陵成为颇具神秘色彩的文化景观。沧桑历史赋予了西夏王陵深厚的文化底蕴，夕阳西下时的壮阔画面凸显了其恢弘气势，唯美绝伦。

西夏（1038—1227年）是党项羌族以今宁夏为中心建立的少数民族地方割据政权，传承十代帝王，疆域最广时"东尽黄河，西界玉门，南接萧关，北控大漠，地方万余里"，先后与宋、辽、金、蒙古鼎足而立190年，最终为成吉思汗所灭。西夏将党项文化与中原文化熔为一炉，发展了富有民族特色的西夏文化。野利仁荣仿照汉字造字原理和框架结构，创造了造型方整、构思独特的西夏文字，对当时及后世产生了深远影响。西夏王陵作为西夏皇家陵园，不但充分吸收唐宋皇陵特点，而且将中原文化、佛教文化与党项文化有机结合，因独特的建筑风格和丰富的文化内涵而闻名于世，在我国陵园建筑中别具一格。西夏王陵规模宏大，布局严整，在53平方公里范围内营造了9座帝陵和255座陪葬墓，是中国现存规模最大、地面遗址最完整的帝王陵园之一和国内最重要的一处西夏文化遗址。9座帝陵按坐北朝南、南北中线为轴、左昭右穆次序东西对称分布在纵向长方形陵区内，由阙台、神墙、碑亭、角楼、月城、内城、献殿、陵塔等组成一座完整的陵城。位于陵城西北隅的陵塔作为西夏王陵的标志性建筑，实际是一座内部夯土、外檐饰瓦的圆形密檐塔，承载着一段久远的神秘历史。

当你在黄昏时分来到西夏王陵，只见一道残阳孤悬西山，在殷红的晚霞映照下，身披金光的数座高大陵塔在巍峨的贺兰山映衬下更显古朴雄奇，仿佛瞬间进入悠深的历史长廊，萌发思古之幽情。明安塞王朱秩炅当年目睹西夏王陵在如血残阳和巍巍贺兰背景下的壮美画面后，不禁在《古冢谣》中发出了"贺兰山下古冢稠，高下有如浮水沤"的感叹，为西夏王国的千年沧桑而黯然神伤。贺兰岿然，王陵庄严，当年叱咤风云的党项民族和特色鲜明的西夏文化早已隐没在历史深处，融入中华民族与华夏文明，只留下高大的陵塔在落日余晖中回望往昔岁月。

风雨沧桑话西夏，晚霞壮景颂盛世。走过千年的西夏王陵不但成为中华古代文明灿烂辉煌的有力见证，而且作为我国2015年申报"世界文化遗产"重点项目上报，在当前如火如荼的"一带一路"建设中重新焕发出蓬勃生机。随着大型历史纪录片《神秘的西夏》的持续热播，西夏王陵正缓缓揭开自己的神秘面纱，向广大民众传递着久远的历史信息。

西夏王陵 刘俊文/摄

贺兰山缺

保宏彪

在开阔的宁夏平原西侧雄踞着一座蜿蜒200余公里的高大山脉，好像一匹等待饮水的青色骏马侧卧在黄河西岸，这便是号称"塞上江南"绿色屏障的贺兰山。它不但在地理上是宁夏与内蒙古这两个少数民族自治区的分界线，而且在文化上是北方游牧文明与农耕文明交流融合的重要地区，更因著名抗金将领岳飞《满江红》中的名句"驾长车，踏破贺兰山缺"名扬四方。"缺"意为山中豁口，因为贺兰山中有数十个东西贯通、可供通行的山谷，所以这里自古就是游牧民族与农耕民族交流沟通的重要通道。

巍峨俊秀的贺兰山为银川平原阻挡了西面腾格里沙漠的肆虐风沙，孕育了发达的黄灌农业和深厚的历史文化底蕴。贺兰山势似烈马向南奔腾，黄河如金色绸缎向北飘游，凤城银川带砺山河，气势恢宏。贺兰边关的壮观战争场面曾让多少渴望猎取功名的英雄豪杰们心驰神往，所以王维才在《老将行》中写下了"贺兰山下阵如云，羽檄交驰日夕闻"这样激荡人心的佳句。数百年后，西夏王朝崛起于巍巍贺兰，先后与宋、辽、金、蒙古对峙鼎立190年。天下大势，分久必合。古人怀着对国家统一的强烈渴望，试图通过"驾长车，踏破贺兰山缺"这样的壮语豪言表达"天下一统"的共同心声。

当你远眺巍巍贺兰，褐色的山体与绿色的平原间几乎没有任何地形过渡。东望银川平原一马平川，辽阔的塞上江南笼罩着大漠之气；西望贺兰山拔地而起，天顶青冥浩荡，穹庐四际呈现浅浅的灰蓝。山间岚气在峰顶聚散无常，阳光和云雾交相辉映，一道淡淡的彩虹在山谷间若隐若现。钟灵毓秀的贺兰山沿线分布着数十个山口，其中尤以贺兰口、苏峪口、滚钟口、三关口最为俊秀壮美。

一股清澈的溪水从森林茂密的贺兰口潺潺流出，两旁山岩上凿刻着一幅幅造型古朴、内容丰富的岩画，牧猎、征战、交媾、祭祀、舞蹈等场景令人目不暇接。当你来到松涛澎湃的苏峪口，会发现这里与贺兰口峥嵘崔嵬、岩石裸露的地貌截然不同，山顶绿草如茵，山间泉水淙淙。居高临下，一边聆听夹杂着阵阵松涛呼啸而过的山风，一边欣赏对面岩坡上欢腾跳跃的青色岩羊，纵览烟霞变幻，不禁浮想联翩。林木葱茏的滚钟口因山口敞开形似大钟而得名，这里岩石峻峭、巍峨秀丽，贺兰庙、老君堂等14处庙庵台阁依山临险，错落有致。雄险的三关口横贯贺兰山，自古就是兵家必争的要道。强劲的西风迎面吹来，依稀可从其雄浑的气势中看到千百年前的刀光剑影，听到战马嘶鸣与铿锵之声！修筑于明代成化、嘉靖年间的三关口长城虽仅剩残垣断壁，但似乎仍能从中想见当年百匹战马并排冲锋的壮观场面，从而更为深刻地体会"踏破贺兰山缺"的雄心壮志。

夕阳西下时站在贺兰山前凝望，几抹红云飘拂山巅，金戈铁马早已湮没在历史深处。一轮皎洁的圆月冉冉升起，各族人民"天涯静处无征战，兵气销为日月光"的美好心愿成为现实。沧桑已远，贺兰山以神秘、寂静、斑驳的生命印记将后人隐隐笼罩。

泾河传书

郭勤华

　　"六盘苍苍，泾水泱泱。酥酥千里，温馨芳芳。"这首诗是对泾河的总体概括。泾河发源于六盘腹地的马尾巴梁，源头在泾源县南三十五里，俗名泾河脑，又曰老龙潭，为泾河发源之地。泾河水势洪大，湍湍急流，经甘肃平凉，抵陕西高陵县入渭河，故有"泾渭分明"这个成语。因泾河水清且涟漪，所以清代中卫县令胡纪谟和化平通判曾麟绶各作有《泾源记》，乃化平之胜景。民国《化平县志》称其为"八景"之一，山高峡深，峭壁嶙峋，水势汹涌湍急，潭水深邃莫测，峡谷中断壁悬崖，苍松倒挂，惊涛拍岸，流瀑飞泻，风吼雷鸣，俨然是一处独特险峻秀美的天然景观。

　　在这个山环水抱的地方，因老龙潭而流传着"柳毅传书"的神话，让无限加持的金刚结柔肠百转。相传唐高宗仪凤年间，泾河老龙王被魏徵梦斩后，泾河小龙继位。小龙善于辞令，喜欢交游。有一天前往洞庭龙君那里做客，洞庭龙君见小龙彬彬有礼，侃侃而谈，非常喜欢他，就把独生女儿许配给了他。泾河小龙把洞庭龙君的女儿娶回泾河后，便暴露出胡作非为的真面目，他性情残暴、喜新厌旧，竟然将小龙女流放到荒无人烟的泾河滩上牧羊。她熬煎了一年又一年……有一天进京赶考落第的书生柳毅，到泾阳寻访好友途经此地奇遇龙女，十分同情她的境遇，遂帮龙女传书洞庭龙君。龙君知道女儿遭此虐待，非常生气，派他弟弟钱塘龙王率兵西征，讨伐泾河小龙，将其救回。后来龙女嫁给了柳毅，成为流传千古的爱情佳话。

泾河传书的故事，出自唐朝人李朝威的《柳毅传》。这是一篇神话爱情小说，也是传奇里写得最好的篇章之一。段宝林、江溶先生在《中国山水大观》中经过考证，将"柳毅传书"这个神话故事确定在泾水源头的老龙潭。现在，当我们游览老龙潭的香龙河畔时会看到一处秀拔挺立的翠绿山峰，名"龙女峰"。这就是《柳毅传书》故事中龙女的原型，亭亭玉立的龙女峰带给游人无尽的遐想。泾河是洁净的河，是纯情的河，是历史与文化交融之河。泾河传书作为一段爱情佳话，是老龙潭旅游景区的重要文化资源，足以让游人在天籁之间放飞永恒的爱的梦想。

龙潭云影

薛正昌

　　泾水，是一条河的名字，也涵盖了地域文化。"泾清渭浊"在《诗经》时代就引起了文化人的关注。泾河源镇的老龙潭，与传说中的泾河老龙有关。老龙潭，是泾水的源头，龙潭云影，有两种意象，一是老龙潭天造地设般的形胜，被起伏的山峦和碧绿的松柏与各种高原的名贵花草所覆盖的江南景象；一是高峡平湖的天然美景，蓝天白云倒映潭中，与潭水融为一体，如同一幅天然画卷。这两种意象又参差错落叠加在一起，既展示了自然意义上蓝天白云与碧水龙潭的亲近关系，也揭示了龙潭所承载和演绎的历史故事与文化融合。六盘山腹地水资源丰富，百泉汇而水溢的老龙潭，四周峰峦叠嶂，潭水清澈如同明镜一般。黄土高原上的江南景色，钟灵毓秀的山水奇念中隐藏着颇具神秘色彩的故事。

　　古人把生成世界的物质叫作"五行"，即金木水火土。

水居五行之首，水为万物之源，水养育了万物。同时，古人赋予它多种人的品格涵养和社会特性，于是产生了山水文化。把自然物的水社会化和道德化，是中国山水文化的灵魂所在，《周易》里说的"水养万物不穷"，《老子》里说的"水善利万物而不争"，孔子由观察水流的形态而得到人生启示，这些都与水有密切关联。从文化积淀与传承看，在炎黄子孙的心目中，龙有着崇高的地位和影响力，我们通常说华夏民族是龙的传人。自佛教传入后，佛教中的龙王被中国文化所吸收，演化成一种龙王信仰，凡河湖江海都住有大大小小的龙王。老龙潭四周群峰耸立，峭壁嶙峋，山环水抱，前后形成三个潭，每潭左右皆群峰环抱，中开如门，每潭相距半里许，潭水深不可测，传说老龙潭第三潭深处住着老龙，这老龙就是泾河龙王。"魏征梦斩泾河龙君"、"柳毅传书"的神话传说，都与老龙潭有关。

古人云，山不在高，有仙则名；水不在深，有龙则灵。泾水源头的老龙潭，承载着魏徵梦斩老龙的神话传说。《西游记》里将梦斩泾河老龙的故事写得神态逼真，出神入画。老龙潭三潭斩过老龙的地方，峭壁上有个土红色的洞，洞里渗出一线红水，成为传说中泾河龙王的血。因了魏徵梦斩泾河老龙的传说，泾河源头便有了老龙潭；因了老龙潭，龙潭云影就有了灵气。与老龙潭的故事密切相关联者还有两个故事：一是两千多年前，秦始皇巡视西北，在制胜关（泾源县城西，荷花谷东口）的东侧果家山二级台地的行宫驻跸。这里是古丝绸之路早期必经的通道，泾水支流香水穿峡而东流，秦始皇巡视与驻跸，是老龙潭外围曾经发生过的重大历史事件。二是成吉思汗攻灭西夏的前夜驻跸六盘山，避暑凉殿峡的经历。这些经历与故事影响深远，从深层影响着老龙潭神话传说的深度嫁接与演绎，至今仍具有其特殊的文化魅力。旅游开发有了这样丰富的故事与文化传承，包括老龙潭自然天成的风景画，自然成为游人们的向往。

星海明月

贾虎林

　　石嘴山市大武口区有一片湖光山色的人工湖，叫作星海湖。沿山水大道向北望去，星海湖最北端的鹤翔谷景区大小岛屿星罗棋布，远山近水相映生辉，鹿儿岛是星海湖最高的岛，登岛远望，烟波浩渺，景象万千。鱼岛广场的乘风破浪雕塑像一张展开的巨帆，体现了石嘴山市人民乘风破浪、勇往直前的开拓精神。星海湖东北部的百鸟鸣景区水草茂盛，每当风和日丽的天气，碧波绿浪，鱼跃鸟鸣，万千景色，引人入胜。星海湖中部的白鹭洲景区有白鹭、鹳等各类水禽，鱼游虾戏。南沙海景区沙丘绵延，青草依依，绿树成荫，融朔北豪情与江南秀美为一体，时而雄浑、时而秀美，乃休闲游玩之佳境。毗邻白鹭洲景区的中华奇石山是西北最大的奇石博览园，汇集的奇石种类之全、数量之多、个体之大、造型之奇令人叹为观止。石与树、花、草巧妙搭配，林中有石，石在林中，三季有花，四季常绿，实乃奇景。

夜晚观赏星海湖，月亮映射在湖面上，湖光月色交相辉映，别具一番韵味。春夏秋冬，一年四季更替，每个季节星海湖的夜景各有不同。春夜芳草如茵，垂柳依依，碧波荡漾，一片勃勃生机，春月如花，圆香而暖亮，静美温馨。夏季的星海湖夜景当为最佳，沙树环绕，林荫草茂，湖水波纹粼粼，芦苇苍翠，蒲草连连，水鸟依依，沙鸥翔集，野鸭成群，湖中起伏跌宕的沙丘活似露出水面的鲶鱼头。夏月当空之际，月色朗朗，繁星点点，皎洁的月光笼罩着星海湖，仿佛为其披上了一层银纱。清澈的湖面犹如一面镜子，月影映射在湖光中，山色、城市的倒影尽在其中，斑斓缤纷。湖岛朦胧，缥缈如蓬莱仙景。此情此景，如诗如画，美不胜收，使人心旷神怡，驻足难返。秋高气爽之时，落英缤纷，黄叶飘飞，秋月丰盈深邃，宁静从容。冬夜寒冷，湖面结冰，草木凋零，冬月矜持冷艳，高傲悠远。

您也许想象不到，如今汇聚奇山、秀水、滩涂、鸟岛、芦苇5大景源，水域辽阔、景色优美的星海湖，原是沙丘林立、沼泽遍布、自然环境恶劣的泄洪区。经过石嘴山人民的治理改造，将一片泥淖变成沙水相依、绿树红花、鸟翔鱼跃的园林生态景区。星海湖的"星"是指群星灿烂、世纪之星、希望之星；"海"是指五湖四海，寓意群策群力，发扬石嘴山精神，推进石嘴山发展。经过十余年的建设发展，星海湖成为集拦洪、蓄水、调节气候、生态园林景观于一体的综合性旅游景区，是国家级水利风景旅游区、国家湿地公园和国家水上运动训练基地。水是城市之魂，星海湖的建成使石嘴山市大武口区呈现出"半城绿色半城湖"的神奇景色，形成"水系与城市相益，景观与人文相映"的城市特色。星海湖、沙湖及遍布在市域各个角落的湖泊湿地，使石嘴山市变得妩媚多姿。石嘴山市实现了由工矿城市向旅游城市的华丽转身，一个水在城中、城在水中、林在城中、城在林中的生态平衡、环境优美、和谐宜居的西北山水园林城市呼之欲出。

焰映荒凉 王爱梅/摄

黄沙古渡

保宏彪

在银川市东面的黄河之滨有一座历经千年沧桑的古老渡口，留下了昭君出塞、康熙西征等历史故事，这便是位于兴庆区月牙湖乡横城的黄沙古渡。面对奔流不息的滔滔黄河，黄沙古渡犹如装饰在金色绸带上的一颗璀璨珍珠，以黄河文化为基调，将黄河湿地和大漠风光融为一体，雄奇而美丽。当你来到这里，既可感受昭君出塞的哀婉与康熙渡河的雄壮，又可欣赏河滩湿地、沙拥长河的塞外奇景，体验羊皮筏子、沙漠骆铃、黄河龙舟、沙海冲浪的无限乐趣。

据说月牙湖的得名还有一段与昭君出塞有关的美丽传说。当年远嫁匈奴的王昭君来到这里后见到滚滚黄河不胜凄凉，因思念远方父母而默默流泪，泪水滴落河岸化成一汪形似月牙、波光粼粼的美丽湖泊。明代成书的《宣德宁夏志》将"月湖夕照"列入宁夏八景，只有来到月牙湖才可真正领略塞北江南"万顷清波映夕阳，晚风时骤漾晴光"的旖旎和秀美，深切体会大漠长河"九曲黄河万里沙，浪淘风簸自天涯"的雄浑与壮美，由衷发出"北来南客添乡思，仿佛江南水国乡"的赞叹。这里汇集了黄河、大漠、湿地、湖泊等多种自然景观，浅滩中生长着茂密的芦苇和碧绿的蒲草，苍翠欲滴；河鸥、大雁、山燕、灰鹤、白鹤等40余种野生鸟类在此繁衍栖息，翱翔天际。一望无际的花棒、沙蒿、杨柴在连绵起伏的沙丘上随风摇曳，与高大挺拔的沙柳、新疆杨、刺槐等耐旱植物共同构成一道蔚为壮观的绿色长城，默默守卫着曾经舳舻千里、热闹非凡的黄河古渡。

自秦汉以来，这个毗邻灵州的古老渡口就是沟通宁夏与黄河沿线地区的重要交通枢纽。浑脱、羊皮筏、五栈船、七栈船等摆渡工具与小型货船满载人畜、皮毛、药材等货物川流不息，北魏薄骨律镇将刁雍则开创了大型货运木船运粮北上前往河套的历史，横城渡口因而成为商旅辐辏、舟船繁忙的商贸要津。这一渡口在西夏时期成为商人、使节前往辽、金的必经之路，取顺利、化吉之意而称"顺化渡"，又因横城堡北面的黄沙嘴而有黄沙古渡、横城渡等别名。明代为保障渡口畅通而专门修筑了气势雄伟的"宁河台"，派驻军队进行戍守。庆王朱㮵巡边时目睹宁河台的雄奇和黄河古渡的壮美后感叹不已，在著名的《黄河古渡》中盛赞沙河相依的奇观："黄沙漠漠浩无垠，古渡年来客问津。万里边夷朝帝阙，一方冠盖接咸秦。风声滩诸波光渺，雨打汀洲草色新。西望河源天际远，浊流滚滚自昆仑。"康熙皇帝西征噶尔丹时曾夜宿横城堡，次日在横城渡口举行了隆重的祭河仪式。在渡口登高西眺，黄河如同宽阔的金色丝带纵贯南北；北面沙漠如海，连片果园犹如巨大的翡翠镶嵌在金色大漠之中；举目东望，蜿蜒的明长城像一条匍匐在茫茫戈壁中的巨龙千曲万盘，绵延不绝；南面一望无际的良田绿洲稻浪起伏。康熙皇帝被这金沙绿原、长城古堡、烽燧长河的塞外美景所陶醉，不禁发出了"历尽边山再渡河，沙平岸阔水无波。汤汤南北劳疏筑，唯此分渠利赖多"的感叹，这就是脍炙人口的七言绝句《横城堡渡黄河》。近代对外贸易的迅猛发展加速了横城渡的繁荣，大批甘草、羊皮、毛绒通过骆驼、皮筏、木船运到这里后集中装船发往包头转运出口。作为西北重要的贸易门户，横城渡在中卫、中宁、石嘴山等宁夏主要水运口岸中首屈一指。1970年叶盛黄河大桥建成通车后，名噪一时的横城古渡才逐渐失去往昔的辉煌。

如今，黄沙古渡正以其独特的塞北风光、黄河文化成为宁夏东线旅游的一颗新星。当你来到横城古渡口，一定会被黄沙与绿野、明长城和烽火台、黄河与渡船所构成的一幅独特的塞外风光所深深吸引。惊险的沙漠欢乐谷、古老的羊皮筏子、现代的黄河飞梭、舒适的古渡人家，为广大游客进行生态旅游、运动休闲提供了一个好去处。

唐堤烟柳

郭勤华

　　唐徕渠是宁夏平原黄河灌溉的著名渠道，因蜿蜒的堤坝和两岸的垂柳而成为宁夏的一道独特风景。夏日时分，婀娜多姿的柳树在微风细雨中烟岚雾霭，成就了唐徕渠上的独特景观——唐堤烟柳，用"杨柳千条拂面丝，绿烟金穗不胜吹"这样脍炙人口的名句来形容真是恰如其分，美不胜收。

　　唐徕渠自南向北长达300余公里，灌溉良田120万亩。"天下黄河富宁夏"，唐徕功居其半，与汉延渠、秦渠、惠农渠等共同构成了宁夏洪流分注、喷瀑溅涛、秀壤连畦、瞬息并灌的黄灌农业，阡陌纵横、水网相向成就了宁夏平原的天府景观。在漫长的历史长河中，秦汉"募民徙塞下屯垦"成就了河南地的富庶；唐代大力营田、招徕垦殖留下了"贺兰山下果园成，塞北江南旧有名"的佳句；清朝划拨专款、大办水利，获得了"江南江北都不收，宁夏川上报春秋"的赞誉。如果说黄河是宁夏平原富庶丰饶的源泉，那么唐徕渠就是黄灌文明的延续千年的重要载体，随岁月流淌传递出"长渠流润，广布善泽"的黄河文化。

唐徕渠既是湖城银川的重要水体景观，又是"塞上江南"城市名片的最好诠释。清晨时分，迎着微风缓步行走在唐徕渠畔，望着西门桥头熙熙攘攘的人群和车水马龙的景象，"塞上江南"的美名绝非虚传。夕阳西下，在渠畔垂柳下漫步，渠水轻缓，逸柳随风，晚霞映天，"居渠畔而尽享田园之风光"，好一个令人气畅心怡的"唐堤烟柳"！今天，唐徕渠不但正在娓娓道来"塞上湖城"银川的沧桑历史，而且通过"唐堤烟柳"这一美丽景观向人们展示了一幅人与自然和谐相处的生动画卷，呈现出人文与自然相得益彰的良好氛围。此时此刻，唐徕渠浇灌了宁夏平原的千里沃野，唐堤烟柳浇灌了新时期人们的心灵。

长滩梨雪

保宏彪

　　奔腾不息的黄河流经黑山峡后，在中卫市沙坡头区香山乡冲刷淤积形成了一片狭长河滩，这一奇特地形上坐落着一个聚居不少拓姓村民的神秘村庄，这便是备受西夏学界关注的南长滩村。地处偏僻、恬淡宁静的南长滩村虽然规模不大，却享有"黄河宁夏第一村"、"宁夏黄河第一渡"和"宁夏黄河第一漂"三顶桂冠，因盛产甘甜可口的香水梨而闻名遐迩。三千多棵三百年以上树龄的梨树密集分布在南长滩黄河两岸，每当春满大地，这里就成为梨花的世界、香雪的海洋。千树万树雪白的梨花夹河绽放，沁人心脾的芳香扑鼻而来，冰雕玉琢的琼花晶莹剔透，令人如痴如醉，流连忘返。

　　每年四月，南长滩百亩梨花竞相盛开，朵朵雪白梨花缀满枝头，令人不禁产生"千树万树白玉条，疑是经冬雪未消"的错觉。"南长滩梨花节"作为宁夏最具吸引力的旅游品牌之一，梨花香雪美景每年都吸引四方游客纷至沓来。当你在四月八日来到南长滩，置身芳菲正浓的盎然春意之中，一定会被茫茫花海的强大气势所深深震撼。一朵朵洁白如雪、冰清玉洁的梨花怒放枝头，花团锦簇，春风微抚，花浪起伏，在馥郁花香的簇拥下顿觉心旷神怡。漫步河滩，一树树素白梨花像亭亭玉立的少女，沐浴着和煦春光，静听着滚滚黄河。一簇簇冰雪堆砌的梨花挤作一团，既得"占断天下白，压尽人间花"之无尽神韵，又与焕发青春的苍劲古树和蜿蜒悠远的滔滔黄河相映成趣，共同构成一幅怡然自得的美妙画面。赏花人三三两两隐入花海，歌声、笑声不绝于耳，陪伴左右的不只是满脚花瓣和满鼻清香，更有满脸灿烂和满心欢喜。

据说党项民族崇尚白色，当年为躲避蒙古兵锋而逃难至南长滩的西夏后裔希望通过雪白的梨花寄托对逝去故国的无尽哀思，所以才在这里种下如此众多的梨树。四月时节的南长滩，千树梨花清新脱俗，幽雅高洁，既有"忽如一夜春风来，千树万树梨花开"的宏大气势，又有"砌下梨花一堆雪，明年谁此凭栏杆"的无限意境。一树梨花，一缕春风，一段风月，无声无息地凝固在南长滩的点点雪白和阵阵花香之中，隽永而弥新。

金沙河坛

保宏彪

　　天下黄河九十九道弯，这条奔腾不息的金色巨龙在流经青铜峡时一改奔腾咆哮的姿态，鬼斧神工地画出了一个蔚为壮观的金色"S"形河弯，这便是天造地设、风光秀美的金沙湾。为礼敬黄河、祭拜黄河、感恩黄河，气势恢宏的中华黄河圣坛在风景如画的金沙湾西岸拔地而起。当你来到这里游玩，不但可领略水天相接的阔远，而且能欣赏长河落日的壮美，更能感恩黄河母亲的无私馈赠。

　　金沙湾与牛首山隔河相望，黄河像一位美丽恬静的少女，静静地舒展着俊俏身姿，远山、黄河与金沙巧妙地融为一体，共同构成一幅美丽动人的画卷。金沙湾以其迷人风光和无穷乐趣吸引四方游人纷至沓来，既可在此享受回归自然的恬淡，又能体验乡村田园的乐趣，怎能不留连忘返？当你尝试了惊险刺激的滑沙、皮筏漂流和快艇冲浪等运动后，再体验骑驼、沙滩球类的无限乐趣，一定会被金沙湾的无穷魅力所深深吸引。

祭祀天地山河、追念先祖先烈是中国传统文化的重要组成部分，康熙皇帝西征噶尔丹时就曾在银川横城渡口举行了隆重的祭祀黄河仪式。"黄河百害，唯富一套"，享有"塞上江南"美誉的宁夏就是镶嵌在富庶的金色河套上的一颗璀璨明珠，因而形成"天下黄河富宁夏"的民谚。作为黄河金岸标志性建筑，中华黄河圣坛集万人智慧、融悠久文化、纳炎黄子孙深情，豪迈书写了宁夏660万回汉各族儿女感恩黄河母亲的华彩篇章。从"天下黄河富宁夏"到"黄河圣坛建宁夏"，体现了中华民族创造力，集中国传统文化之大成，彰显了黄河文化的丰富内涵。中华黄河圣坛背靠贺兰山，与牛首山隔河相望，左傍万里黄河臂弯，右依青铜峡峡口。站在中华黄河圣坛俯视，眼前的黄河与滩地共同构成一个太极八卦图。中华儿女在此登临祭拜、遥想怀思，在感恩、归属中生发民族自尊心、自信心、自强心、凝聚力和为中华民族伟大复兴团结奋进的民族情怀。

中华黄河圣坛分为思源区、祭祀区、感恩区三部分，创造性地采用青铜铸造了表达华夏民族饮水思源、感恩戴德、崇敬吟颂黄河母亲的思恩坊、感恩坊和礼恩坊。参观中华黄河圣坛，如同阅读一本厚重的黄河文化大百科全书。沿石板路拾级而上，浓郁的中国传统文化气息扑面而来，徜徉在处处是文化、步步是经典的历史长廊中，视通万里，思接千载。不论是雄伟壮观的中华黄河坛牌楼，还是刻有18首历代吟咏黄河著名诗篇的碑林大道，涵盖中华五千年历史文明的黄河照壁，镌刻"饮水思源"、"感恩报德"的思恩牌，立有二十四节气图腾柱和历代农章石鼓的农耕大道，堪称"天下第一巨鼎"的中华黄河鼎，摆放18片青铜竹简古代典籍的文华大道，慎终追远的18件青铜礼器，规模宏大的"中华人文始祖殿"，无不让游人在俯拾之间感受深厚的历史文化底蕴和厚重的感恩文化氛围。

金沙湾的灵秀体现了黄河母亲对宁夏大地的钟情厚爱，中华黄河圣坛成就了大黄河的精神图腾。二者相融相生，共同以文化之桨拨动心灵之舟，不断激发广大华夏儿女的爱国情怀，让散落于世的黄河文化有了最温暖的归宿和最恰当的表达。

高庙紫烟

负有强

　　在宁夏中部中卫市区城北有一处古寺庙建筑群景观，重楼叠阁，殿宇紧密，牙檐相啄，廊宇曲连，那便是驰名塞上的中卫高庙。整个建筑与周围现代化楼层建筑形成鲜明对比，古香古色，更加彰显出城市的历史厚重。历史上，这片建筑群矗立在周围一片平房和稀疏低矮建筑物之间，如其名字一样，更显高大宏伟。每临庙会，各地香客和商贩聚会于此，烧香祈祷，远远望去一片紫烟从寺庙中升腾而起，把整个寺庙建筑笼罩得更加神秘。登上高庙的最高层极目远眺，大漠、绿洲、黄河、长城尽收眼底。稻田麦浪，水渠流淌，紫烟升腾，自然和谐，别是一番景致。古代文人雅客曾赋诗咏颂这里的冬景："芦花飞雪涨晴漪，烟雨冥檬望益奇。点点白鸥深处浴，扁舟遥动五湖思。"整个景色犹如一幅壮丽的巨幅国画，令人遐思，感慨万千。由于这里紧靠腾格里沙漠边缘，是古丝绸之路的必经之地，不时从远处飘来深沉悦耳的驼铃声，让人陶醉。

今天游览高庙，人们会发现即使被周围现代化高层建筑所包围，仍然能够感受到其高大的气势。整个建筑群分为两部分，前低后高，层层叠起，形如凤凰展翅。前院为保安寺及其山门，上为南天门大雄宝殿、中楼，最上层是五岳庙、玉皇阁、圣母宫，有木梯与中楼接通。主体两翼分别是钟鼓楼、文楼、武楼等陪殿。整体建筑都在一条中轴线上，层层紧扣，步步增高，左右对称，上下呼应，亭廊相连，迂回曲折，翼角高翘，与九脊歇山、四角攒尖、十字歇山、将军盔顶等造型别致的屋顶，共同构成了独特的建筑风格。通过砖雕牌楼上的"儒释道之度我度他皆从这里　天地人之自造自化尽在此间"对联，可以看出这里当年曾是儒、释、道三教合一的宗教场所。

据旧方志记载，明朝永乐年间，高庙已具雏形，至于始建于何时，已无可考。历朝各代几经修葺、增建，最早称"新庙"。清康熙四十八年（1709年）九月发生强烈地震，上层的建筑毁于一旦，后重修。乾隆时又一次大地震，楼阁倒塌，然而人力无穷，随毁随建，扩其规模，增其建制。清咸丰八年（1858年），增建南天门外砖制牌坊、东西转楼和东西天地及门前广场中的法戒楼。随后，改"新庙"为"玉皇阁"。1942年不慎失火，南天门以上建筑被焚毁，荡然无存。第二年大兴土木，扩大形制，增加高度，用了四年时间，于1946年完工。规制虽与以前一样，但形体更加高耸、恢弘。

现在，伴随着城市建设的步伐加快，人们越来越重视历史文物遗迹的保护与开发，高庙也被修缮建设得更加美好，这里早已成为当地民众休闲锻炼的好去处，更是游人游览沙坡头景区后必然参观的好去处。

家园 孙国才/摄

中阿之轴

王晓华

　　碧水荡漾的阅海湾，览山如翠，浩渺无垠，被誉为首府银川的"城市之肾"。在这片如画美景的心脏地带，矗立着一片装饰精美、风格独特的人文景观建筑群。它东起万寿路，西接亲水街，像一条晶莹的玉带，将览山、阅海湖、艾依河、绿博园等山水名胜紧紧相连。这就是位于中阿经贸论坛永久会址中心地带的特色景观——中阿之轴。当游人乘兴登临览山，远眺中阿之轴全景，只见远山如黛，近水含烟，花团锦簇，富丽妖娆，宁夏向西开放的磅礴气势呼之欲出，真胜似天堂月殿，不亚于仙府瑶宫。

　　中阿之轴坐落于建设中的银川市阅海湾CBD核心地带，分为三个相对独立的人文景观区，即中阿友好标志景观区、中阿文化交融景观区、中国回族文化景观区。三个景观区被宽阔笔直的景观大道联为一体，互相映衬，彼此呼应，展现出中国、阿拉伯国家悠久的文化特色和中阿友谊的历史渊源。每逢假日周末，茶余饭后，中阿之轴景观大道上游人如织，摩肩接踵，欢声笑语，不绝于耳，前来游玩的市民们一边在音乐喷泉旁避暑纳凉，一边欣赏精美的园林建筑与景观雕塑，面对如斯美景，难免心旷神怡，乐而忘归。

当你自西向东漫步于长约两公里、宽约五十多米的景观大道上，依次可以看到中阿友好纪念碑、月牙广场、祥和楼、中华鼎等人文景观。每一座建筑，每一处塑像都雕栏玉砌，精巧异常。当旭日东升，晴空万里，中阿友好纪念碑火炬擎天，直入云霄，寓意中阿交流红红火火，友谊长存。月牙广场上新月如钩，晶莹剔透，雕塑上精美的阿文雕饰和花草图案将中阿文化元素表现得淋漓尽致。庄重大方、风格独特的祥和楼，寓意着吉祥、和平，象征着开放、自信，将中华文化精髓完美地呈现出来。八组高约九米的石制图腾柱所拱卫的“中华鼎”气势磅礴，稳如泰山，预示着国泰民安，民族团结。景观大道两侧美景也毫不逊色，二十二个阿拉伯联盟国家的旗帜高高飘扬，迎风招展，旗杆底座刻注着各国名称和简介。顾盼左右，道路两侧到处都是精美的雕刻和塑像，约二十组具有极高艺术价值的文物、景观，按照1：10的比例放大，整齐排列在道路两侧。精心雕琢的天文仪、伊斯兰器物、景泰蓝瓷器、天房门钥匙等，让人目不暇接，赏心悦目。每一件雕塑，都印证着东西方丝绸之路的历史辉煌，每一处景观都谱写着中阿经济文化交流的动人篇章。仔细端详景泰蓝瓷器，仿佛又能看到郑和下西洋时劈波斩浪的航船，定睛凝视阿拉伯器物，仿佛又能听到那行进在沙海中的声声驼铃。

当华灯初上，夜色渐浓，中阿之轴在夜色和灯光的映衬下，更加妩媚动人。杨柳依依，轻拂着游人的脸庞，泉水叮咚，鸣奏着动人的乐章。五彩的霓虹灯倒映在碧波上，折射出姹紫嫣红、璀璨夺目的光芒。洁白如玉的灯光洒在每一座建筑、每一尊雕塑上，晶莹剔透，美轮美奂，使人仿佛置身于天宫仙府，真是"疑似瑶台镜，飞落碧云端"。股股喷泉随音乐轻轻起舞，张张笑脸伴月色若隐若现，使人顿生"起舞弄清影，何似在人间"之叹。

百塔凌波

保宏彪

奔腾不息的黄河流经宁卫平原后一改波涛翻滚的本色，绕过风景如画的金沙湾缓缓注入开阔的青铜峡水库，像一个乖巧的孩子投入了母亲的怀抱。水库水面潋滟，牛首山巍峨苍劲，与蓝天白云共同映衬着西岸崖壁下古色古香的巨大三角形塔群，这便是闻名遐迩的青铜峡108塔。微风阵阵，平静的河面泛起层层涟漪，山间岚气随风弥漫，矗立山腰的高大塔群恢弘壮丽，美不胜收。

当你看到沧桑古朴的108塔与佛教圣地牛首山隔岸相望，一定会认为这是一对天造地设的佳偶正在低声互诉衷肠。没错，108塔的出现证明了藏传佛教在宁夏的传布。108座实心喇嘛塔随山势凿石分阶而建，排序规则，因行而异，蔚为壮观。塔阵自上而下按1、3、3、5、5、7、9、11、13、15、17、19的奇数排成12行，最顶端一座高3.5米，其余均高2.5米。塔心正中竖立木，内填土坯，外面包砖，表面抹石灰并加饰彩绘。佛教认为人有108种烦恼与痛苦，游客在饱览峡光塔影后可逐级数塔，每数一个塔即除一种烦恼，求得人生清净太平。其实，108塔的由来除与佛教有关外，还有不少惊心动魄的传说故事。一说108塔是穆桂英抗击辽军时的"点将台"，一说为纪念明初殉国勇士，这些可歌可泣的英雄故事无不为古塔增添了神秘色彩。

风和日丽之时邀三五好友快艇冲浪，在上下起伏间欣赏两岸山势变化，远观百塔伟岸身姿，尽享"青铜峡口过轻舟，百八亭亭塔影浮"盛景。登塔远眺，长河安详，远山含黛，涟漪荡漾，塔群岿然，人间烦恼顿时涤荡一清。山、水、塔相映成趣，共同构成青铜峡黄河上游第一峡谷的独特景观。壮阔河山大气磅礴，塔影碧波风景如画，萌生天人合一之感，不禁发出"登高望远烦恼去，人间仙境在青峡"的赞叹。

鸣翠荷色

保宏彪

在银川东侧和北侧分别坐落着被誉为凤城"前厅"和"后花园"的鸣翠湖与阅海两大水体景观，二者风光美景各有千秋，犹如镶嵌在"塞上江南"桂冠上的两颗璀璨明珠。其中，位于兴庆区掌政镇的国家4A级旅游景区鸣翠湖国家湿地公园因荷塘秀色而广受银川市民欢迎，成为远近闻名的休闲度假胜地。这里尽显江南水乡特色，水面潋滟，荷花盛开，彩蝶飞舞，清香扑鼻，游人至此无不在这如诗如画的美景中乐而忘返。

当你来到鸣翠湖，或许会对"满塘素红碧，风起玉珠落"的美景充满期待，但一定会被遍植荷花的三百亩荷塘的强大气势所深深震撼。荷池中长满了碧玉盘似的荷叶，一根根墨绿的荷梗若隐若现，"中通外直，不蔓不枝"。亭亭玉立的荷花千姿百态，含苞欲放的花骨朵好似一块块晶莹剔透的水晶，有的才绽开几片花瓣，好像一个害羞的小姑娘掩面微笑；有的花儿全开了，露出了嫩黄的小莲蓬……无论是含苞时的娇羞、初绽时的稚嫩，还是怒放时的舒展，无不竞相展示娇容姿态，透露出高贵而又超凡脱俗的品质，这或许正是宋代理学家周敦颐在《爱莲说》中盛赞莲花冰清玉洁的原因。

泛舟徜徉荷丛，汉乐府民歌《江南》那脍炙人口的佳句不禁浮现脑际："江南可采莲，莲叶何田田。鱼戏莲叶间，鱼戏莲叶东，鱼戏莲叶西，鱼戏莲叶南，鱼戏莲叶北。"多情的鱼儿自然不愿错过这良辰美景，畅快地在水底遨游，惹得荷花摆弄婀娜身姿，真不知是荷花引得鱼儿醉，还是戏水鱼儿招得荷花舞！当你体验了"碧水浮莲戏虹鳟"的乐趣，还有"小荷才露尖尖角，早有蜻蜓立上头"的诗情画意等着你。荷花绽放，花香四溢，调皮的蜻蜓在荷池上空尽情翻跃，不觉产生"人在画中游"的错觉。雨过天晴，荷叶好像出浴的仙女飘然玉立池中。微风掠过，一滴滴晶莹透亮的小水珠珍珠似的在碧绿的大叶盘上滚来滚去，煞是可爱。

古渠流润

郭勤华

黄河奔腾涌出黑山峡后像一匹被驯服的野马，以蜿蜒的身姿流经宁夏平原，滋润灌溉着塞上江南万亩良田。俯瞰黄河，纵横交织渠道宛若一条条动脉，通过四通八达的干渠、支渠和毛渠为阡陌纵横的农田沃野送去涓涓细流。黄河漫长的历史画卷中，处处渗透着人类文明进程中对水资源的特殊倚重。历史时期的持续开发造就了悠久灿烂的黄河农业文明，抒写着"天下黄河富宁夏"的传奇。

贺兰山南北纵贯，矗立在宁夏平原西面，山河一体孕育了宁夏平原，守卫着黄河农业文明。它既是宁夏地域文化的象征，也始终伴随着宁夏历史进程。宁夏水资源的开发，源于从汉唐至今的黄河自流灌溉，营造了宁夏平原的富庶景象，使其成为西北粮仓。秦代蒙恬率军收复河南地后修筑的"秦渠"，开创了宁夏农业灌溉的先河；西汉初年大规模徙民屯边便有了黄河两岸的汉伯渠、汉延渠、光禄渠，形成了著名的引黄灌区，使原本荒芜盐渍的塞外成为渠道纵横、田畦相连的富庶之乡；唐代开凿的唐徕渠，"康乾盛世"时修筑的大清渠，使宁夏平原像镶嵌在巍巍贺兰与茫茫毛乌素沙漠中的一块绿洲，成就了"田开沃野千渠润，屯列平原万井稠"的喜人景象。

古渠千年不息的滋润创造了"黄河百害，唯富一套"的奇迹，造就了宁夏平原阡陌相望、稻浪翻滚的江南水乡。明代人笔下"神河浩浩来天际，别络分流号汉渠。万顷腴田凭灌溉，千家禾黍足耕锄"的描写，再现了宁夏平原的富庶；清代诗人笔下的"长渠活活泻苍波，塞北风光果若何。……漫道汉唐遗迹远，由来膏泽圣朝多"，向人们诉说着不同时期众多古渠灌溉和滋养宁夏平原的富饶和美丽。

宁夏平原密如蛛网的黄河灌渠不但滋润着肥沃的宁夏平原，而且不断塑造着一个富有人文气息和诗情画意的新宁夏。

萧关古道

保宏彪

　　驼铃阵阵、绵延万里的丝绸之路从八百里秦川逶迤而出，沿茹河河谷蜿蜒北上，在固原市东南抵达一座号称"关中屏障"、依六盘绝险而建的古代著名关隘，这便是位于三关口以北、瓦亭峡以南的萧关。赫赫雄关静静偎依在滔滔泾河身旁，伴着弹筝峡口的潺潺水声，默默扼守着闻名遐迩的萧关道。两千多年来，多少热血澎湃的将士从此出征塞外，谱写了保家卫国的无言壮歌；多少辗转千里的商旅沿此川流不息，留下了中西交流的点点印迹；多少多愁善感的诗人在此赋诗抒怀，描绘了丝路边关的苍茫豪迈。

　　秦汉时期，享有"陇上锁钥"美誉的萧关就目睹了秦始皇北巡六盘、汉武帝巡边耀武的雄心壮志。此后，地势险要的萧关成为保卫都城长安的军事要地，诸多文人墨客用手中的笔墨记录了萧关道上征战将士的铁血豪情。汉饶歌《鼓吹曲》中"回中道路险，萧关烽堠多。五营屯北地，万乘出西河"的雄奇诗句，生动描述了萧关道上烽堠林立、大军出塞迎敌的壮观场面。盛唐诗人王维出使河西时途经萧关道，不禁被萧关的险峻所折服，意气风发地创作了脍炙人口的《使至塞上》，留下了"萧关逢侯骑，都护在燕然"的名句。

千百年来，数不清的商队、使团、僧众在清脆悦耳的驼铃声中，风尘仆仆地从四面八方汇拢而来，通过萧关道奔赴长安、洛阳、河西走廊或漠北草原。萧关道上，满载五颜六色丝绸、珍奇稀有香料、晶莹夺目宝石、门类繁多书籍的驼队往来不断，昼夜不息。伴着岁月深处萧关道上的车霖马啸与悠悠驼铃，东西方经济、文化、科技交流如同股股涓涓细流，缓缓汇入丝绸之路这条世界文明大动脉，为人类冲破中世纪黑暗积蓄了力量。

在唐代边塞诗人眼中，奇险的萧关和风雨沧桑的萧关道是其吟诵苍茫塞外与军旅边关的理想对象。王昌龄以"蝉鸣空桑林，八月萧关道"描绘了萧关古道的雄奇苍凉，岑参则通过"凉秋八月萧关道，北风吹断天山草"描述秋意浓烈与朔风凛冽。卢纶在《送韩都护还边》中哀叹"今来部曲尽，白首过萧关"，苦寒的塞外戍边生活催人泪下。

时过境迁，如今的萧关早已没有"一行书信千行泪"的凄楚无奈和"时危多战垒，猛将守萧关"的剑拔弩张，取而代之的是四通八达的现代化交通网络，昔日"一夫当关，万夫莫开"的险关早已变为通途。在如火如荼的"一带一路"建设中，饱经沧桑的萧关道重新焕发出勃勃生机。当地回汉儿女团结一心，共谋振兴经济大计，同赴广阔康庄大道。

武当梵音

薛正昌

在石嘴山市大武口区贺兰山东麓山脚下坐落着一座佛道合一的古庙，这便是宁夏北部重要文化景观——北武当庙。缓坡多褶的山体与参差错落的庙宇建筑相映成趣，阵阵诵经之声和雅静清心的禅音回荡山谷，由远及近，更显幽静安详。

据方志记载，北武当庙始建于清康熙年间，后扩建为现在规模。因为庙中供奉着镇守北方的真武大帝石像，所以得名"武当庙"。为与湖北武当庙相区别，当地百姓称其为"北武当庙"。这是一座四进院落建筑群，布局自然和谐、严整紧凑，错落有致，殿塔亭阁集于一体，蔚为壮观。从最南端的前山门楼向北，依中轴线依次建有灵官殿、观音楼、无量殿、多宝塔和大佛殿等建筑，两旁分别是钟鼓楼、厢房和配殿。作为一座曾以佛为主的宗教建筑，北武当庙曾经得名"寿佛寺"。相传光绪年间，僧人广煜修学于北京檀柘寺，通过方丈拜见了常来寺中进香的慈禧太后。慈禧太后对广煜大加赞赏，颁赐了亲笔手书"护国寿佛禅寺"白绢条幅。因为这段特殊经历，北武当庙声誉大振，成为远近闻名的佛教圣地。

最为人所称道的是，北武当庙保存了传统佛教音乐中的传统记谱方式——渣渣子，留下了难得一见的佛教音乐念唱演奏乐曲，成功入选自治区第一批非物质文化遗产保护名录和第二批国家级非物质文化名录。佛教音乐渣渣子，是与我国古代佛教音乐常用的"工尺谱"相配的一种记谱方式。"工尺谱"记录佛教乐曲中音阶的高低强弱，"渣渣子"记录佛教乐曲中节拍时值的长短，这两种记谱方式的相互配合能够记录完整的佛教音乐曲谱。此外，另一种以音乐作为表现形式供奉佛寺的仪式——"乐供佛"，也是北武当庙的佛教特色之一。

每逢农历四月初八、七月十五、八月十五、九月初九，北武当庙都会举行盛大庙会，前来朝山拜佛者络绎不绝，香火旺盛。当你亲临庙中，一定会被庄严肃穆的礼佛场面所震撼。在巍峨的贺兰山映衬下，古雅的大殿前青烟袅袅，木鱼敲击之声清脆悦耳，诵呗经卷之音透彻灵魂。善男信女们对佛祖的恭敬与虔诚发自心底，顿生"一花一世界，一树一菩提"之感。随着抑扬顿挫的阵阵梵音，你的整个身心仿佛获得了一次彻底释放，所有烦恼忧虑一扫而光，唯有真、善、美留存心间，空灵而美好。

横城古渡

郑彦卿

　　古渡横城是黄河上著名的水旱码头，《禹贡》在描述黄河水运时所提到的"浮于积石，至于龙门西河"，指的就是黄河上游青海积石山以下河段很早就已通过横城通航。魏晋南北朝时期，横城是黄河水运的重要港口。北魏太武帝时，刁雍集中船匠建造木船200艘，每艘可载粮1000石，仅用半年时间，就完成了50万石的运载任务。这是黄河上游历史上第一次规模较大的木船水运。唐代的朔方军镇设在灵州，所需军粮经常由北都（今山西太原）购买，然后溯河而上，运到灵州。唐高祖李渊为防御突厥，曾下令在灵州置水师，派大将于筠到江南招募船匠来灵州造船，横城渡一时又变成了军港。唐朝还建立六城水运闸，专门管理今宁夏、内蒙古一带的黄河水运业。宋夏时期属怀州之临河镇。在《西夏纪事本末》卷首所附的地图上，就标有顺化渡（即今天的横城）。此渡为兴庆府东大门，距府城30里，过河后即入通辽直道，通宋的夏绥驿道。宋夏建立了多处榷场和合市进行贸易，水陆运输的许多商品是通过顺化渡进行交易。元代著名科学家郭守敬建议在宁夏黄河通漕运，忽必烈采纳了这一建议，下令建立了应理州（中卫县）到东胜（内蒙古托克托）的水驿。这一段全长1700余里，沿途设驿站10个，有驿船66艘，配水手200余人。

明朝正德二年（1057年）左都御史杨一清在古城遗址上奏请修筑新的城堡横城，城为正方形，边长300米，墙基宽7米，顶宽4米，高3.5米。之后，巡抚杨时宁又进行了包裹砖石。横城渡在明代时期更加繁盛，称之为"黄沙古渡"。清代，横城古渡成为西北贸易的大通道。甘肃、青海、陕北、阿拉善旗的皮毛和其他土特产，多以船筏经宁夏黄河横城古渡外运，逆河返航时又运进各种日用手工业品至横城等口岸，再由畜力接转批发各地，横城从军事重地转变成了重要的商品运输集散地。

中华人民共和国成立初期，宁夏黄河水运一度发展到最盛时期，宁夏拥有船只近1000艘，有木船、机帆船、拖轮等大小船队。修建包兰铁路时，主要靠木船发挥作用，许多建材、石料、笨重设备大都用木船运输。横城依然是重要的码头。青铜峡大坝建成后，由于未设计船闸，宁夏水运事业才逐步衰落下去，横城古渡逐渐失去昔日的繁荣。现为自治区重点文物保护单位，4A级旅游景区。

沙坡风情

张明鹏

在宁夏中卫市城西20公里有一处集大漠、黄河、高山、绿洲于一体的旅游胜地，既具西北风光之雄奇，又兼江南景色之秀美，这便是自然景观独特、人文景观丰厚、被旅游界专家誉为世界垄断性旅游资源的沙坡头。

沙坡头南重峦叠嶂、巍峨雄奇的香山，北连沙峰林立、绵延万里的腾格里大沙漠，奔腾而下、一泻千里的黄河从中横穿而过，气势磅礴，震撼人心。更为美妙的是，沙与河这对本不相融的矛盾体在沙坡头却被大自然的鬼斧神工巧妙融合在了一起，沙堤高耸，河水奔流，沙为河骨，河为沙魂，相依相偎，和谐共处，沙、山、河交相荟萃，似抒情诗，如风情画。浩瀚无垠的腾格里大沙漠、蕴灵孕秀的黄河、横亘南岸的香山造就了神奇的沙坡头，集神山、大漠、黄河、绿洲、草原于一处，汇长流水旧石器遗址、孟家湾新石器遗址、秦代窑场、汉代河堰、丝路驿站、西夏皇家花园于一地，融长城文化、丝路文化、游牧文化、农耕文化与现代治沙成果于一体，黄河两岸的史前岩画和滴翠流红的河湾园林在此交汇，谱写了一曲大自然瑰丽的交响曲，多元融合的历史流光溢彩，独具特色的景观使人流连忘返。沙坡头独特的"S"型地理风貌被美国著名的《国家地理》杂志作为世界奇观向全球推出，这无疑给原本就神奇的沙坡头又增添了神秘的一笔，使其更像陈酒酽茶，韵味无穷。

让沙坡头闻名遐迩的除了美丽的自然风光，还有在人类治沙、改造环境方面所取得的成功经验。1956年，为确保西北交通大命脉包兰铁路畅通无阻，勤劳智慧的中卫人民与治沙工作者、科技工作者共同艰苦探索，创造出了以"麦草方格"为主的"五带一体"综合治沙工程体系，用最经济、最简洁、最原始的方法成功地制服了沙魔，在流动沙丘上营造出绿洲，解决了无数科学家绞尽脑汁、苦思冥想也未能解决的世界难题。1984年，国务院将沙坡头列为"中国第一个沙漠自然生态保护区"，麦草方格治沙成果被誉为人类治沙史的奇迹。当你来到沙坡头，远眺一望无际的沙海和整齐的泛着金色光辉的麦草方格，不得不由衷赞叹沙坡头人民的聪明才智，倍加珍惜这来之不易的美丽风光和壮阔雄奇的沙漠风情。

随着中卫着力打造"宜居、休闲、生态旅游城市"工程的不断推进，沙坡头"国际沙漠体验地、黄河漂流大本营"这一国家级、国际化品牌标杆效应即将呈现，沙坡头这颗耀眼明星会更加璀璨辉煌，粗犷豪迈的沙坡风情必将吸引更多四方游客纷至沓来。

西华洞天

张明鹏

在许多人的想象中，宁夏南部山区千沟万壑，苦甲天下。其实不然，位于海原县西部的天都山山岩峻秀，群山环抱，树木苍浓，奇峰翠壁，清泉流注，殿宇参差，古洞幽深，是一处雄奇魅力、山清水秀的旅游佳境。在清代成书的《乾隆盐茶厅志》和《光绪海城县志》中，天都山冬日美景"天山积雪"入选海原八景之一。

作为六盘山西北余脉，天都山东南与南华山并峙，西北与黄家洼山连襟，西南与屈吴山衔接，山形独特，地势优越。古代时期，天都山地区因草丰林茂、泉水甘洌而远近闻名，先后成为匈奴、鲜卑、突厥、吐蕃、党项等西北少数民族的游牧之地，素有"畜牧为天下之饶"的美誉。由于战略地位重要，北宋和西夏在天都山地区展开激烈争夺。明代时期，北方游牧民族时常南下攻掠，天都山成为西安州居民的避难地。清代晚期，天都山成为清军与回民起义军的攻守之地。民国年间，天都山在战火连天、动荡不安中逐渐退出民众视野。

天都山峭崖险壁众多，气势雄伟，在佛教东传过程中成为兴修石窟的理想之地，出现了石窟寺。石窟始建于北魏时期，兴于唐，盛于西夏。元昊占据南牟会后在天都山腹地修建行宫，石窟寺成为皇家寺院。明代万历年间，石窟寺改称西山寺，清代改为荣光寺、金牛寺，民国以后俗称"老爷寺"。天都山石窟在千年的沧桑中屡遭劫难，数次毁于战乱与地震。据天都山现存"重修西山上帝祠宇记"碑、"重修海喇都西安州金牛寺"碑、"嵩岳并寿"碑等碑文记载，天都山石窟寺分别于明万历二十六年（1598年）、光绪九年（1883年）、1944年，进行过重修。1976年，自治区政府组织人力开始恢复重建，天都山寺庙群逐步得以恢复，挑檐飞脊，雕梁画栋，庙貌辉煌，1989年改名为天都山道观。天都山道观有石窟9孔，融佛、道、儒三家为一体，现为宁夏回族自治区区级名胜古迹重点保护单位。

宝塔倒影

白 洁

海宝塔是宁夏一座古老的塔，又称为"黑宝塔"、"赫宝塔"，因位于银川城北而俗称"北塔"。海宝塔古朴明朗，塔身和塔座皆呈方形，塔身四面有券门通道，塔身四角和塔刹下的外檐，缀有48个铁马，遇风作响，明丽响亮。海宝塔内以木梁板相隔，每层都有楼梯，登梯而上，风景尽收眼底。清朝徐乃雄曾作诗《古塔凌霄》："烟外浮屠丽远天，欲寻双树共僧禅。雕墙锈柱今何处，断碣依稀记赫连。"远天、浮屠融为一体，相互映衬，格外美丽。

1963年，董必武来宁夏视察工作，曾登塔并作《登银川市北塔》诗一首："银川郊北赫连塔，高势孤危欲出云。直以方形风格异，由于本色火传分。登临百级莫嫌陡，俯视三区极可欣。四野农民皆组社，庆丰收亦乐清芬。"每年的农历七月十五，海宝塔寺都兴行传统的"盂兰盆"法会，届时广大佛教徒云集海宝塔寺，进行佛事活动，此时寺内香烟缭绕，钟声悠悠，悦耳的僧乐声，僧侣的诵经声，与寺外广场的杂耍声、市中的叫卖声构成一幅奇丽画面。传说一个叫黑保的小伙子化身黄犍牛，击退了洪水，从湖中海眼的上空落下一座塔来，镇住了海眼，逼退了湖水。人们为了纪念黑保，修了一座塔，人们把这塔叫作"黑保塔"。人、神、自然附丽于海宝塔，更为海宝塔增添了一丝神秘的气息。

海宝塔前有一大片湖水，塔的身影倒映水中，天晴时，清晰而明朗；多云时，影影绰绰；天阴时，混沌一片，不见塔影。即使在黄沙弥漫的天气里，北塔仿佛蒙着面纱的美女俏然挺立。在这里，塔影四季变化，呈现不同的景观。春天，经历了一冬的北塔拂去尘埃，格外清爽；夏天，人们大汗淋漓，塔影却在四周绿树的环绕之中，安静清凉；秋天，蓝天、白云、黄花映衬下的海宝塔绚丽多姿；冬天，身披银装的海宝塔影庄重而妖娆。

海宝塔耸立在蓝天白云之下，湖水清澈，鱼儿自在悠游，人们划着小船悠闲地漂在水中。到了冬天，湖水成冰，孩子们的笑声打破了塔寺的庄重肃穆，多了一分轻盈。塔与周围的树依偎，庄重而不失清秀，湖水荡漾，鲜花盛开，灿烂而不失雅致。所有的这些景致与旁边的海宝公园中的拱桥、楼阁以及绿荫中的曲径浑然一体，已成为银川人休闲的好去处。

六盘红霞

杨　云

　　六盘山是关中以西的著名山脉，横亘陕西、甘肃、宁夏，绵延近千里，主峰在宁夏固原境内。六盘山不仅风景秀丽，而且历史悠久。六盘山地区是中华文明的发祥地之一，以六盘山脉为轴，分布着周祖文明、伏羲文明、炎帝文明。这里是农耕文明与游牧文明的交融地，金戈铁马，六盘山上郁郁绿色，这里是历代帝王登临驻跸之地；六盘山天高气爽，这里是文人骚客游历吟咏之地。六盘文化代表了宁夏的悠久历史，展望着宁夏的时代脉搏。

　　历代帝王登临或者驻跸六盘山，为六盘山的历史底蕴增色不少。秦始皇是历史上第一位到固原的皇帝，"始皇巡陇西、北地、出鸡头山"，鸡头山即今六盘山。元朝因忽必烈"受京兆封地"，六盘山行宫的政治地位凸显。六盘山不仅因为帝王而闻名遐迩，这里也是著名的丝绸之路必经地。

高平、大原、萧关这些古老的名字昭示了固原和六盘山的悠久历史与古老文明。明代《固原州志》已有六盘山的专门介绍，清代因道路险绝、风景秀丽而被称为"六盘鸟道"，入列清代固原八景。

1935年10月，红军长征经过宁夏。5日傍晚，毛泽东等中央领导和红军部队来到西吉县单家集。7日凌晨，国民党二十八旅前哨部队接近张易堡以西的阎官大庄，红军留一部分部队在堡子梁据险狙击，大部队经王套、后莲花沟向六盘山急进。毛主席等中央领导从张义堡出发，沿小水沟登上六盘山。毛主席在山顶饱览六盘雄姿后，写下了荡气回肠的《清平乐·六盘山》："天高云淡，望断南飞雁。不到长城非好汉，屈指行程二万。六盘山上高峰，红旗漫卷西风。今日长缨在手，何时缚住苍龙？"六盘山在红军长征中具有举足轻重的地位，多位党政军高级领导登上六盘山。红一方面军长途翻越六盘山，打开了通往陕北革命根据地的最后通道，中国革命翻开了新的篇章，六盘山载入了革命史册。

六盘山群峰竞秀、林深似海、草茂花香、山花争艳、风光旖旎，为世人展现了其魅力与风韵。六盘朝霞如血，映红漫山郁郁葱葱，象征着革命壮士曾经的满腔热忱；六盘红霞迎日，山花烂漫绽放春景，勾画着革命壮士对祖国的美好憧憬。六盘红霞既展现了大自然绮丽的风景，也展示着这里的红色记忆，预示着六盘儿女对美好生活的向往和为美好明天奋斗的激情。

古堡　吴惟珺/摄

十景诗赋

艾依春晓

魏康宁

清凌秀水绕城流，绚丽风光一眼收。
曲拱斜拉桥守望，碧湖阔海荡轻舟。
蓝天碧水鱼群跃，河畔池边飞燕鸥。
近水亲林心意适，凤城美画展新轴。

艾依春晓

张 嵩

仙女思凡塞上来，盈盈春水扫尘埃。
山生兰气盘青髻，河养黄金贴粉腮。
罗裳丝丝织锦绣，翠珠粒粒缀秦淮。
琼楼纱幔正出浴，旭日一轮到玉台。

古堡新影

崔永庆

明清古堡已荒凉，三五农民事牧羊。
慧眼洞穿今与古，胆识成就艺和商。
废墟屡造应时境，大片几番惊世煌。
走向亚欧千万路，却从此处启帆航。

古堡新影

马乐群

影城西部展雄风，黄土高粱举世红。
敬业演员形有样，开心游客趣无穷。
今情往事翻新意，古镇小街展旧容。
莫道荒凉难为用，神奇灿处赞张公。

贺兰晴雪

周志远

娇龙横卧贺兰峰，玉带黄河映碧空。
雾雪林涛歌壮魄，奇遗岩画记源情。
一帘瀑布松间挂，万仞驼崚塞上腾。
遥看前川孰点将，岳飞立马满江红。

凤凰台上忆吹箫·贺兰晴雪

马 翠

风掠三关，雾凝原野，玉蝶漫舞雄州。看水天一色，千
岑银裘。百谷雾凇沆漭，岩羊跃，惊起斑鸠。云屏散，霞光
万里，五彩争流。

悠悠，九边重地，纵历代更年，争战不休。待偃旗屯
牧，且自绸缪。今日南山北岭，晴雪后、妖娆难收。凝眸
处，群峰影里，琼树梢头。

回乡风情

张　嵩

塞上风情有大观，回乡文化自当先。
声声邦克一心静，句句真言两世欢。
博物长存奋斗史，民俗尽显吉祥篇。
梅香书卷千年梦，新月初升映九天。

一剪梅·回乡风情

丁玉芳

圆顶幽廊碧水围，经诵萦回，绿柳低垂。中外团结做嫁媒，百折千回，心愿相随。

船泊万里探亲来，问客何谁？金殿低眉。虔心静坐悟深微，大义箴规，扬善知非。

黄河金岸

邓　万

穿峡越岭气何舒，两岸风光胜玉姝。
蘸尽滔滔九曲水，绘出今日上河图。

黄河金岸

许　凯

气共轩辕便不凡，惯将冰阵入新年。
晴光四漾生鸾凤，云路双悬系海天。
日上长城沙塞远，风回碧柳玉街宽。
春潮战罢红尘落，明月依依照贺兰。

六盘烟雨

李宪亮

横空出世扼陇原，朔风秦雨唱萧关。
远观玉虚云霓舞，近看峰峦碧翠衔。
南川听涛知松古，龙潭观瀑觉水寒。
古今名流临此境，各抒情怀赋遗篇。

念奴娇·六盘烟雨

张 嵩

边关险隘，更群山环绕，客愁难度。南往北来留惊梦，空惹满身寒露。回望长安，遥思朔漠，有几多歧路？行人羁旅，怨尤知向谁诉？

流水婉转如筝，出峡东去，弹起一川雾。万里征蓬朝塞上，归雁急飞入目。落日时节，风云际会，烟霭凝成柱。雄姿虽逝，却藏诗赋无数。

满庭芳·六盘烟雨

马 翚

迤逦峰峦，翠浓红淡，重重古道绵延。松鸣横影，飞瀑浣青莲。绕径紫云缠步，晨曦曜，隐彩流丹。逢初霁，珠凝霞蔚，虹贯向萧关。

盘桓，轻雾锁，烟光草色，酷暑犹寒。纵粗茶陋盏，不羡神仙。今日苍龙缚就，登高处，笑点山川。凭栏久，金雕望断，心醉可思还？

沙湖苇舟

沙俊清

游客惊呼造化功，江南绮丽朔方雄。
鸥飞翠苇轻扬外，舟泛烟波浩渺中。
靓女如鱼游碧水，缆车似鸟越晴空。
沙山更喜洁如雪，几点驼峰晚照红。

沙湖苇舟

崔永庆

金沙碧水映兰山，旖旎风光蔚大观。

湖里浮荷恣意艳，渚洲落雁不思还。

苇林莽莽听鱼跃，浩水悠悠看鸟翩。

造化钟灵奇秀处，融容塞北与江南。

沙坡鸣钟

张　嵩

千山草绿少沙踪，长水一弯连碧空。

落日孤烟常入画，坡头一跃响鸣钟。

沙坡鸣钟

刘剑虹

黄水一湾如月牙，高坡对岸有人家。
横空钢索从天降，破浪皮筏竭力划。
泪溢悲泉情不尽，钟鸣崖底秘难察。
巧铺新绿流沙固，铁道飞车举世夸。

神秘西夏

马乐群

昊王霸业迹全消，残瓦废砖胆气豪。
屹立东方金字塔，壮怀西夏旧时标。
依山形胜云腾势，对野貌雄霭起潮。
迎面常吹罡风劲，夕阳如火耀天烧。

神秘西夏

沙俊清

西望青山气势宏，突兀金塔立峥嵘。
今朝野旷天低处，昔日花明柳暗丛。
歌舞金杯斟月夜，烽烟铁马射雕弓。
昊王豪气今何在？陵阙难埋一代雄。

水洞兵沟

李宪亮

一泓碧水润桑田，草棚地穴三五间。
深壑幽谷苇森森，厚土层叠迹斑斑。
舒翁入境赋佳句，游人登临几盘桓。
莫言时光不倒流，半日穿越三万年。

水洞沟赋

薛正昌

　　九曲黄河，气势磅礴。川原以百数，四渎河为宗；华夏文明之根脉，中华文明之源起。夫宁夏者，居其中上游，南有锦绣六盘，西依雄奇贺兰；北接乌兰布和，东临鄂尔多斯台地；黄河孕育卫宁平原乃前套，明代谓"天下黄河富宁夏"，形胜在焉！淼淼兮，汉唐渠水涌动若春潮；粲粲兮，阡陌纵横塞北似江南。稻米熟稔而人民殷富，瓜果飘香而天下称誉，天府之国成焉！夫水洞沟文化，缘其境而生，实乃宁夏历史文化之端绪，华夏文明发祥地之一者也。

　　郁郁乎，水洞沟！三万年前之斯地，气候湿润而温暖；草木蓁蓁以显繁茂，湖泊渺渺而映四野，羚羊野马驰骋于其间。嗟夫！此乃万物育化之世界，人群栖息之乐园。掘地穴而临水，以营建新家园；造石器以狩猎，而开启新篇章。壮哉，天造水洞沟；美哉，地设水洞沟，大遗址文化成就。

邈邈兮，水洞沟！三万年之漫漫岁月，地质变迁，沧海桑田；五千载之华夏文明，传承千古，恢弘阔大；缘考古而水洞沟绝响。肖特者，比利时传教士，慧识水洞沟遗址；德日进与桑志华，法国古生物学家，掀开水洞沟面纱。数载之后，《中国旧石器文化》面世；一夜之间，"中国没有旧石器文化"之论沉寂。裴文中与贾兰坡，中国考古界前辈，水洞遗址之发掘者；夫此后之岁月，多次发掘，以考镜源流；种类之繁，而影响深远；当与欧洲莫斯特石器媲美，可谓旧石器文化之里程碑。

美乎哉，水洞沟！天然石块，石片成焉；柱状石块，石核臻焉，皆水洞沟人使用之工具。刮削石器，砍砸石器；尖状石器，长片毛坯；乃水洞沟代表性之物器。钻木取火，有燧人氏之美丽传说；烧石煮食，乃水洞人热理技术之杰作。鸵鸟蛋壳，环状饰品；略加雕磨，皆成饰物；钻孔技术之使用，技艺之精而后人盛赞；实乃远古文明之萌芽，人类审美艺术之滥觞。

大遗址兮，水洞沟！岁月悠远兮数万年，多元文化绵延；河山相拥兮精华聚，遍布文化遗产。明长城兮突兀匍匐，苍凉亘古；崖壁芦苇兮绕溪水，画趣天然。红山堡雄姿优在，藏兵洞蜿蜒相连，诡秘而显其金汤之固。沟谷与城塞相连，遗址与屏障对掩，迷花依石而璧合珠联。

嗟夫！文化因旅游而生辉，旅游缘文化而铸魂。万物之灵，天地造化，赋予山川则奇秀；神秘旷远，寻古赏幽，四时游人蕴遐想。夫大遗址，乃大文化，古今绵延积淀而时新；夫大旅游，蔚为壮观，临风而彰显宁夏魅力。美丽宁夏，怀珠抱玉，贯通古今以撷取精髓；旅游宁夏，风采灿然，南清秀北粗犷盛景皆备。

大矣哉！溯史而赋之，则旷今远古；览史而诵之，则神采飞扬。鉴兹念兹，歌之载之。

风过贺兰 华希良/摄

附录

关于开展"宁夏十景"
评选活动景观推荐工作的通知

宁宣发〔2014〕125号

五市党委宣传部：

为充分展示当代宁夏独具特色的文化和自然景观魅力，系统梳理整合我区丰富的历史文化自然旅游资源，深化宁夏旅游景观文化内涵，进一步提升宁夏的知名度、美誉度，增强对外影响力和吸引力，自治区党委宣传部决定开展"宁夏十景"评选活动。现就景观推荐工作有关事项通知如下：

一、活动主题

通过开展"宁夏十景"评选活动，充分展示宁夏瑰丽多彩的自然风貌和人文风貌，增强群众对家乡的认同感、自豪感，激发热爱家乡、建设家乡的热情；深入挖掘宁夏旅游景观的文化内涵，打造宁夏旅游文化品牌；引导国内外游客全面了解宁夏，感受宁夏之美，更好地宣传宁夏、推介宁夏，提升宁夏的知名度、美誉度；为建设开放宁夏、富裕宁夏、和谐宁夏、美丽宁夏创造良好条件。

二、推荐范围

以宁夏境内名胜古迹、古代及现代建筑物、城市风貌等自然景观和人文景观为主要对象，着力反映其所承载的深刻内涵、历史意义、文化特色，自然之美、人文之美、和谐之美。

三、推荐标准

1. 具有较强的旅游观赏性，能代表宁夏气候、地质、环境、植被等典型自然特征，生态环境保护程度高，获得了较高的美誉度和知名度，能够成为国内外游客向往的宁夏胜景。

2. 具有较深厚的历史文化内涵和较高的保存价值，同时又具有持续发展前景和长久价值，经得住时间和实践检验。

3. 具有唯一性和独特性，体现宁夏地域特色或人文特色，能成为宁夏的标志性景观。

4. 具有较强的公共资源性质，可供广大群众、游客游憩、休闲。

四、推荐办法

五市党委宣传部牵头组织当地旅游文化部门，按照上述推荐范围和标准，从本地域景观中推荐"宁夏十景"参评景观，报送参评材料。具体要求如下：

1. 填写景观推荐表(一景一表)并签署意见后，连同景观介绍图片、影像及相关文字资料(刻录成光盘，一式3份)，报送自治区党委宣传部。

2. 推荐活动从即日起到2014年10月17日截止。

五、工作要求

1. 高度重视、精心组织。五市党委宣传部要把"宁夏十景"评选活动作为加强我区精神文明建设，推动文化旅游事业繁荣发展的大事来抓。要认真组织、广泛发动，确保活动有声有色，收到实效。

2. 统一认识、落实责任。五市党委宣传部和旅游文化部门要统一认识，协调配合。各景点景区要把此次活动作为展示行业形象的一个平台，加强管理，美化环境，优化服务，争取更多群众的支持。要加强对推荐评选工作的组织领导，指定专人负责并按要求及时上报有关资料。

联系人：

自治区党委宣传部文艺处　冯光耀(电话095 1—6669527邮箱ndxwye@163. tom)

自治区党委宣传部对外文化交流中心红煜（电话0951—6669956邮箱ndxwhjl@163.tom）

附件："宁夏十景"评选活动景观推荐表

"宁夏十景"评选活动景观推荐表

景观名称 （4-6字）		所在地点	
是否经营性		年接待游客量	
星　　级		负 责 人	
电子信箱		邮　　编	
联系电话		通讯地址	
景观介绍 （500字）			
推荐理由 （300字）			
宣传部门 意见			

"宁夏新十景" 征集评选活动公告

在宁夏历史上，从明代初年开始，就有了关于宁夏"八景"、"十景"乃至"十二景"的记录与传诵，如藩封宁夏的庆王朱栴亲自厘定的"贺兰晴雪、汉渠春涨、月湖夕照、黄沙古渡、灵武秋风、黑水故城、官桥柳色、梵刹钟声"等八景，不但至今仍可找到历史遗存，而且由每一景观衍写的诗词至今流传，在宁夏文化史上有其重要的一笔。今天，随着时代进步，挖掘评选宁夏新的具有文化内涵的自然地理、人文风貌和建设成就等现代景观，服务于现代化建设已经成为广大人民的期盼。

为充分展示当代宁夏独具特色的文化和自然景观魅力，现就开展"宁夏新十景"征集评选活动，公告如下：

一、活动主旨

通过开展"宁夏新十景"征集评选活动，充分展示宁夏瑰丽多彩的自然风貌、人文风貌和优美的生态环境，深入挖掘宁夏景观文化内涵，打造宁夏文化品牌，引导国内外游客更加深入全面地了解宁夏之美，感受宁夏之美；进一步增强宁夏人对家乡的认同感、自豪感，激发热爱家乡、建设家乡的热情，为建设开放宁夏、富裕宁夏、和谐宁夏、美丽宁夏贡献力量。

二、征集评选时间

2014年10月至2015年6月。

三、征集评选原则

坚持"公开、公平、公正"原则，开放式征集评选，诚意邀请国内外社会公众积极参与；坚持群众性和专业性相结合、群众投票和专家评议相结合的原则，力求群众公认、专家认同、社会满意；坚持现实意义与审美价值相结合的原则，突出景观审美情趣，注重景观实用功能。

四、评选内容和表达方式

山川秀丽的宁夏，既有塞外边陲的雄浑壮丽，又有南国水乡的灵秀旖旎。从唐代诗人韦蟾笔下的"贺兰山下果园成，塞北江南旧有名"，使"塞北江南"、"塞上江南"

响彻中华大地，到生成于明代、兴盛于清代的宁夏"古八景"，无不凝固记录了彼时宁夏景观的自然形态、文化内涵和人文精神，千百年来，已成为古老宁夏一张响亮的名片，承载着人们对这方热土的记忆与神往。纵览锦绣神州，有秦皇岛新十景（花海飘带、奥运留风、诗情木道、石河淡妆、欧陆风情、生态奇园、碧螺望月、葡萄山谷、沙雕幻影、逸城恋曲）、澳门八景（镜海长虹、妈阁紫烟、三巴圣迹、普济寻幽、灯塔松涛、卢园探胜、龙环葡韵、黑沙踏浪）、西湖新新十景（灵隐禅踪、六和听涛、岳墓栖霞、湖滨晴雨、钱祠表忠、万松书院、杨堤景行、三台云水、梅坞春早、北街梦寻）等等。今天，我们放眼"新天府"新宁夏，人与社会、人与自然和谐发展，涌现出诸多时代特色鲜明、文化底蕴深厚的新景观、新景致。

"宁夏新十景"征集评选的内容，以宁夏境内的人文景观、自然景观和建设成就为主要对象，主要包括传统的历史文化景观、知名的自然生态景观和人文民俗风貌，以及现代化建设成就等当代文明成果。其特质应具有独特性、唯美性、标志性、权威性，体现地域特色、文化内涵、自然之美、和谐之美。

五、征集评选步骤

（一）征集推荐

征集景观以群众推荐和单位推荐相结合，可以书面推荐，也可通过网络推荐，每人推荐景观不超过10个。推荐时须提供景观名称（一般以4字为佳）、景观介绍和推荐理由等文字说明（推荐景观以诗词歌赋等文学形式表达的，优先入选评奖），尽可能提交景观图片和影像资料等。推荐者须提供真实姓名、联系电话和联系地址。

1. 网络推荐：请登录宁夏新闻网"宁夏新十景"专题页面（网址：http：//shijing.nxnews.net）参与推荐。

2. 书信推荐：请在信封左上角注明"宁夏新十景征集"字样。

信寄：中国宁夏银川市兴庆区中山南街47号宁夏新十景征集评选活动办公室（宁夏新闻网办公室504房间）

邮政编码：750004；联系人：李文龙、马杰、王丽娟

电话：0951-6031761；传真：0951-5029812

3. 电子邮件推荐：shijing@nxnews.net

征集活动从即日起到2015年5月31日截止。

（二）投票评审

1. 组委会对征集到的所有景观汇总后，按得票高低提名确定100个候选景观，并在入选100个候选景观的推荐者中，网络随机抽取100名优秀奖，给予奖励；对征集到的诗词歌赋等文学作品，结集出版。

2. 组委会对100个候选景观在全社会投票评选，从中产生30个得票率高的入围景观。

（1）网络投票：请登录宁夏新闻网"宁夏新十景"专题页面（网址：http：//shijing.nxnews.net）"投票评

选"专栏参与。

（2）书信投票评选主要采取由宁夏日报、新消息报、《看天下》、《博客天下》杂志印制（插页）选票，公众裁剪或复制后填写邮寄，请在信封左上角注明"宁夏新十景投票"字样。也可以直接信函投票评选。

信寄：中国宁夏银川市兴庆区中山南街47号宁夏新十景征集评选活动办公室（宁夏新闻网办公室504房间）

邮政编码：750004；联系人：李文龙、马杰、王丽娟

电话：0951-6031761；传真：0951-5029812

（3）电子邮件投票：shijing@nxnews.net

（4）手机短信和微博、微信投票：请关注新浪微博"@玩转宁夏"或关注"玩转宁夏"微信公众号，通过微博或微信公众号发布的链接进行投票评选。

投票具体事宜请关注宁夏日报、宁夏广播电视台、宁夏新闻网、新消息报等媒体相关报道或公告。

3. 专家评审组对30个入围景观进行充分论证、评议，提出"宁夏新十景"建议名单报组委会审定。组委会从入选30个入围景观的推荐者中，网络随机抽取50名提名奖，按入围景观数量给予奖励。

（三）命名颁奖

组委会举办"宁夏新十景"命名颁奖晚会，向社会发布"宁夏新十景"。

在晚会现场颁发优秀奖、提名奖和特别奖。特别奖由组委会从入选"宁夏新十景"的推荐者中网络随机抽取10名，

依入选景观数量给予奖励；对推荐景观与最终确定的"宁夏新十景"完全一致的推荐者，组委会给予重奖。

本次活动的评奖办法由组委会另行制定。

六、宣传推介

组委会通过书画、摄影、诗词、歌舞、影视等形式，对"宁夏新十景"进行全方位阐释、挖掘，开展一系列宣传推介活动。

七、其他

"宁夏新十景"征集评选活动由宁夏回族自治区党委宣传部主办，宁夏新闻网、宁夏对外文化交流中心承办，宁夏回乡文化实业有限公司、宁夏红集团协办并提供全部奖励资金。活动组委会由自治区文明委相关单位组成，下设办公室和专家评审组，负责相关事宜。组委会对所有推荐景观的文字表述和阐释，拥有解释、使用和注册的权利。

我们真诚期待您用您的慧眼参与到寻找新宁夏自然之美、人文之美、和谐之美、发展之美的活动中。

"宁夏新十景"征集评选活动组委会

2014年10月21日

关于印发《"宁夏新十景"
征集评选活动方案》的通知

宁宣发〔2014〕139号

五市党委宣传部，各有关单位：

现将《"宁夏新十景"征集评选活动方案》印发你们，请参照做好相关工作。

自治区党委宣传部

2014年10月21日

"宁夏新十景"征集评选活动方案

在宁夏历史上，从明代初年开始，就有了关于宁夏"八景"、"十景"乃至"十二景"的记录与传诵，如藩封宁夏的庆王朱㮵亲自厘定的"贺兰晴雪、汉渠春涨、月湖夕照、黄沙古渡、灵武秋风、黑水故城、官桥柳色、梵刹钟声"等八景，不但至今仍可找到历史遗存，而且由每一景观衍写的诗词至今流传，在宁夏文化史上有其重要的一笔。今天，随着时代进步，挖掘评选宁夏新的具有文化内涵的自然地理、人文风貌和建设成就等现代景观，服务于现代化建设已经成为广大人民的期盼。

为充分展示当代宁夏独具特色的文化和自然景观魅力，系统梳理整合宁夏丰富的历史文化自然旅游资源，深化宁夏景观文化内涵，进一步提升宁夏的知名度、美誉度、影响力和吸引力，自治区党委宣传部决定面向全国公开举办"宁夏新十景"征集评选活动，特制定本方案。

一、活动主旨

通过开展"宁夏新十景"征集评选活动，充分展示宁夏瑰丽多彩的自然风貌、人文风貌和优美的生态环境，深入挖掘宁夏景观文化内涵，打造宁夏文化品牌，引导国内外游客更加深入全面地了解宁夏之美，感受宁夏之美；进一步增强宁夏人对家乡的认同感、自豪感，激发热爱家乡、建设家乡的热情，为建设开放宁夏、富裕宁夏、和谐宁夏、美丽宁夏贡献力量。

二、征集评选时间

2014年10月至2015年6月。

三、征集评选原则

坚持"公开、公平、公正"原则，开放式征集评选，诚意邀请国内外社会公众积极参与；坚持群众性和专业性相结合、群众投票和专家评议相结合的原则，力求群众公认、专家认同、社会满意；坚持现实意义与审美价值相结合的原则，突出景观审美情趣，注重景观实用功能。

四、征集评选内容和表达方式

山川秀丽的宁夏，既有塞外边陲的雄浑壮丽，又有南国水乡的灵秀旖旎。从唐代诗人韦蟾笔下的"贺兰山下果园成，塞北江南旧有名"，使"塞北江南"、"塞上江南"响彻中华大地，到生成于明代、兴盛于清代的宁夏"古八景"，无不凝固记录了彼时宁夏景观的自然形态、文化内涵和人文精神，千百年来，已成为古老宁夏一张响亮的名片，承载着人们对这方热土的记忆与神往。纵览锦绣神州，有秦皇岛新十景（花海飘带、奥运留风、诗情木道、石河淡妆、欧陆风情、生态奇园、碧螺望月、葡萄山谷、沙雕幻影、逸城恋曲）、澳门八景(镜海长虹、妈阁紫烟、三巴圣迹、普济寻幽、灯塔松涛、卢园探胜、龙环葡韵、黑沙踏浪)、西湖新新十景(灵隐禅踪、六和听涛、岳墓栖霞、湖滨晴雨、钱祠表忠、万松书院、杨堤景行、三台云水、梅坞春早、北街梦寻)等等。今天，我们放眼"新天府"新宁夏，人与社会、人与自然和谐发展，涌现出诸多时代特色鲜明、文化底蕴深厚的新景观、新景致。

"宁夏新十景"征集评选的内容，以宁夏境内的人文景观、自然景观和建设成就为主要对象，主要包括传统的历史文化景观、知名的自然生态景观和人文民俗风貌，以及现代化建设成就等当代文明成果。其特质应具有独特性、唯美性、标志性、权威性，体现地域特色、文化内涵、自然之美、和谐之美。

五、征集评选安排

（一）活动启动

拟制"宁夏新十景"征集评选活动方案和公告，提交组委会审定；组织宁夏新闻网做好开设网络专题页面的准备工作；在人民网、新华网、中国广播网、中国网、中国旅游报、宁夏日报及其子报子刊、宁夏广播电视台相关频率频道、宁夏新闻网等媒体发布活动公告。

（二）征集推荐

征集推荐从10月21日开始，到2015年5月31日截止。征集景观以群众推荐和单位推荐相结合，可以书面推荐，也可通过网络推荐，每人推荐景观不超过10个。推荐时须提供景观名称（一般以4字为佳）、景观介绍和推荐理由等文字说明（推荐景观以诗词歌赋等文学形式表达的，优先入选评奖），尽可能提交景观图片和影像资料等。推荐者须提供真实姓名、联系电话和联系地址。各地可结合本地情况，组织开展征集评选活动。

（三）投票评审

1. 组委会对征集到的所有景观汇总后，按得票高低提名确定100个候选景观，并在入选100个候选景观的推荐者中，网络随机抽取100名优秀奖，给予奖励；对征集到的诗词歌赋等文学作品，结集出版。

2. 组委会对100个候选景观在全社会投票评选，从中产生30个得票率高的入围景观。

（1）网络投票：宁夏新闻网开设公众网络投票、手机短信和微博、微信投票。

（2）书信投票：宁夏日报、新消息报、《看天下》、《博客天下》杂志印制(插页)选票，公众裁剪或复制后填写邮寄。

3. 专家评审组对30个入围景观进行充分论证、评议，提出"宁夏新十景"建议名单报组委会审定。组委会从入选30个入围景观的推荐者中，网络随机抽取50名提名奖，按入围景观数量给予奖励。

（四）命名颁奖

组委会举办"宁夏新十景"命名颁奖晚会，向社会发布"宁夏新十景"。在晚会现场颁发优秀奖、提名奖和特别奖。特别奖由组委会从入选"宁夏新十景"的推荐者中网络随机抽取10名，依入选景观数量给予奖励；对推荐景观与最终确定的"宁夏新十景"完全一致的推荐者，组委会予以重奖。

本次活动的评奖办法由组委会另行制定。

六、宣传推介

1. 自治区文化厅、旅游局创排以"宁夏新十景"为主题的文艺节目；自治区广播电视台组织拍摄"宁夏新十景"系列电视片。

2. 自治区文联（所属各协会）、自治区文化厅和宁夏诗词学会等可邀请国内书画、摄影、诗词、作曲名家来宁采风创作，举办"宁夏新十景"专题书画摄影展，出版专题画册和诗词集，推出专题音乐作品，宁夏邮政公司制作发行"宁夏新十景"邮票、明信片。

3. 宁夏新闻网设计制作"宁夏新十景"专门网站、客户端、公众微信等。

4. 在人民网、新华网、中广网、中国网、中国旅游报、携程网、国家地理杂志等媒体和中阿博览会、中国(深圳)国际文化产业博览会等大型经济文化旅游展会上大力宣传推介"宁夏新十景"，积极开展招商引资活动，推动宁夏文化旅游产业上水平、上台阶。

七、组织领导

"宁夏新十景"征集评选活动由自治区党委宣传部主

办，宁夏新闻网、宁夏对外文化交流中心承办，宁夏回乡文
化实业有限公司、宁夏红集团协办并提供全部奖励资金。为
保证征集评选活动扎实有序推进，成立"宁夏新十景"征集
评选活动组委会（名单另发），组委会由自治区文明委相关
单位组成，下设办公室和专家评审组(名单另发)负责相关事
宜。组委会对所有推荐景观的文字表述和阐释，拥有解释、
使用和注册的权利。

八、工作要求

1. 各级宣传文化部门和组委会各成员单位要高度重视，
精心组织，积极参与，确保活动有声有色、影响广泛、收到
实效。

2. 要做好活动征集推荐宣传各个环节的工作，要严格按
程序操作，按步骤实施，对收到的来信来稿，要自觉保密，
严禁擅自扩散。

3. 五市宣传文化部门要做好征集评选的组织协调和单位
推荐等工作，也可参照开展各地的景观征集评选活动。

关于成立"宁夏新十景"征集评选活动组委会和专家评审委员会的通知

宁宣发〔2014〕149号

五市党委宣传部，各有关单位：

根据工作需要，自治区党委宣传部决定成立"宁夏新十景"征集评选活动组委会和专家评审委员会，现将组成人员任职名单通知如下：

一、"宁夏新十景"征集评选活动组委会

主任委员：蔡国英　自治区党委常委、宣传部部长

委　　员：马宇桢　自治区党委宣传部副部长

　　　　　徐　贺　自治区党委宣传部副部长

　　　　　沙　新　宁夏日报报业集团总编辑

　　　　　阮教育　自治区文化厅厅长

　　　　　王文字　自治区林业厅厅长

　　　　　杨宏峰　自治区新闻出版广电局局长

尤艳茹　宁夏广播电视台台长

杨　柳　自治区旅游局局长

刘日巨　宁夏社科院党委书记

郑歌平　自治区文联主席

孔令彬　自治区环境保护厅总工程师

马占林　自治区住建厅副厅长

郭　浩　自治区水利厅副厅长

金万宏　自治区农牧厅副厅长

宋卫中　自治区审计厅副厅长

杨学农　宁夏日报报业集团副总编辑、
　　　　宁夏新闻网总编辑

王　玮　银川市委常委、宣传部长

李文华　石嘴山市委常委、宣传部长

杨志文　吴忠市委常委、宣传部长

彭生选　固原市委常委、宣传部长

陶雨芳　中卫市委常委、宣传部长

刘艳霞　北京宁夏企业商会会长

李杰煌　宁夏回乡文化实业有限公司董事长

张金山　宁夏红集团董事长

赖声洪　宁夏律师协会会长

组委会下设办公室

主　任：马宇桢（兼）　自治区党委宣传部副部长

副主任：杨学农（兼）　宁夏日报报业集团副总编辑、
　　　　　　　　　　　宁夏新闻网总编辑

　　　　雷　忠　自治区党委宣传部文艺处处长

张　伟　自治区党委宣传部对外文化交流
　　　　中心主任

二、"宁夏新十景"征集评选活动专家评审委员会

主任委员：徐　贺　自治区党委宣传部副部长
副主任委员：朱天奎　自治区党委宣传部副巡视员
　　　　　刘天明　宁夏社科院副院长
　　　　　郭文斌　银川市文联主席
委　　员：薛　刚　自治区政府副秘书长
　　　　　哈若惠　自治区文联副主席
　　　　　杨继国　原宁夏文史馆馆长
　　　　　许　成　原自治区文化厅副巡视员
　　　　　吴忠礼　原宁夏社科院副院长
　　　　　杨森翔　原银南地区文联副主席、
　　　　　　　　　吴忠日报总编辑
　　　　　郎　伟　宁夏大学人文学院院长
　　　　　韩星明　宁夏楹联学会会长
　　　　　张　嵩　宁夏诗词学会副会长
　　　　　雷　忠　自治区党委宣传部文艺处处长
　　　　　张　伟　自治区党委宣传部对文化交流
　　　　　　　　　中心主任
　　　　　苏保伟　宁夏日报摄影部主任

自治区党委宣传部

2014年11月6日

"宁夏新十景"征集评选活动评奖办法

本着"公开、公平、公正"、群众性和专业性相结合、群众投票和专家评议相结合的原则，"宁夏新十景"征集评选活动组委会现制定如下评奖办法。

一、优秀奖

"宁夏新十景"征集评选活动组委会（以下简称组委会）在2014年10月21日至2015年5月31日期间征集的、符合本次活动征集评选内容和表达方式要求的景观中，按推荐频次高低提名确定100个候选景观（推荐景观名称以4字为佳，以诗歌辞赋等文学形式表达的，优先入选；推荐办法详见宁夏新闻网"宁夏新十景"专题页面（http：//shijing.nxnews.net），并在媒体公示。在入选100个候选景观的推荐者中，网络随机抽取100名优秀奖，每名奖励现金1000元或等价奖品。获奖名单在媒体公布。

二、提名奖

组委会对100个候选景观面向社会公开投票评选，从中产生30个得票率高的入围景观，在媒体公示。

1. 网络投票：宁夏新闻网开设公众网络投票、手机短信投票（网络投票页面地址及短信投票平台号码届时公布）。

2. 书面投票：组委会在宁夏日报、新消息报、《看天下》、《博客天下》杂志印制（插页）选票，公众裁剪或复印后填写邮寄（邮寄地址届时公布）。

投票具体事宜请随时关注宁夏日报、宁夏广播电视台、宁夏新闻网、新消息报等媒体相关报道或公告。

组委会从入选30个入围景观的推荐者中，网络随机抽取50名提名奖，获奖者每入选1个入围景观奖励现金1000元或等价奖品、入选2个奖励2000元或等价奖品，依次类推。获奖名单在媒体公布。

三、特别奖

"宁夏新十景"征集评选活动专家评审委员会对30个入围景观进行充分论证、评议，提出"宁夏新十景"建议名单报组委会审定。

组委会举办"宁夏新十景"命名颁奖晚会，向社会发布"宁夏新十景"。在晚会现场颁发优秀奖、提名奖和特别奖。特别奖由组委会从入选"宁夏新十景"的推荐者中现场网络随机抽取10名，获奖者每入选1个"宁夏新十景"奖励现金2000元或等价奖品、入选2个奖励4000元或等价奖品，依次类推。

对所推荐的十个景观名称，与最终确定的"宁夏新十景"完全一致的推荐者，组委会另奖励1万元或等价奖品。

四、其他事项

1. 优秀奖、提名奖和特别奖允许重复中奖。

2. 优秀奖、提名奖和特别奖的抽取产生由宁夏回族自治区公证处现场监督公证，组委会组织媒体报道。

3. 本次活动由宁夏回乡文化实业有限公司、宁夏红集团协办并提供全部奖励资金。

4. 组委会办公室对所有推荐景观的文字、书画、摄影、影视等表述和阐释，拥有解释、使用和注册的权利。

5. 本评奖办法未尽事宜，由"宁夏新十景"征集评选活动组委会办公室负责解释。

"宁夏新十景"征集评选活动组委会

2015年4月14日

"宁夏新十景"
征集评选活动公众投票公告

　　"宁夏新十景"征集评选活动自2014年10月启动以来，得到了社会各界的广泛关注，广大群众热情参与、积极推荐。活动组委会对征集到的所有景观作品汇总后，依照推荐频次高低，结合专家评审意见，确定了100个候选景观，现向社会公布。热忱欢迎社会各界人士踊跃投票，选出您心目中的"宁夏新十景"。

一、投票时间

　　2015年6月9日8：30—6月23日18：30。

　　邮寄的书信投票以信函寄出地邮戳日期为准；直接送达的书信投票截止时间为6月23日18：30；网络（含微博、微信）、手机短信投票系统关闭时间为6月23日18：30。

二、投票方式

1. 网络投票：请登录宁夏新闻网"宁夏新十景"专题页面（网址：http：//shijing.nxnews.net/），点击"我要投票"按钮，在线投票。

2. 书信投票：请裁剪（也可复印）宁夏日报、新消息报、银川日报、银川晚报、石嘴山日报、吴忠日报、固原日报、中卫日报6月9日至6月12日刊登的"宁夏新十景"公众选票，填写后邮寄至组委会办公室，请在信封左上角注明"宁夏新十景投票"字样，平信免邮资。

地址：宁夏银川市兴庆区中山南街47号、宁夏新十景征集评选活动办公室（宁夏新闻网办公室504房间）

邮政编码：750004电话：0951-6031761

3. 短信投票：请将所选的"景观编号"逐一用分号"；"隔开，按如下方式发送：移动手机用户发送至10657301122201，电信、联通手机用户发送至106288898。

"景观编号"详见：宁夏日报、新消息报、银川日报、银川晚报、石嘴山日报、吴忠日报、固原日报、中卫日报6月9日至6月12日刊登的"宁夏新十景"公众选票；或者宁夏新闻网"宁夏新十景"专题页面（网址：http：//shijing.nxnews.net）。

4. 微博微信投票：关注新浪微博"@玩转宁夏"或关注"玩转宁夏"微信公众号，通过微博或微信公众号发布的链接进行在线投票。

三、投票规则

每人限选不多于10个景观（含10个）；多选者，选票作废。

1. 网络投票：所有参与网络投票者须根据系统提示填写本人姓名、身份证号码；禁止使用刷票软件，一经发现将取消投票资格。

2. 书信投票：所有参与投票者，请填写本人姓名、身份证号码。

3. 短信投票：每个手机号码限投一次，重复投票只计最后一次结果；编辑短信投票内容时，所选景观编号之间用";"号隔开。

"宁夏新十景"征集评选活动组委

2015年6月9日

"宁夏新十景"征集评选活动情况通报

马宇桢

（2015年7月15日）

在社会各界的积极参与和大力支持下，"宁夏新十景"征集评选活动进行到了最关键的环节，即将在7月28日圆满收官。一周之前的7月7日，组委会正式公布了"宁夏新十景"30个入围景观。今天我们在这里举办"宁夏新十景"30个入围景观媒体发布及抽奖活动。在此，我受国英常委和组委会委托，向各位领导和新闻界的朋友们简要介绍"宁夏新十景"征集评选活动的有关情况。

一、开展"宁夏新十景"征集评选活动意义重大

在我国文化史上，景观文化始终占有一席之地。在宁夏，从明代开始，就有了关于宁夏"八景"、"十景"乃至"十二景"的景观作品，诸如"贺兰晴雪、沙坡鸣钟、黄沙

古渡"等，不但至今仍可找到历史遗迹，而且古为今用，对我们现代化建设特别是旅游文化发展起到了积极作用。

近年来，全国不少地方为打造文化旅游品牌，相继开展了"新十景"、"新八景"征集评选活动，如秦皇岛新十景、成都十景、深圳八景等，最为突出的是杭州西湖，不但有西湖十景、西湖新十景，还有西湖新新十景。这些景观不仅代表着当地得天独厚的自然禀赋，更凝聚了厚重的人文历史底蕴，成为老百姓"看得见、摸得着、享受到"的经济社会文化发展成果。因此，这次"宁夏新十景"评选并非是简单的景观评选，而是以景观评选为抓手，挖掘一批新的具有文化内涵的自然地理、人文风貌和建设成就等景观文化，搭建一个文化旅游产业发展平台，服务于我区现代化建设。

自治区党委常委、宣传部部长蔡国英同志对打造宁夏文化旅游品牌，提升宁夏文化旅游产业的活力和影响力有独到见解，他在经过一年多的思考、调研以及与有关部门的负责同志充分交流意见、沟通思想、反复酝酿后，提出开展"宁夏新十景"征集评选活动，并得到了自治区党委主要领导的肯定和支持。被自治区党委十一届五次全会列入全区文化建设的重要工作。国英常委要求参与活动的有关单位和负责人要力争评出具有传世价值和时代精神的"宁夏新十景"，向全区人民交出一份满意答卷。

为充分展示宁夏瑰丽多彩的自然风貌、人文风貌和优美的生态环境，深入挖掘宁夏景观文化内涵，让人们更多地了解宁夏之美，感受宁夏之美，讲好宁夏故事，传播好宁夏声音，推动文化旅游事业进步，服务于"四个宁夏"建设大局，2014年8月，自治区党委宣传部决定举办"宁夏新十景"征集评选活动。迄今已跨时近一年，现在进入倒计时阶段。

二、"宁夏新十景"征集评选活动得到了全社会的广泛关注和大力支持

2014年10月，自治区党委宣传部在自治区主要媒体发布了《"宁夏新十景"征集评选活动公告》，拉开了"宁夏新十景"征集评选活动的序幕；2015年6月，组委会办公室在自治区主要媒体和五市党报上刊登（播）了《"宁夏新十景"征集评选活动公众投票公告》，发布了100个候选景观，供全区乃至全国广大公众和社会各界进行投票推选；7月7日自治区主要媒体发布了"宁夏新十景"入围30个景观，预示着尘埃即将落下，新十景面纱即将揭开。可以说"宁夏新十景"征集评选活动自开展以来，受到社会各界广泛关注，各项工作进展顺利，新闻热度持续不减。

一是各级领导高度重视，积极给予支持。全国政协副主席王正伟，自治区党委原书记陈建国、原副书记革胜，新闻出版广电局副局长阎晓宏，中央电视台原副台长高峰，以及在宁夏工作过的老领导等亲自参与公众投票活动。自治区政协原主席项宗西等领导还亲自创作景观文化作品，参与征集投稿。自治区党委常委、宣传部长蔡国英亲自主持召开近

20次会议，广泛听取意见建议，安排部署相关工作。

二是社会各界广泛关注，群众参与热情高涨。据统计，征集评选活动期间，"宁夏新十景"专题网页访问量达到400万人次，其中微博话题阅读量260万人次。截至2015年5月31日零时，共征集到区内外群众推荐的景观文化作品5924件。征集活动结束前2分钟，还有热心观众参与投稿。在投票阶段，截至6月23日18：30，共收到选票77.3万千余张，统计有效选票642730张，其中网络选票398941张（区外选票88094张）；微信选票73840张；手机短信选票14823张；书信选票155126张（区外选票538张）。

三是全区各有关单位和区内外新闻媒体予以大力支持。2014年11月—2015年4月，自治区旅游局、文联、社科院、文史馆和宁夏诗词学会分别召开5个"宁夏新十景"座谈会或研讨会。自治区文联还组织作家、艺术家进行采风创作活动。五市也分别开展"银川最美景"、"石嘴山美景"、"吴忠美景"、"固原新景观"、"中卫新十景"征集评选活动。自治区社科院有关专家学者在宁夏日报发表了"宁夏新十景"景观文化释读文章。

四是组委会办公室坚持公平、公正、公开、依法依规原则，确保征集评选活动得到社会广泛认同。4月3日，自治区主要媒体公布了《"宁夏新十景"征集评选活动评奖办法》。组委会办公室邀请了近30位文学、历史、地理、旅游、社科等领域的专家在不同层次、不同范围、不同阶段召开9次论证会，对候选景观的表述形式、意境内涵进行提炼，润色，确保景观文化作品既有文化内涵，又体现时代精神，既反映民族地域特色，又保持文化传承创新。征集评选工作严格按照规定程序和内容，紧扣每一个步骤和环节，体现了广泛性、群众性、公开性和权威性。从入围的30个景观看，总体上兼顾了地区分布、重点景区分布、景观类型分布，群众投票和专家评审相对集中、避免雷同等原则，得到了社会各方面的认可。

7月初，组委会办公室将30个入围景观呈送自治区4套班子现职领导，自治区人大常委会委员、自治区政协常委，各民主党派主要领导，离退休省部级老领导，还发给五市党委、政府主要负责人和五市宣传部部长，广泛征求各方面的意见建议。截至昨天已经收到了大部分反馈意见。7月14日，蔡国英常委主持召开专家评审会，评选"宁夏新十景"。组委会办公室将按照专家评审会的意见，进一步提炼润色，并再次经专家小组认可后，报组委会研究通过，最终确定"宁夏新十景"。目前初步确定将于7月28日晚20：00，在宁夏人民会堂举办"宁夏新十景"颁奖晚会，正式对外发布"宁夏新十景"最终评选结果。

三、"宁夏新十景"文艺创作题材多样，形式丰富

一是由自治区党委宣传部、文化厅与中央电视台合作拍摄的6集纪录片《贺兰山》。该片已经于6月28日开机拍摄，作品将紧紧围绕贺兰山这一载体反映中华民族多元一体，中

原各民族与西域各民族融合发展的历史进程，全面展示宁夏地区的地理、生态、历史、文化和特色产业带建设，凸显贺兰山乃至宁夏在我国经济、文化、民族融合上的重要桥梁纽带作用，深刻揭示我国"一带一路"建设的重大现实意义和深远历史意义。计划于明年适时在中央电视台科教频道等播出。

二是编撰《宁夏景观文化丛书》。包括《宁夏景观文化古今》、"宁夏新十景"诗词歌赋、书画、摄影作品等6辑，自治区文联已经组织一批艺术名家，开展以"宁夏新十景"为主题的诗词歌赋、书画、摄影采风创作活动，创作完成后结集出版。

三是拍摄播出《塞上江南·宁夏》"中华情"专场节目。央视国际频道"中华情"栏目组于5月底来宁进行电视专题片前期拍摄。通过镇北堡影城、沙坡头、回乡风情、宁夏美食等4个特色文艺专题，以《唱开花儿等你来》《回乡姑娘》等歌曲展示宁夏优美风景的MV作品，编排一台时长60分钟的文艺专题节目，8月初，将在中央电视台有关频道安排6次播出。

四、"宁夏新十景"宣传推介全方位多角度持续升温

一是宁夏卫视组织"宁夏新十景"拍摄制作团队，并联合国内一流的后期制作及特效制作团队，共同制作"宁夏新十景"发现之旅宣传片，8月底前后与观众见面。

二是于7月下旬组织一次以"宁夏新十景"为主题的网络媒体宁夏行采访活动，组织全国知名网站等40家媒体记者来宁，进行为期5天的采访活动，通过图文、视频、微博、微信等多渠道、全方位、立体化宣传报道"宁夏新十景"。

三是自治区旅游局将于7月下旬，邀请成都置信、香港国旅、台北中安旅行社等知名企业参与"宁夏新十景"旅游线路产品运作和宣传推介工作。8月上旬，组织区内沙湖、沙坡头、镇北堡西部影城、中国旅行社等旅游企业，共同设计打造特色旅游线路产品。9月初，利用人民网、新华网和中国旅游报、餐饮杂志、宁夏旅游杂志等媒体，大力宣传"宁夏新十景"线路产品。

各位领导、同志们，开展"宁夏新十景"征集评选活动是我区宣传文化系统的一件大事。写进了自治区党委十一届五次全会报告，列入自治区党委工作要点，对推动我区文化大发展大繁荣，进一步提升宁夏的知名度、美誉度，建设开放宁夏、富裕宁夏、和谐宁夏、美丽宁夏具有重要而深远的现实意义。我们将一如既往，坚持公平、公正、公开原则，群策群力，集中全社会的智慧，抓好"宁夏新十景"的评选加工、文艺创作、宣传推介工作，提升宁夏文化旅游产业的影响力和传播力。希望全国新闻媒体和社会各界能够继续给予关注和大力支持，真正把"宁夏新十景"评选好、宣传好、推介好，不断提升宁夏的知名度和影响力，为讲好宁夏故事、传播好宁夏声音贡献积极的力量。

"宁夏新十景"征集评选活动大事记

一、2014年

1. 宁夏回族自治区党委宣传部召开部长办公会议，研究"宁夏新十景"征集评选活动有关事宜。8月27日，宁夏回族自治区党委常委、宣传部部长蔡国英在本部三楼会议室主持召开部长办公会议，听取了"宁夏新十景"征集评选活动准备情况汇报，研究了"宁夏新十景"征集评选活动有关事宜。会议要求，要做好征集评选前的准备工作，成立"宁夏新十景"征集评选活动组委会，适时召开组委会预备会议，研究审定组委会成员建议名单和"宁夏新十景"征集评选方案。要遵循公认性、权威性、独特性的原则，采取激励措施，调动社会各界积极参与征集评选活动。要抓紧时间，讲求效率，争取9月启动征集评选活动。自治区党委宣传部副部长李克强、马宇桢、贾捷频、徐贺出席了会议，毛录、朱天奎、谭斌、高建博、赵志强、周懿列席了会议。

2. 宁夏回族自治区党委宣传部印发《关于开展"宁夏新十景"评选活动景观推荐工作的通知》。9月10日，宁夏回族自治区党委宣传部印发了《关于开展"宁夏新十景"评选活动景观推荐工作的通知》（宁宣发〔2014〕125号），"宁夏新十景"征集评选活动正式拉开帷幕。

3. 宁夏回族自治区党委宣传部召开"宁夏新十景"征集评选活动专题会议。9月27日，宁夏回族自治区党委常委、宣传部部长蔡国英主持召开"宁夏新十景"征集评选活动专题会议。会议讨论审议了《关于开展"宁夏新十景"征集评选活动的方案》《关于征集评选"宁夏新十景"的公告》。会议要求，宁夏社科院和宁夏文史馆尽快整理"宁夏古八景"、"银川八景"等相关资料；宁夏日报报业集团、宁夏新闻网加强对网上宣传推介的策划，尽快研究制订具体工作方案，报组委会审定；宁夏对外文化交流中心认真做好征集评选活动的各项具体工作。自治区党委宣传部领导李克强、马宇桢、朱天奎，自治区有关厅局领导杨玉经、吴洪相、阮教育、沙新、尤艳茹、王文宇、刘日巨、张成军、徐晓平、张学智、哈若蕙、谢荣生，以及自治区党委宣传部谭斌、雷忠、张跃庆、马云，宁夏对外文化交流中心张伟、红煜参加了会议。

4. 宁夏回族自治区党委宣传部召开"宁夏新十景"征集评选活动专题会议。10月14日，宁夏回族自治区党委常委、宣传部部长蔡国英主持召开"宁夏新十景"征集评选活动专题会议。会议要求，抓紧组建"宁夏新十景"征集评选活动组委会及办公室，对外公布办公地点和办公电话，尽快开展工作，确保2015年中阿博览会举办之前推出"宁夏新十景"；10月下旬前，在《宁夏日报》、《光明日报》、宁夏新闻网、《博客天下》、《看天下》等媒体发布征集评选活动公告。自治区党委宣传部副部长马宇桢，宁夏报业集团杨学农、谢荣生，以及自治区党委宣传部雷忠、胡斌、张虎、崔跃、张跃庆，宁夏对外文化交流中心张伟、红煜参加了会议。

5. 宁夏回族自治区党委宣传部召开"宁夏新十景"征集评选活动专题会议。10月19日，宁夏回族自治区党委宣传部副部长马宇桢主持召开"宁夏新十景"征集评选专题会议，专题研究了"宁夏新十景"征集评选活动公告等事宜。

6. 宁夏回族自治区党委宣传部召开"宁夏新十景"征集评选活动专题会议。10月21日，宁夏回族自治区党委常委、宣传部部长蔡国英主持召开"宁夏新十景"征集评选活动专题会议。会议介绍了"宁夏新十景"征集评选活动筹备工作进展情况，研究审议并通过了"宁夏新十景"征集评选活动组委会及其办公室组成人员名单和专家评审组成员名单，审定了《"宁夏新十景"征集评选活动方案》和《"宁夏新十景"征集评选活动公告》，研究了经费筹措等有关事宜。会议同意，"宁夏新十景"征集评选活动采取政府组织与市场动作相结合的方式，宁夏回乡文化实业有限公司捐赠40万元，宁夏红枸杞产业集团有限公司捐赠20万元，专项用于"宁夏新十景"的征集评选奖励等。自治区党委宣传部副部长马宇桢，自治区有关厅局和单位领导喜清江、阮教育、沙新、刘日巨、尤艳茹、郑歌平、马占林、李永春、宋卫中、开永安、吴庭朝、王永斌、徐晓平、刘光辉、杨学农、赖声洪、张金山，以及自治区党委宣传部谭斌、雷忠、冯光耀、张跃庆、白冰、周懿，宁夏对外文化交流中心张伟、刘晓明、红煜参加了会议。

7．"宁夏新十景"征集评选组委会向社会发布《"宁夏新十景"征集评选活动公告》。10月21日，宁夏回族自治区党委宣传部在宁夏日报、宁夏广播电视台、宁夏新闻网、新消息报全文刊（播）发了《"宁夏新十景"征集评选活动公告》，人民网、新华网、光明网、阳光网、中国旅游报等主流媒体对公告进行了转载或链接，"宁夏新十景"征集评选活动正式启动。

8．宁夏回族自治区党委宣传部印发《"宁夏新十景"征集评选活动方案》。10月21日，宁夏回族自治区党委宣传部印发了《"宁夏新十景"征集评选活动方案》（宁宣发〔2014〕139号）。

9．宁夏回族自治区党委宣传部印发《关于成立"宁夏新十景"征集评选活动组委会和专家评审委员会的通知》。10月23日，宁夏回族自治区党委宣传部印发了《关于成立"宁夏新十景"征集评选活动组委会和专家评审委员会的通知》（宁宣发〔2014〕149号）。

10．宁夏回族自治区党委宣传部召开"宁夏新十景"征集评选工作深化推进会议。11月13日，宁夏回族自治区党委宣传部副部长马宇桢主持召开"宁夏新十景"征集评选工作深化推进会议,部分单位领导做了会议发言。会议要求,五市党委宣传部、宁报集团(含子报子刊)、宁夏广播电视台制订详细的宣传报道方案,定期向活动组委会办公室报送工作动态信息。五市党委宣传部分管副部长、中央驻宁媒体及自治区主流媒体分管编采业务领导、有关单位分管领导、部分协会负责人、有关期刊负责人、部分高等院校宣传部负责人、自治区党委宣传部相关处室负责人参加了会议。

11. 宁夏回族自治区五市分别启动"新十景"征集评选活动。11月,宁夏回族自治区银川市、石嘴山市、吴忠市、固原市、中卫市等五市陆续发布了"银川最美景"、"石嘴山美景"、"吴忠美景"、"固原新景观"、"中卫新十景"征集评选活动公告,五市新景观征集评选活动正式启动。

12.《黄河文学》举办"宁夏之美"全国散文大赛,助力"宁夏新十景"征集评选活动。《黄河文学》定于2014年12月1日至2015年7月31日开展"宁夏之美"全国散文大赛,面向全国征集思想健康向上,反映真实生活,抒发真情实感,表现宁夏自然人文景观独特性、唯美性、文化性,具有较强艺术性和可读性的散文作品(散文诗除外),获特等奖者奖励10万元。

二、2015年

13. 宁夏回族自治区党委宣传部召开"宁夏新十景"

征集评选活动工作会议。1月26日，宁夏回族自治区党委常委、宣传部部长蔡国英主持召开"宁夏新十景"征集评选活动工作会议。会议介绍了"宁夏新十景"征集评选活动筹备工作进展情况，对下一步工作进行了安排部署。会议要求，征集评选活动组委会办公室要加大联络协调，从4月份开始分期分批组织召开座谈会、研讨会，陆续对最后遴选出的作品所表达的深刻内涵在媒体发布，适时发布"宁夏新十景"评奖细则，激励更多群众参与。自治区党委宣传部领导马宇桢、朱天奎，宣传文化系统及有关单位领导阮教育、沙新、杨宏峰、尤艳茹、郑歌平、郭进挺、万学道、刘天明、杨学农，五市党委宣传部领导王玮、彭生选、冯建国、马长斌、肖博，以及自治区党委宣传部谭斌、雷忠、李志强、周懿，宁夏对外文化交流中心张伟、刘晓明、包建华、红煜参加了会议。

14. 宁夏回族自治区党委宣传部印发《关于印发〈"宁夏新十景"征集评选活动近期工作目标任务分解表〉的通知》。2月3日，宁夏回族自治区党委宣传部印发了《〈"宁夏新十景"征集评选活动近期工作目标任务分解表〉的通知》（宁宣发〔2015〕14号），对"宁夏新十景"征集评选活动近期工作任务进行了细化分解和责任分工。

15. 宁夏回族自治区旅游局召开全区旅游系统"宁夏新十景"征集评选活动座谈会。3月2日，宁夏回族自治区旅游局召集局机关有关处室、五市旅游局、景区和旅行社近30家旅游企业、优秀导游代表、区市媒体记者，召开了"宁夏新十景"征集评选活动座谈会。会议通报了旅游系统"宁夏新十景"征集评选活动开展情况，与会人员进行了座谈发言。自治区党委宣传部副部长马宇桢、宁夏报业集团副总编辑杨学农参加了会议。

16. 宁夏广播电视台公共频道就"宁夏新十景"征集评选活动采访宁夏回族自治区党委宣传部副部长马宇桢。3月16日，宁夏广播电视台公共频道就"宁夏新十景"征集评选活动流程、进展情况、后续工作以及对宣传宁夏的重要意义采访了宁夏回族自治区党委宣传部副部长马宇桢。

17. 宁夏诗词学会召开"宁夏新十景"征集评选活动座谈会。3月19日，宁夏诗词学会组织30余名诗词界名家，召开了"宁夏新十景"征集评选活动座谈会。会议通报了宁夏诗词界开展"宁夏新十景"作品创作、征集情况，部分诗人词家就作品创作、评选标准等进行了发言。会议表示，下一步将在已收集到的300多首诗词曲作品中，选出部分质量较高的作品进行合力攻关、精心打磨。自治区党委宣传部副巡视员朱天奎、宁夏报业集团副总编辑杨学农参加了座谈会。

18. 宁夏社科文史界召开"宁夏新十景"征集评选活动学术研讨会。3月27日，宁夏社科院和文史馆组织召开了"宁夏新十景"征集评选活动学术研讨会，30多名专家参加研讨会，10名专家做了研讨发言。宁夏社科院向组委会办公室上报了《"宁夏新十景"学术研讨会论文集》，拟出版《宁夏景观文化纵横谈》。自治区党委宣传部副部长马宇桢、宁夏报业集团副总编辑杨学农参加了研讨会。

19."宁夏新十景"征集评选活动组委会公布《"宁夏新十景"征集评选活动评奖办法》。4月3日，"宁夏新十景"征集评选活动组委会在宁夏日报、宁夏广播电视台、宁夏新闻网、新消息报等媒体上公布了《"宁夏新十景"征集评选活动评奖办法》，人民网、新华网、光明网、阳光网、中国旅游报等主流媒体对评奖办法进行了转载或链接。

20.宁夏文联组织召开文艺界"宁夏新十景"作品征集评选座谈会。4月16日，宁夏文联组织召开文艺界"宁夏新十景"作品征集评选座谈会，文联领导班子成员、10个文艺家协会、《朔方》杂志、文联各部室负责人共42人参加了座谈会。会议介绍了宁夏文艺界开展作品创作情况，参会人员就如何开展"宁夏新十景"文艺创作进行了发言。自治区党委宣传部副部长马宇桢、宁夏报业集团副总编辑杨学农参加了座谈会。

21.宁夏回族自治区党委宣传部召开"宁夏新十景"征集评选活动工作会议。5月5日，宁夏回族自治区党委常委、宣传部部长蔡国英在本部三楼会议室主持召开了"宁夏新十景"征集评选活动工作会议。会议听取了相关部门征集评选工作汇报，对"宁夏新十景"征集评选、宣传推介、艺术创作等任务进行了责任分工。会议要求，围绕"宁夏新十景"征集评选活动，出版一套诗词、论文、影视书画册系列丛书，办好一台命名颁奖晚会，开好两个新闻发布会，搞好一次"宁夏新十景"网络媒体宁夏行活动。自治区党委宣传部副部长李克强、马宇桢、周庆华，自治区宣传文化系统有关单位领导沙新、杨宏峰、郑歌平、郭进挺、杜秀岚、刘天明、杨学农，以及自治区党委宣传部赵志强、雷忠、胡斌、冯光耀、白冰、王丽波、马云，宁夏对外文化交流中心张伟、包建华、红煜参加了会议。

22. 宁夏回族自治区党委宣传部印发《关于印发〈"宁夏新十景"征集评选、宣传推介、艺术创作责任分工〉的通知》。5月16日，宁夏回族自治区党委宣传部印发了《关于印发〈"宁夏新十景"征集评选、宣传推介、艺术创作责任分工〉的通知》。

23. 宁夏回族自治区党委宣传部副部长周庆华就"宁夏新十景"商标注册事宜与宁夏回族自治区工商管理局进行商讨。5月5日，宁夏回族自治区党委宣传部副部长周庆华到自治区工商管理局就"宁夏新十景"商标注册事宜进行了接洽。5月6日，受周庆华副部长委派，宁夏报业集团副总编辑杨学农和宁夏对外文化交流中心张伟、文艺处马云，与自治区工商管理局副局长王峰、商标广告监督管理处副处长宣喆，就"宁夏新十景"商标注册事宜进行了咨询和商讨。5月8日，周庆华副部长约请自治区工商管理局商标广告监督管理处副处长宣喆，与宁夏报业集团副总编辑杨学农和宁夏对外文化交流中心张伟、文艺处马云，就"宁夏新十景"商标注册的主体、范围、定名和时机等事宜进行了进一步商讨。

24. 宁夏回族自治区党委宣传部召开部长办公会议，听取"宁夏新十景"征集评选进展情况汇报。5月21日，宁夏回族自治区党委常委、宣传部部长蔡国英主持召开部长办公会议，听取了"宁夏新十景"进展情况汇报。会议要求抓好工作统筹，既要按照时间节点推动工作，又要争取主动，把工作做到前面。自治区党委宣传部领导李克强、马宇桢、徐贺、周庆华出席会议，贾捷频、王康年、赵志强、李军、谭斌、胡斌、李志强、吴静、张虎、马英俊、马清林、马萍、崔跃、张伟、冯光耀、付彦、白冰、周懿列席了会议。

25. 宁夏回族自治区党委宣传部召开"宁夏新十景"征集评选活动专题会议。6月2日，宁夏回族自治区党委常委、宣传部部长蔡国英主持召开"宁夏新十景"征集评选活动专题会议，就"宁夏新十景"100个候选景观初选工作进行了研究部署。会议要求，"宁夏新十景"征集评选活动办公室召开初选会，按照相对集中、兼顾地区分布、兼顾景区分布，以及文化底蕴的原则，初选出100个候选景观，请专家反复论证，提交组委会审核通过后向媒体发布。自治区党委宣传部副部长马宇桢，宁夏报业集团总编辑沙新、副总编辑张国礼，宁夏对外文化交流中心张伟、包建华等参加了会议。

26. 宁夏回族自治区党委宣传部召开"宁夏新十景"100个候选景观初选会。6月2日晚，宁夏回族自治区党委宣传部副部长马宇桢在本部三楼会议室主持召开了"宁夏新十景"100个候选景观初选会。会议就100个候选景观如何评选、评选的标准展开讨论，与会同志对征集的2094个景观提出推荐的重点景观。宁夏报业集团副总编辑杨学农、宁夏社科院副院长刘天明等8位同志参加初选会。

27. 宁夏回族自治区党委宣传部召开"宁夏新十景"征集评选活动组委会全体会议。6月5日，宁夏回族自治区党委常委、宣传部部长蔡国英在本部三楼会议室主持召开"宁夏新十景"征集评选活动组委会全体会议。会议听取了"宁夏新十景"征集评选活动进展情况，原则通过了100个候选景观建议名单，对下一阶段工作进行了安排部署。会议要求，下一阶段的征集评选工作要统一思想、统一认识；要加快工作进度，提高工作质量和评审水平；要上下联动，五市和组委会各成员单位同步进行，2015年6月9日向全社会正式发布100个候选景观，启动公众投票工作。自治区党委宣传部领导马宇桢、徐贺、贾捷频、毛录、王康年，以及宣传文化系统主要负责人、组委会各成员单位领导、五市党委宣传部领导和自治区党委宣传部相关处室负责同志参加了会议。

28. 宁夏回族自治区党委宣传部召开"宁夏新十景"征集评选活动专家讨论会。6月8日，宁夏回族自治区党委常委、宣传部部长蔡国英在本部三楼会议室主持召开了"宁夏新十景"征集评选活动专家讨论会。会议就"宁夏新十景"组委会全体会议原则通过的100个"宁夏新十景"候选景观，分别从语言学、诗词韵律等角度，进行了文字锤炼和意境提升，确定了100个候选景观的最终表述形式。会议要求，2015年6月9日在宁夏各新闻媒体发布《"宁夏新十景"征集评选活动公众投票公告》，落实好书信投票免邮资和短信投票技术问题，提出30个入围景观评选方案，提前做好30

个入围景观的阐释解读工作，集全部之力，抓好"宁夏新十景"征集评选的收官工作。自治区政协原主席项宗西出席会议，邓万、张怀武、杨继国、朱昌平、刘天明、哈若蕙、林涛、季栋梁、薛正昌、韩星明等区内的部分老领导和专家学者，自治区党委宣传部领导马宇桢、徐贺、贾捷频、毛录，以及赵志强、胡斌、李志强、冯光耀、白冰，宁夏对外文化交流中心张伟、包建华参加了会议。

29."宁夏新十景"组委会办公室发布《"宁夏新十景"征集评选活动公众投票公告》。6月9日，"宁夏新十景"组委会办公室在《宁夏日报》《新消息报》《银川日报》《银川晚报》《石嘴山日报》《吴忠日报》《固原日报》《中卫日报》，以及宁夏电视台各频道、宁夏新闻网等媒体上刊登（播）了《"宁夏新十景"征集评选活动公众投票公告》，公众投票时间为2015年6月9日8：30至6月23日18：30。

30. 宁夏回族自治区党委宣传部召开"宁夏新十景"公众投票协调会。6月12日，宁夏回族自治区党委宣传部副部长周庆华在本部三楼会议室主持召开了"宁夏新十景"公众投票协调会。会议通报了6月9日至6月11日公众投票情况。会议要求，宣传文化系统各单位要组织好"宁夏新十景"公众投票工作，不仅要组织本系统人员积极投票，还要发动身边亲朋好友踊跃投票，扩大公众投票参与度。宣传文化系统各单位、区属国有文化企业负责人，以及宣传部各处室负责同志参加了协调会。

31. 宁夏回族自治区党委宣传部召开"宁夏新十景"征

集评选活动协调会。6月14日，宁夏回族自治区党委常委、宣传部部长蔡国英主持召开了"宁夏新十景"征集评选协调会。会议听取了"宁夏新十景"阶段性投票情况汇报，梳理了6月8日"宁夏新十景"专家讨论会任务落实情况，研究部署了下一阶段工作任务。会议要求，要紧盯宣传文化系统投票、社会投票、市县投票和外地投票等四个投票环节，同时要抓好专家投票和在宁夏工作过的在京老领导、知名人士投票工作；要如期办好"宁夏新十景"新闻发布会和命名颁奖晚会；要提前做好"宁夏新十景"工商注册、专家阐释解读和文艺创作工作；要把握好选票统计、专家评审会等的时间节点。自治区党委宣传部副部长马宇桢，以及赵志强、冯光耀、马云、周懿，宁夏对外文化交流中心张伟、包建华参加了会议。

32. 宁夏回族自治区党委宣传部召开"宁夏新十景"公众投票动员会。6月16日，宁夏回族自治区党委宣传部副部长马宇桢在本部三楼会议室主持召开了"宁夏新十景"公众投票动员会。会议强调了"宁夏新十景"征集评选工作的重要性，要求各系统、各单位合力抓好现阶段的公众投票工作：一要高度重视，统一思想；二要认真组织，全员参与，确保公众投票的广泛性和全面性。自治区教育厅副巡视员杨树森、住房和城乡建设厅副厅长张吉胜、交通运输厅副厅长陈均、水利厅副厅长郭浩、农牧厅副厅长赖伟利、卫生计生委副主任白秀荣、审计厅总审计师张龙、地税局副局长杜学章、工商管理局副局长李世虎、旅游局副局长党建平、农垦局副总经理王宏、总工会副巡视员王森林、团委党组成员汤瑞、妇联巡视员范淑玲、工商联副巡视员尤文涛、公安厅宣传处处长赵含宁、环境保护厅信息中心主任骆安胜、林业厅宣传中心主任吴庭朝、宁夏邮政公司副总经理孙洪均，以及自治区党委宣传部冯光耀、马云，宁夏对外文化交流中心张伟、包建华、红煜参加了动员会。

33. 宁夏回族自治区党委宣传部召开部务会进行"宁夏新十景"候选景观现场投票。6月24日，宁夏回族自治区党委常委、宣传部部长蔡国英在本部三楼会议室主持召开部务会。自治区党委宣传部副部长马宇桢对"宁夏新十景"候选景观投票工作做了简要介绍，组织部机关处室负责同志进行了"宁夏新十景"100个候选景观现场投票。自治区党委宣传部副部长周庆华、副巡视员王康年，部机关处室负责同志胡斌、吴静、何淑芳、翟军、马英俊、马萍、高建博、薛成云，宁夏对外文化交流中心张伟参加了会议，宁夏报业集团副总编辑杨学农、宁夏新闻网李文龙，自治区党委宣传部白冰、闵生裕、王丽波、吕耀明、刘恒泉、马云，宁夏对外文化交流中心包建华、红煜列席了会议。

34. 宁夏回族自治区党委宣传部召开"宁夏新十景"征集评选活动组委会全体会议。7月2日，宁夏回族自治区党委常委、宣传部部长蔡国英在本部三楼会议室主持召开"宁夏新十景"征集评选活动组委会全体会议。会议听取了"宁夏新十景"征集评选活动进展情况和有关补充说明，讨论并原则通过了30个候选景观建议名单，对下一阶段工作进行了安排部署。会议要求，要盯住评选关键阶段，做好最后1公里工作：一是适时召开新闻发布会，向公众发布30个候选景观建议名单；二是将30个候选景观建议名单发党的十八大代表（宁夏）、自治区四套班子领导进行投票；三是组织专家学者对30个候选景观建议名单进行再评审论证，综合自治区领导投票意见，确定10个候选景观建议名单；四是召开"宁夏新十景"征集评选活动组委会全体会议，研究确定"宁夏新十景"最后名单；五是举办"宁夏新十景"命名颁奖晚会，揭晓"宁夏新十景"和五市"新十景"评选结果，颁发活动奖项。同时，抓好"宁夏新十景"的宣传推介和艺术创作工作。尤其是在宣传推介上，要形成全方位、立体化、区内区外的良性互动。会议强调，要将程序性、广泛性、代表性、权威性贯穿"宁夏新十景"评选始终，切实体现依法治国的精神和要求，确保评选景观的独特性、唯美性、标志性、权威性，使其具有传世价值和时代精神。自治区党委宣传部领导周庆华、王康年，宣传文化系统主要负责人、组委会各成员单位领导阮教育、杨宏峰、郑歌平、张进海、张国礼、田宝贵、王宁、万学道、杨京、宋卫中、何立新、郭浩、马新民、刘粟民、杨学农，五市党委宣传部领导王玮、薛文斌、彭生选、陶雨芳、马长斌，相关单位李杰煌、冶爱军以及宣喆、李文龙，自治区党委宣传部赵志强、李志强、胡斌、冯光耀、王丽波、马云，宁夏对外文化交流中心张伟、包建华、红煜参加了会议。

35. 宁夏回族自治区党委宣传部召开"宁夏新十景"入

围30景媒体发布暨抽奖活动协调会。7月13日，宁夏回族自治区党委宣传部副部长马宇桢在本部三楼会议室主持召开"宁夏新十景"入围30景媒体发布暨抽奖活动协调会。会议听取了"宁夏新十景"入围30景媒体发布暨抽奖活动筹备情况汇报，对发布会的会议安排、文艺节目演排、新闻宣传报道、邀请领导嘉宾、抽奖活动、会场布置等进行了细化区分和责任落实。宁夏报业集团副总编辑杨学农，宁夏电视台公共频道总监郑丽华、副总监李晓峰，宁夏新闻网李文龙，自治区党委宣传部赵志强、胡斌、冯光耀、马云、吴颖云，宁夏对外文化交流中心张伟、包建华参加了会议。

36. 宁夏回族自治区党委宣传部召开"宁夏新十景"征集评选活动专家评审会。7月14日，宁夏回族自治区党委常委、宣传部部长蔡国英在本部三楼会议室主持召开了"宁夏新十景"征集评选活动专家评审会。会议原则通过了10个候选景观建议名单，重申了开展征集评选活动的目的、原则和程序，指出评选要体现时代价值和现实意义、文化内涵和意境韵味、百姓民意和公众认同、传承与创新。会议要求，组委会对10个景观认真进行文字锤炼和意境提升，再征求专家学者的评审意见，7月28日"宁夏新十景"命名颁奖晚会上向全社会公布最终评选结果；宁夏社科院从历史渊源、文化内涵、时代价值和现实特色等方面做好"宁夏新十景"景观的解读和诠释，争取今年中阿博览会前编辑出版宁夏景观文化丛书。会议强调，"宁夏新十景"征集评选活动历时一年多时间，引起了社会各界的广泛瞩目，自治区党委政府高度重视，有关单位要集全部之力，把收官工作做好，且做到极致。邓万、张怀武、吴忠礼、杨继国、林涛、沙新、朱昌平、刘天明、哈若蕙、杨学农、宋鸣、苏保伟、杨洪涛、范晋国、郎伟、季栋梁、薛正昌、韩星明、张嵩等区内部分老领导和专家学者，自治区党委宣传部领导马宇桢、周庆华、贾捷频，以及有关处室李志强、胡斌、冯光耀、白冰、马云、吴颖云，宁夏对外文化交流中心张伟、包建华、红煜参加了会议。

37. 宁夏回族自治区党委宣传部举办"宁夏新十景"入围30景媒体发布暨抽奖活动。7月15日，宁夏回族自治区党委宣传部在宁夏广播电视台演播大厅举办了"宁夏新十景"入围30景媒体发布暨抽奖活动。自治区党委常委、宣传部部长蔡国英，自治区人大常委会副主任孙贵宝，自治区政协副主席张学武等领导出席了活动。自治区党委宣传部副部长马宇桢通报了"宁夏新十景"征集评选活动情况。活动公布了"宁夏新十景"30个入围景观名单，即艾依春晓、百塔凌波、长河落日、长滩梨雪、高庙紫烟、古堡新影、古渠流润、贺兰晴雪、黄河金岸、黄沙古渡、回乡博园、回乡风情、火石丹霞、泾河传书、金沙河坛、六盘烟雨、鸣翠荷色、杞乡丹韵、沙湖苇舟、沙坡鸣钟、神秘西夏、水洞兵沟、武当梵音、萧关古道、星海明月、须弥佛光、岩画天书、豫海古寺、阅海览山、中阿之轴。抽取了100个候选景观获奖者名单和30个入围景观获奖者名单，观看了文艺表演。"宁夏新十景"征集评选活动组委会全体成员，宣传文化系统各单位负责人，五市党委宣传部部长，中央驻宁主要媒体单位、自治区主要媒体、都市类媒体、新闻网站，银川市主要媒体记者，自治区4A级以上景区主要负责人，参与抽奖的候选和入围景观所有推荐人员，以及自治区党委宣传部各处室同志参加了活动。

38. 宁夏回族自治区党委宣传部召开"宁夏新十景"征集评选活动组委会全体会议。7月25日，宁夏回族自治区党委常委、宣传部部长蔡国英在本部三楼会议室主持召开了"宁夏新十景"征集评选活动组委会全体会议。听取了自治区党委宣传部副部长马宇桢关于"宁夏新十景"产生的意见建议，表决通过了"宁夏新十景"最终名单，对后续阶段工作进行了安排部署。会议强调，"宁夏新十景"征集评选活动是一项很有意义的工作，要切实抓好收官工作：一是办好"宁夏新十景"颁奖暨原创歌曲展演晚会；二是加大"宁夏新十景"宣传推介力度；三是展示"宁夏新十景"征集评选成果；四是总结好"宁夏新十景"征集评选活动。自治区党委宣传部领导马宇桢、周庆华、贾捷频、毛录，宣传文化系统主要负责人、组委会各成员单位领导阮教育、沙新、尤艳茹、杨宏峰、郑歌平、张进海、马汉文、平学智、万学道、孔令彬、宋卫中、刘卫民、邰涌权、杨学农、马新民，五市党委宣传部领导薛文斌、杨志文、彭生选、肖博，相关单位负责人李杰煌、张金山以及赖声洪、宣喆、李文龙，自治区党委宣传部赵志强、雷忠、胡斌、李志强、冯光耀、马云、吴颖云，宁夏对外文化交流中心张伟、包建华、红煜参加了会议。

39. 宁夏回族自治区党委宣传部召开"宁夏新十景"颁奖暨原创歌曲展演晚会筹备协调会。7月25日，宁夏回族自治区党委常委、宣传部部长蔡国英在本部三楼会议室主持召开"宁夏新十景"颁奖暨原创歌曲展演晚会筹备协调会。听取了宁夏电视台公共频道艺术总监郑丽华关于"宁夏新十景"颁奖暨原创歌曲展演晚会筹备情况的汇报，研究了晚会的颁奖程序、编排、舞美、视频设计、演员阵容、邀请嘉宾等事宜。自治区党委宣传部副部长马宇桢，宁夏广播电视台尤艳茹、郑丽华、李晓峰，晚会有关技术人员，宁夏报业集团杨学农，宁夏新闻网李文龙，自治区党委宣传部雷忠、胡斌、冯光耀、雷燕、马云、周懿、吴颖云，宁夏对外文化交流中心张伟、包建华参加了会议。

40. "宁夏新十景"颁奖暨原创歌曲展演晚会在宁夏人民会堂举办。7月28日，由宁夏回族自治区党委宣传部主办，宁夏新闻网、宁夏对外文化交流中心、宁夏广播电视台共同承办的"宁夏新十景"颁奖暨原创歌曲展演晚会在宁夏人民会堂举办。自治区党委常委、宣传部部长蔡国英，自治区人大副主任肖云刚，自治区政协副主席安纯人出席了晚会。晚会抽取了"宁夏新十景"景观推荐特别奖，公布了"宁夏新十景"入围20景名单，正式揭晓了"宁夏新十景"，即艾依春晓、古堡新影、贺兰晴雪、黄河金岸、回乡风情、六盘烟雨、沙湖苇舟、沙坡鸣钟、神秘西夏、水洞兵沟。来自宁夏、北京、山东、海南、重庆、大连的10位节目主持人主持了晚会，近1000名观众观赏了熙明朝鲁、何沐阳、李俊伟等国内知名词曲作家为宁夏创作的11首原创歌曲展演。

41.《塞上江南·宁夏》电视专题片在中央电视台国际频道"中华情"栏目播出。8月8日晚10：00，《塞上江南·宁夏》电视专题片在中央电视台国际频道"中华情"栏目播出。该片通过镇北堡影城、沙坡头、回族文化、宁夏美食等4个特色文艺专题，《唱开花儿等你来》《走咧走咧去宁夏》等2首以展示"宁夏新十景"优美风光的MV为主的结构，为观众呈现了一台精彩的文艺专题节目。下一步该专题片还将在中央电视台有关频道再安排播出5次。

42."神奇塞上·开放宁夏"2015全国网络媒体宁夏行活动正式启动。8月10日，以"神奇塞上·开放宁夏"为主题的2015全国网络媒体宁夏行活动在银川正式启动。宁夏回族自治区党委常委、宣传部部长蔡国英出席启动仪式，并向媒体代表授旗。本届网络行活动由自治区党委宣传部、宁夏网信办主办，宁夏新闻网承办。活动邀请了中央网信办及北京、安徽、河南、青海、甘肃5个省市党委网络安全和信息化领导小组办公室的同志；人民网、新华网等13家中央重点新闻网站；百度网、搜狐网等5家全国知名商业网站；长城网、中安在线等27家全国各省市自治区重点新闻网站以及宁夏各主要新闻网站等共40余家网络媒体参加。自治区党委宣传部副部长、自治区党委网络安全和信息化领导小组办公室主任徐贺在启动仪式上致辞，自治区发改委、自治区信息化建设办公室、自治区旅游局、自治区通信管理局有关负责人分别向媒体记者介绍了宁夏经济发展、对外开放、信息化建设、旅游业发展、互联网发展等情况。全国60余名编辑、记者通过实地考察采访，借力微博、微信等全媒体手段，充分展示"宁夏新十景"文化品牌的价值，进一步宣传四个宁夏。

43. 2015全国网络媒体宁夏行圆满收官。8月14日，在深入银川市、中卫市、吴忠市、石嘴山市的20多个采访点，经历了5天行程2000多公里的采访后，"神奇塞上·开放宁夏"2015全国网络媒体宁夏行圆满闭幕。组委会分别评出网络新闻宣传贡献奖一、二、三等奖和微博宣传贡献奖一、二、三等奖，广西新闻网荣获网络新闻宣传一等奖。自治区党委宣传部副巡视员王康年在颁奖仪式上致辞。据不完全统计，截至14日中午，采访团中37家网站共刊发原创新闻稿件260余篇，转发510余篇；微博话题总浏览量近百万人次，发表微博讨论超过1000条。

44. 中央电视台国际频道"中华情"栏目组来宁拍摄歌曲MV。8月15—19日，中央电视台国际频道"中华情"栏目组到中卫沙坡头取景拍摄展示"宁夏新十景"之"沙坡鸣钟"的歌曲《沙坡头之恋》MV，适时将在中央电视台国际频道"中华情"栏目播出。

45. 宁夏回族自治区党委宣传部召开"宁夏新十景"征集评选活动表彰会。10月9日，宁夏回族自治区党委宣传部在神华宁夏煤业集团有限责任公司会议中心召开了"宁夏新十景"征集评选活动表彰会。会议表彰了征集评选活动中涌现出的22个先进集体和103名先进个人。自治区党委宣传部副部长马宇桢宣读了表彰决定。自治区党委常委、宣传部部长蔡国英出席表彰会并讲话。讲话指出，要抓好"宁夏新十景"的后续宣传，不断提升宁夏的知名度和美誉度，助力宁夏文化旅游发展，助推开放富裕和谐美丽宁夏建设。自治区五市党委宣传部部长，各县（市、区）党委宣传部部长，区直宣传文化系统各单位班子成员，区属文化企业班子成员，自治区文化厅、宁夏日报报业集团、宁夏广播电视台正处以上干部，"宁夏新十景"征集评选活动组委会成员单位主要负责同志、评审专家，"宁夏新十景"征集评选活动先进集体和先进个人，以及自治区党委宣传部机关及直属事业单位全体干部参加了表彰会。

后 记

　　"宁夏新十景"征集评选结果揭晓的帷幕刚刚落下，《宁夏景观文化丛书》又将付梓。这无疑是宁夏文艺工作的又一件幸事，且喜且贺！

　　宁夏作为全国5个省级民族自治区之一，文化底蕴深厚，旅游资源丰富。为了充分展示宁夏瑰丽多彩的自然风貌、人文风貌和优美的生态环境，为区域文化注入活力，将宁夏的文化和旅游资源优势转变成发展优势，宁夏回族自治区党委宣传部经过反复酝酿，认真研究，面向全国组织开展了"宁夏新十景"征集评选活动，旨在讲好宁夏故事，传播好宁夏声音，扩大宁夏影响力，增强宁夏美誉度。2014年8月至2015年7月的一年时间里，通过向全社会发布公告、征集景观作品、公众投稿等方式，从20个省（区、市）热心参与的广大群众推荐的2094件作品中最终评选出艾依春晓、古堡新影、贺兰晴雪、黄河金岸、回乡风情、六盘烟雨、沙湖苇舟、沙坡鸣钟、神秘西夏、水洞兵沟10个具有传世价值和时代精神的"宁夏新十景"。这"新十景"集审美意义、社会意义和生态意义于一体，文化色彩熠熠层叠，时代神韵呼之欲出。

征集评选活动得到宁夏回族自治区党委的充分肯定和支持，被自治区党委十一届五次全会列入全区文化建设的重要工作。李建华书记亲自听取征集评选活动情况汇报，并多次做出批示。自治区党委常委、宣传部部长蔡国英同志精心谋划、亲自部署，先后主持召开了20多次会议，广泛听取各方面意见建议，集思广益，有序推进。组委会各成员单位和五市党委宣传部密切配合，社会各界大力支持。征集评选期间，全国政协副主席王正伟，自治区党委原书记陈建国、原副书记于革胜，国家新闻出版广电总局副局长阎晓宏，中央电视台副台长高峰，宁夏回族自治区四套领导班子以及在宁夏工作过的老领导、在宁党的十八大代表、在宁全国人大代表、在宁全国政协委员，自治区党的十一届委员会委员、自治区人大十一届常务委员会委员、自治区十届政协常委，各民主党派主要负责人，五市党委、政府，自治区各厅局委办主要负责人，五市党委宣传部长等参与公众投票活动。自治区政协原主席项宗西等领导还亲自创作景观文化作品，参与征集投稿。自治区近10家单位召开了"宁夏新十景"座谈会、研讨会；宁夏作家、艺术家们开展了"宁夏新十景"采风创作活动；专家学者连续在《宁夏日报》发表"宁夏新十景"景观文化释读文章。这次活动还推动了自治区五市分别开展"银川最美景""石嘴山美景""吴忠美景""固原新景观""中卫新十景"征集评选活动,沙湖等自治区主要旅游景点也开展了"沙湖十景"等征集评选活动,产生了广泛的联动、带动作用。可以说参与人数之多、征集范围之广前所未有,在宁夏营造了积极向上的社会文化氛围。

由省一级党委宣传部门牵头开展景观文化评选活动,在宁夏历史上尚属首次,在全国也不多见。且此次征集评选活动层次之高、社会各界参与度之高、参与面之广前所未有。征集评选活动期间,"宁夏新十景"专题网页访问量达到400多万人次,仅由三十景确定十景的评选过程中,收到选票就达773000余张。与"宁夏新十景"征集评选活动相呼应打造创拍的大型史诗纪录片《神秘的西夏》、大型史诗话剧《丝路天歌》、《塞上江南·宁夏》"中华情"专场节目、《走咧走咧去宁夏》等11首歌曲及系列文化精品,还有正在拍摄的6集大型纪录片《贺兰山》和40集电视连续剧《灵与肉》等多层次演绎了宁夏景观文化的文化特征和民族文化内涵,激发了宁夏文化创作的勃勃生机。

本套书作为"宁夏新十景"征集评选活动的系列内容之一,以文化的向度对"宁夏新十景"进行了多视角、多侧面、多形式的挖掘和展示,将征集评选活动凝聚成了可探可观可享的充满韵味和情趣的作品。

人与天调,然后天地之美生。"宁夏新十景"征集评选以景观为对象,以文化为媒介,通过宁夏自然资源与人文历史的互动与耦合，演绎和展现了神奇多彩的宁夏，推动了宁夏文化与旅游的深度融合和内涵式发展，使"宁夏新十景"征集评选活动切实成为打造宁夏文化旅游品牌，讲好宁夏故事，传播好宁夏声音的重要平台和创新举措，体现了宁夏宣传文化战线对传统人文历史的延续和承接，对区域文化的再丰富和再创造，以景观文化多元价值提升的实现方式为小省区办大文化提供了有益范式，对宁夏的现代化建设意义深远。

文化没有恒久的形态。本套书的出版并未为"宁夏新十景"征集评选画上休止符。索引宁夏的文化历史和自然档案，还有太多可探索、可拓展、可创新的空间，需要我们从当下认识中去勾连历史记忆和时代特征，在倡导区域文脉、延续特色文化的反复碰撞中，发现新的文化意义。推动宁夏文化在与国内外文化的交流和发展中凸显价值，在竞胜互补、增强区域集聚效应中繁荣和发展文艺仍然任重而道远。

由于时间仓促，书中难免有疏漏和不足之处，敬请广大读者批评指正。

编 者

2015年12月12日